JIYU JIAZHI RANGDU XITONG DE
DITAN LÜYOU JINGQU YINGXIAO MOSHI YANJIU

基于价值让渡系统的
低碳旅游景区营销模式研究

李 晶/著

西南财经大学出版社

四川·成都

图书在版编目(CIP)数据

基于价值让渡系统的低碳旅游景区营销模式研究/李晶著.—成都:西南财经
大学出版社,2021.11
ISBN 978-7-5504-5026-4

Ⅰ.①基… Ⅱ.①李… Ⅲ.①旅游业发展—节能—研究—中国②旅游市
场—市场营销学—研究—中国 Ⅳ.①F592.3②F590.8

中国版本图书馆 CIP 数据核字(2021)第 163274 号

基于价值让渡系统的低碳旅游景区营销模式研究

李晶 著

责任编辑:李特军
封面设计:墨创文化
责任印制:朱曼丽

出版发行	西南财经大学出版社(四川省成都市光华村街55号)
网 址	http://cbs.swufe.edu.cn
电子邮件	bookcj@swufe.edu.cn
邮政编码	610074
电 话	028-87353785
照 排	四川胜翔数码印务设计有限公司
印 刷	成都市火炬印务有限公司
成品尺寸	170mm×240mm
印 张	14.5
字 数	273 千字
版 次	2021 年 11 月第 1 版
印 次	2021 年 11 月第 1 次印刷
书 号	ISBN 978-7-5504-5026-4
定 价	78.00 元

前　言

　　气候变化已经延伸出一系列的政治、经济命题。低碳经济因其具有的重要政治意义及其特殊的技术经济属性，而受到学术界与决策者们的普遍关注。世界旅游组织、联合国环境规划署、世界气象组织的研究报告表明：旅游业是导致全球气候变暖的温室气体排放的重要来源之一。因此，我们必须科学审视旅游发展中的碳排放问题。研究和探索低碳旅游发展道路，减少旅游发展中的碳排放，既是响应《联合国气候变化框架公约》、缓解全球气候变化、维系人类可持续发展的重要责任，又是实现旅游自身可持续发展目标的内在要求。

　　低碳旅游是低碳经济的旅游响应模式，是生态文明的旅游实现，是可持续发展的新路径，是将生态旅游、绿色旅游和可持续旅游的理念转化为一种实际可操作的旅游行动方式。低碳旅游强调运用低碳技术、低碳能源，建设低碳旅游景区，营销低碳旅游产品，倡导低碳旅游消费，为游客营造低碳旅游的体验环境。作为低碳旅游实施的一条重要途径，低碳旅游营销的发展还存在很多问题和不足。价值营销是市场营销的核心与根本，所有营销战略的策划、设计、实施与控制必须相应地以价值设计与价值传达等价值营销活动为核心与关键环节。

　　本研究来源于国家"863"重大专项——基于时空分流管理模式的 RIFD 技术在自然生态保护区和地震遗址博物馆的应用研究课题（项目编号：2008AA04A107）和国家自然科学基金重大国际合作项目——面向西部旅游经济与生态环境可持续发展的低碳景区集成管理模式研究课题（项目批准号：71020107027）。本研究具有重要的理论价值和现实意义。

　　本研究在对顾客价值、低碳旅游及旅游营销等理论研究进行总结的基础上，引出价值让渡系统的概念，将其应用于旅游业，并对其系统组成、运行特性进行分析，分别从价值创造、价值增值、价值交付和价值协同四方面对系统的运行机制进行深入研究；在对低碳旅游的实施路径进行细致分析后，提出构建基于价值让渡系统的低碳旅游营销模式，并对其从系统组成主体、构建原则、运作机制和实施目标等方面进行深入细致的分析，从而实现对旅游营销模式的创新发展；从游客让渡价值角度对低碳旅游营销效果进行评价，利用深度访谈和问卷调查，并借助结构方程模型方法，研究价值让渡系统对低碳旅游营销的影响作用机制。

本研究采取了多学科交叉研究方法，涉及旅游学、统计学、管理学、行为学、社会学等多个领域，这就决定了本研究的探索性和复杂性。具体的方法采用上表现为理论研究与实证研究相结合，个别访谈与问卷调查相结合，以及定性分析与定量研究相结合。

低碳旅游景区营销模式是一个以游客让渡价值最大化为目的，涵盖价值创造、价值增值、价值交付和价值协同的营销系统，其中的多方主体以一种竞争、合作的相互关系并存。本研究基于价值让渡系统和低碳旅游理论，提出构建基于价值让渡系统的低碳旅游景区营销模式，并借助结构方程模型的方法从游客让渡价值角度研究价值让渡系统对低碳旅游景区营销的影响作用机制，为实际旅游管理和营销改进提供借鉴。本研究的主要工作表现在以下几个方面：

（1）旅游业中的价值让渡系统界定。本研究在分析波特价值系统概念的基础上，引出价值让渡系统的概念，并将其与价值系统、顾客让渡价值进行对比，对其系统特征进行分析；将价值让渡系统应用于旅游业，给出旅游业价值让渡系统的定义，并详细研究了其内外部价值让渡系统的构成角色，以及内外部系统的提升策略；分别从三方主体、构建原则、运作机制和实施目标四个方面对旅游价值让渡系统的整体特性及运行方式进行分析。

（2）旅游业价值让渡系统的合作竞争运行机制。价值让渡系统中各方主体除了基于自身利益天然存在的竞争关系，更多的是合作协同关系。旅游价值链是价值让渡系统中让渡价值创造的根据，价值创造始于消费者需求，旅游营销应集中于提升品牌影响力。渠道价值链是价值增值的途径，营销渠道的设计更多的是合作商的选择，由于营销渠道的多样性，经销商需提供完备的销售服务体系。顾客价值链是价值交付的依据，旅游公司必须构建合理的顾客价值链并进行科学管理，而 ABUP 游客满意策略正是旅游营销管理的依据。景区与旅游中间商通过战略协同、业务协同、信息协同和知识协同实现让渡价值协同。

（3）低碳旅游实施的框架和路径体系。低碳旅游是低碳经济的旅游响应模式，是生态文明的旅游实现，是可持续发展的新路径，其实施有着经济、社会和环境三个方面的综合效益。旅游景区是旅游吸引力的来源和旅游消费的动力，是旅游业的核心要素。旅游景区的低碳发展是实现旅游业低碳发展的关键，可从硬件设施、管理体系、服务体系和日常维护等方面开始建设。低碳旅游产品是旅游地和相关主体通过开发、利用旅游资源，提供给旅游者的具有低碳性、低耗能性和低污染性等特征的有形产品与无形服务的总和。旅游地和相关主体从产品构成层次对其组成要素和构建措施进行产品创新。倡导低碳旅游消费方式是从消费者的思维方式和消费习惯方面改进低碳旅游营销、实践低碳旅游的重要手段。

（4）基于价值让渡系统的低碳旅游景区营销模式构建。本研究从旅游营销模式的定义、界定、分类分析入手，对比旅游营销渠道，介绍旅游营销模式的发展情况，提出基于价值让渡系统的低碳旅游景区营销模式构建思想；在旅游业价值让渡系统思想的基础上，对基于价值让渡系统的低碳旅游景区营销模式进行定义，并对模式的内容进行分析；从旅游景区的市场营销层次性分析入手，对低碳旅游景区营销模式的实施进行创新，并对其应用进行具体分析；从相关政策体系和政策保障措施两个方面，构建完善的基于价值让渡系统的低碳旅游景区营销模式的低碳保障体系。

（5）价值让渡系统对低碳旅游景区营销的影响机制研究。本研究从游客让渡价值角度入手，以游客忠诚度为营销效果体现，对低碳旅游景区营销效果进行评价，以期探寻价值让渡系统对低碳旅游景区营销的作用机制，并通过实证分析，有针对性地提出营销模式改进建议；在理论分析和前人工作总结的基础上，构建价值让渡系统对低碳旅游景区营销作用机制的概念模型，并提出研究假设；在问卷设计、实地调查之后，通过探索性因子分析、验证性因子分析、量表信度和效度检验，对结构方程模型与研究假设进行检验，并从检验结果对低碳旅游景区营销实践给出建议，为实际营销管理决策提供理论指导。

本研究的创新点主要体现在以下几个方面：

（1）将顾客价值让渡系统概念引入旅游行业，并定义旅游业价值让渡系统的具体含义，分析其系统构成和系统特性，进一步发展顾客价值理论体系。

（2）从系统的角度分析旅游营销的价值让渡系统运行机制，突破以往单独从制造商或经销商角度对营销模式进行考量的桎梏，根据旅游行业及其价值转移过程的特殊性，提出其在竞争基础上的合作协同运行模式，从而促进营销理论发展。

（3）在价值让渡系统的基础上，根据现有旅游营销模式发展情况，提出低碳旅游景区营销模式构建思想，创新旅游营销模式，并从多角度构建完善的基于价值让渡系统的低碳旅游景区营销模式的保障支持体系。

（4）从游客让渡价值角度，利用结构方程模型方法，分析低碳旅游景区营销效果，探索旅游价值让渡系统对低碳旅游景区营销的影响作用机制，在实证分析的基础上为现有旅游营销模式的改进提供参考。

著者

2021 年 7 月

目　录

1 绪 论

1.1 研究背景

1.1.1 缓解气候变化是旅游部门的重大职责

1997 年年底，在日本京都举行了联合国气候变化框架公约第三次缔约方大会，149 个国家和地区的代表在一致讨论通过的《联合国气候变化框架公约的京都议定书》中提出："为了将气候变化导致的对人类的伤害降到最低程度，必须严格控制大气中的温室气体含量。"2009 年年底，在丹麦召开的联合国气候变化大会制定了《哥本哈根协议》，该协议坚守"共同、但有区别的责任"原则，对发达国家采取强制减排措施，同时要求发展中国家进行自主减缓碳排放活动。在全球气候变暖的背景下，世界各国积极地以低碳发展应对气候急剧变化。2010 年年初，温家宝同志在给联合国秘书长潘基文和时任丹麦首相的拉斯穆森的回函中明确表示，中国将争取在 2020 年实现单位 GDP 碳排放下降 40%~45% 的目标，并以实际行动坚定不移地支持《哥本哈根协议》。这标志着中国经济的低碳时代已经到来，它推动现代工业文明向生态文明转变的进程，通过合理的产业结构、经济增长和消费行为方式，更有效地节约能源、资源和保护生态环境，进而从根本上改变了人类的生活方式。

发展低碳经济的要求催生了低碳旅游。联合国环境规划署（UNEP）、联合国世界旅游组织（UNWTO）和世界气象组织（WMO）的研究报告认为在导致全球气候变暖的众多因素之中，温室气体排放的作用是第一位的，而旅游业的发展则是后者的主要来源之一。该报告还表明，2005 年全球旅游业的二氧化碳排放量为 13 亿吨，占到了当年全球二氧化碳排放总量的 4.9%（详见表 1.1），对气候变暖的贡献率达到了 5%~14%。如果不改变当前的粗放式发展态势，到 2035 年，旅游业的碳排量将会增加 152%，对气候变暖的贡献率则将增加 188%。2007 年在维也纳召开的气候变化会谈上，政府间气候变化专门委员会（IPCC）预计人类的温室气体排放量将于 2020 年达到峰值，2050 年的水平则将降低到 50 年前的一半。全球旅游部门碳排量持续增加的趋势有悖于国际社会应对气候变化的态度和举措。显然，一贯之地以科学的眼光审视旅游发展过程中的碳排放控制问题已经迫在眉睫。

旅游目的地可持续发展的热议论题之一——旅游活动的碳排放问题，主要包括森林利用率和覆盖率的变化、物种多样性、疾病传播、生态意识教育、文化留存等。旅游业对气候变化的强敏感性与脆弱性源于人类旅游活动与自然生态环境之间的高度关联，旅游业的可持续发展在环境问题影响下面临严重挑战，这些问题包括：自然景观破坏、生物多样性损失、水资源减少、农产品变质、洪水泛滥、海平面上升、海岸线侵蚀、基础设施损坏、自然和突发事故以及传染病的增加；此外，全球气候变暖还将对旅游目的地的淡旺季长短产生影响，从而改变旅游者的决策偏好，并增加旅游景区和其他旅游企业在制热、制冷、造雪、灌溉以及饮水和食物的供应等方面的经营成本，进而改变旅游目的地的竞争格局。综上所述，降低旅游发展过程中的碳排放量，探索和研究旅游业的低碳发展道路，既是响应联合国气候变化框架公约、减缓全球气候变暖、推进人类可持续发展的重要责任，又是旅游业实现可持续发展目标的内在要求。

表 1.1 2005 年全球旅游部门二氧化碳排放情况

部门类型	二氧化碳排放量	
	单位：亿吨	所占比例/%
航空	515	40
小汽车	420	32
其他交通	45	3
旅游住宿	274	21
其他旅游活动	48	4
旅游部门总量	1 302	100
全球总量	26 400	—
旅游部门占全球碳排放总量	4.9%	—

由于旅游业具备资源消耗低、带动系数大、就业机会多、综合效益好等产业特征，因此旅游业在我国经济转型发展和生态文明建设时期具有独特的优势。借用低碳经济的理念，低碳旅游就是以低能耗、低污染和低排放为基础的绿色旅游。旅游活动包括吃、住、行、游、购、娱等相关要素，而由于这些活动将不可避免地带来一定量的碳排放，这就要求在旅游活动的过程中，景区和企业要尽可能减少碳排放量，旅游者要树立低碳意识并将旅游消费行为的碳排放量控制在合理水平。低碳旅游就是这样一种应运而生的新型旅游模式和消费行为模式。

1.1.2 低碳经济视角下的旅游发展亟待转型

旅游直观表现为人类的活动和行为在空间上发生移动。旅游要素的构成及其份额变化影响着旅游发展方式及其活动的实现。制约供给层面旅游活动的要素主要有：旅游吸引物、旅游交通运输方式、旅游设施和设备、管理质量和服务水平、旅游营运机构、自然环境与文化特色等。不同的利益诉求群体对于旅游发展和实现方式的解读也是不同的。游客追求愉快的旅游体验，将旅游视为独特的消费行为方式和生活方式；旅游营运机构追求持续增长的经济效益；政府的目标是实现税收的增长，并以旅游业的发展改善地方福利；旅游目的地社区居民则希望从中获得更多的就业机会。

从所涉及的旅游空间尺度和客流量角度出发，人类旅游的发展主要有以下阶段：大陆旅游阶段、大洲旅游阶段、洲际旅游阶段。而科技的进步也使得太空旅游活动的发展日益蓬勃，旅游方式不再受到地球引力的制约。旅游活动已从传统的休闲、观光、度假等形式向更多的形态延伸，比如现代的科考、探险、会展、商务、文化、体育、教育等。交通运输工具及相关的能源要素组合的变化，以及旅游需求的日益增长成为旅游呈现阶段性发展特点的主要原因。现代旅游的显著特征主要表现为：对各种交通工具的综合使用造成碳排放量的增加，旅游住宿导致的能源、资源的损耗和浪费，以及游览行为给景区旅游承载力带来的负担以及环境污染等问题。

化石燃料能源的出现推动了近代的旅游活动进程。2010 年全球旅游规模达到 10 亿人次，旅游的飞速发展大量消耗了各种化石能源，增加了世界碳排放总量，对环境造成了重大破坏，同时导致旅游行业中的碳排放密度高出其他行业平均水平 4 倍。所以，对低碳旅游模式的探索在低碳经济的大环境下势在必行，而后者也为前者的发展创造了条件。由于旅游业具备相当多的先天优势，比如更易实施"碳补偿"政策，更易被打造成绿色产业，更易建设低碳设备，更方便推广低碳消费理念等，这就使得旅游业有必要做出表率来推动传统经济向低碳经济的转型。

为应对全球气候变化采取积极行动，促进旅游业低碳发展，推动旅游与环境、经济、社会的和谐发展，"低碳旅游"的概念正受到越来越多的关注，各地纷纷推出打造低碳旅游景区的口号。例如，我国以积极的姿态宣布降低碳排放以后，2009年年底发布的《国务院关于加快旅游业发展的意见》也明确提出：推进旅游业节能减排的目标，并争取在五年内将A级景区用水、用电量降低20%。

1.1.3　现有顾客价值让渡系统研究存在局限性

随着时代的变迁，顾客角色如今也发生了重大变化，他们已经成为影响顾客让渡价值系统的重要因素之一。鉴于顾客能在一定程度上决定产品和服务的价值，企业应更多地站在顾客的角度思考问题。满足顾客需要是企业进行有效营销传播的前提和基础。价值链中的价值创造活动使得企业向顾客提供最终产品和服务成为可能。传统的营销传播通常是将企划的焦点置于顾客和潜在顾客的购买方式、购买次数等与消费行为有关的资讯上，而不是放在如何提高顾客的价值上。

在价值让渡的理论和实践领域中，多数研究是以"顾客让渡价值最大化"为导向，以提升顾客总价值和降低顾客总成本为途径的对策性研究，且其中大多数研究是应用于有形产品生产、销售领域，比如汽车。对于有形产品的流通，让渡价值的变量如感知货币价格较容易被评估，消费者比较容易评估出感知成本。但对于旅游业这种更多依靠服务、实体产品少的服务业来说，仅以价格作为感知成本的唯一观察变量事实上是不够的，对这种无形性的服务业，消费者很难直接进行感知成本的评估，因此感知成本等的实际评估并非易事。将价值让渡系统应用于旅游业，保证最终游客让渡价值的增加，才能不断提高游客满意度，进而产生更多忠诚的游客，从而实现旅游的可持续发展。

1.1.4　旅游营销现状存在不足，亟须改进发展

随着我国经济飞速增长，旅游业也随之得到长足的发展，我国开始由旅游大国向旅游强国迈进，但是目前我国旅游市场营销仍然存在很多的问题。

（1）营销管理手段与技能缺乏

目前我国旅游业市场营销的管理手段和技能不够科学，主要体现在市场调研和旅游产品开发方面。很多旅游景区及旅游企业对旅游者的调查抽样非常随

意，问卷量表设计不科学，定量分析不深入；有的景区或企业进行了调查，却没有进行量化分析，其判断结论和管理制度都缺乏严密而坚实的研究基础。

（2）旅游营销认识存在误区

相比部分严重忽视市场营销的旅游景区来说，很多景区和旅游企业都很重视宣传工作，但是有些景区或企业却不惜夸大、捏造事实，不顾景区或企业营销理念、产品质量和服务水平，甚至没有售后服务；还有的景区或企业缺少系统整体的营销规划设计，在营销过程中过分重视战术、重视点子而忽略整体性；更有不少景区的营销内容雷同，相比之下特色全无；不少旅游景区对营销的认识仅停留在宣传单页、景区资料介绍上。

（3）各景区各自为政、缺乏合力

游客在购买旅游产品时，选择的往往是一个线路产品，是一个将各景区串联起来的旅游线路，这就要求各景区进行整体营销。但由于各种原因，我国各景区通常都进行单打独斗式的营销，相互之间缺乏合作。最后受个体财力、人力、物力的局限，单个景区或企业无法实现营销规模化，旅游资源整合程度不高，从而导致大量客源的流失。

（4）有影响力的旅游营销渠道匮乏

为游客提供详细信息、满足其需求、为其创造便利在现代旅游业发展中非常重要，因为旅游市场已经不是过去的卖方市场，而变成了买方市场。过去旅游景区"等客上门"的心态已经完全不能适应现代的市场营销模式。虽然我国资源丰富的景区有很多，但缺乏真正有影响力的营销渠道。旅游景区不通过营销渠道进行产品销售，却要依靠旅行社进行宣传。

（5）旅游营销手段落后

在当今科技发达的时代，网络技术使得信息传递越来越趋向于多样化、科技化和智能化。如果旅游营销仍然依靠传统落后的营销手段，而没有科技支撑，那么最新的旅游信息就无法最快地传递到旅游消费者手上，就无法在激烈的市场环境中取得竞争优势，也就很难达到理想的营销效果。许多旅游景区和企业对高科技、新技能的运用较少。现代社会信息化高度发展，现有的营销模式已经很难适应新时代的要求，现代旅游营销必须要借助科技含量高的技术手段与营销模式。

1.2 研究目的及意义

1.2.1 研究目的

低碳旅游的本质是旅游对低碳经济发展模式的响应，其发展的核心理念是以更少的旅游碳排放量来获得更大的综合效益——经济效益、环境效益和社会效益，即通过倡导低碳旅游消费方式和行为方式，更好地构建低碳旅游吸引物、改善旅游设施设备、营造低碳旅游体验环境，实现旅游综合效益的最大化以及旅游业的可持续发展。市场营销是景区、旅游企业和消费者沟通的桥梁与纽带，而这个桥梁与纽带所传递的正是价值。消费者无论购买产品还是服务，其实质都是购买其内含的能够满足其旅游需求的价值。在消费者的购买决策过程中，旅游价值评价是其主要的决策依据。所以，价值营销就成为旅游市场营销的核心与根本，所有的营销战略的策划、设计、实施与控制必须相应地以价值设计与价值传达等价值营销活动为核心与关键环节。本研究通过对基于价值让渡系统的低碳旅游营销模式的研究，以期达到以下三个目的。

（1）揭示低碳旅游的科学内涵。本研究的低碳旅游景区研究是以对低碳旅游的科学认识为基础的。本研究的研究背景基于气候变化、低碳经济、生态文明等全球化趋势，旨在解释低碳旅游的基本内涵，并构建低碳旅游景区营销的理论支撑体系。从本质上来说，作为对发展低碳经济要求的积极响应，低碳旅游模式表现为生态文明价值的旅游实现形式，是对生态旅游、绿色旅游和可持续旅游的继承与创新，也是解决气候变暖危机、实现全人类可持续发展道路的重要途径。

（2）系统分析旅游营销过程中的价值让渡。如何进行低碳旅游营销实践，即低碳旅游营销的实现路径，是低碳旅游营销研究的核心。随着营销理论的发展，无论景区战略如何规划、营销模式如何演变，都始终围绕着一个共同的主题，这也是景区得以生存和发展的基石——游客价值。本研究立足于低碳旅游中的价值让渡系统，系统分析其构成主体、构建原则、运作机制、实施目标，并从价值创造、价值增值、价值交付和价值协同等方面分析旅游价值让渡系统的合作协同机制，奠定基于顾客价值的低碳旅游营销模式建立的基石。

（3）探索基于价值让渡系统的低碳旅游景区营销模式。中国是碳排放大国，也是旅游大国，旅游营销在低碳旅游发展中的作用极为重要。本研究基于低碳旅游、顾客价值，在深入分析旅游价值让渡系统的组成和运行基础上，探索基于价值让渡系统的低碳旅游景区营销模式，并构建该模式的支撑服务体系，探索中国低碳旅游营销的实践模式。从游客价值角度对我国旅游营销现状进行评价分析后，本研究对中国发展低碳旅游营销模式的战略措施进行了讨论，进而促进了旅游营销模式创新。

1.2.2　研究意义

在低碳经济背景下，我国旅游业健康、良好、可持续发展，借助低碳经济理念，采用全新增长模式，从传统的粗放型方式向新兴的集约型方式改变将成为一种势不可挡的趋势。旅游景区发展需要转型，环境问题日益突出，人们越发关注环保与生态问题，低碳生态旅游将成为一种潮流的旅游方式。如何在倡导实现低碳景区的同时，立足于旅游价值让渡系统的视角，从经济运行、社会发展、生态环境、低碳控制、建设保障等层面构建并评估低碳旅游营销模式是极具探讨、应用推广价值的。

本研究的理论意义体现在以下两个方面。

（1）本研究将顾客价值让渡系统概念引入旅游行业，并界定旅游价值让渡系统的具体含义，分析其系统构成和系统特性，进一步深化并发展旅游价值让渡系统的理论体系。

（2）本研究从系统的角度出发，构建低碳旅游景区营销模式的价值让渡系统，并创新性地提出了旅游行业及其价值转移过程的特殊性；突破了以往的研究局限，不仅仅着眼于有形产品领域，也不仅仅从有形产品的制造商或经销商角度探讨价值让渡系统和营销模式作用机理，有助于各主体的协同合作和实现整体的系统优化，从而促进旅游营销理论发展。

本研究的实际应用价值体现在以下两个方面。

（1）本研究对创新发展低碳旅游景区进行了探讨。低碳旅游营销模式的创建是一个系统工程，其系统性也催生了新的旅游发展规则。诸如低碳旅游景区的建设，低碳旅游产品的设计、创新与营销，低碳旅游消费的倡导等都需要制定规则予以引导，才能使低碳旅游的综合效益得以实现。

（2）本研究基于旅游业的顾客让渡价值视角，利用结构方程模型方法，分析低碳旅游营销效果，探索游客让渡价值对旅游营销的影响作用机制，从而为基于价值让渡系统的低碳旅游营销模式的构建提供参考。

1.3 研究框架

1.3.1 研究思路

本研究在对顾客价值、低碳旅游及旅游营销等理论研究进行总结的基础上，引出价值让渡系统的概念，将其应用于旅游业，并分析了价值让渡系统的构成要素和运行原理，从价值活动的四个方面对系统的运行机制进行深入研究——价值的创造、增值、交付以及协同；在对低碳旅游的实施路径进行细致分析后，有针对性地提出景区构建基于价值让渡系统的低碳旅游营销模式，并对其从系统组成主体、构建原则、运作机制和实施目标等方面进行深入探讨，从而实现对旅游营销模式的创新发展；从游客让渡价值角度对低碳旅游景区营销效果进行评价，利用深度访谈和问卷调查，并借助结构方程模型方法，研究价值让渡系统对低碳旅游景区营销的影响作用机制。本研究的技术路线如图 1.1 所示。

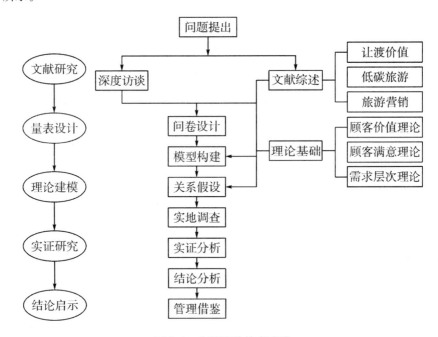

图 1.1 本研究的技术路线

1.3.2　研究方法

本研究从价值让渡系统的角度对景区的低碳旅游营销模式进行研究，建议景区、旅游企业和相关部门改变战略思路，聚焦游客，把游客让渡价值作为联结低碳旅游供给和需求的关键节点，以高质量的游客让渡价值为手段，通过创新性地构建基于价值让渡系统的低碳旅游景区营销模式，提高游客满意度，实现低碳旅游的更高层次发展。本研究涉及的学科和领域较多，如旅游学、管理学、市场营销学、统计学、社会学以及行为学等，这就决定了本研究的探索性和复杂性。具体的方法采用上表现为理论研究与实证研究相结合，个别访谈与问卷调查相结合，以及定性分析与定量研究相结合，现将本研究的研究方法总结如下。

（1）理论研究与实证研究相结合。本研究采取理论研究的方法研究景区营销模式，并结合低碳景区的发展实际，以 863 课题和国家自然科学基金课题为依托，构建基于价值让渡系统的低碳旅游营销模式。查阅和搜集国内外有关顾客价值、低碳旅游和旅游营销方面的文献和专著，为本研究的构思设计和实证研究中变量和模型的选取奠定理论基础。在探求游客让渡价值中的感知收益与感知成本因子与游客总体让渡价值、总体满意度、游客忠诚意愿和低碳认知之间的相互关系时，本研究采用了实证研究的方法。

（2）个别访谈与问卷调查相结合。本研究先是在阅读相关文献的基础上撰写理论研究综述，然后提炼了测量游客让渡价值的初始项目，并通过专家访谈的形式，将各项目归入相应的因子层，构建旅游业价值让渡的模型。本研究通过对景区游客进行问卷调查，获取第一手资料，开发出游客让渡价值量表。为了对游客让渡价值中的感知收益和感知成本因子与游客总体让渡价值、游客满意度、游客忠诚意愿进行分析，本研究也采取了问卷调查以获取感知收益、感知成本、游客总体让渡价值、总体满意度和游客忠诚意愿、低碳认知等结构变量的数据。

（3）定性分析与定量研究相结合。本研究通过文献梳理和理论研究，分析顾客价值相关理论、低碳旅游研究现状和旅游营销实践，进行数据搜集和数据分析，研究基于价值让渡系统的低碳旅游景区营销模式构建；提出理论假设和概念性模型，借助 SPSS 17.0、AMOS 17.0 等软件包进行探索性因子分析、相关分析、方差分析、信度与效度检验等，对游客让渡价值量表，不同人口统计学特性游客对低碳旅游让渡价值的差异，游客让渡价值中的感知利益、感知成本与游客总体让渡价值、总体满意度、游客行为意向的整合模型以及低碳旅游营销状况的分析进行定量研究。

1.3.3　研究内容

根据研究思路，本研究将其内容分为 8 章展开，结构框架如图 1.2 所示。

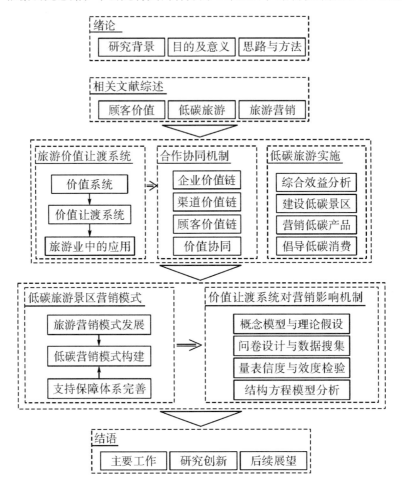

图 1.2　本研究内容结构框架

第 1 章，绪论。介绍本研究的时代背景，明确所要研究的问题，总结研究目的和意义，概括出主要的研究思路、研究内容框架和研究方法。

第 2 章，相关理论与文献述评。对本研究涉及的主要问题相关研究进行梳理，对研究现状进行评述，具体包括顾客价值理论、低碳旅游和旅游营销等方面的内容。掌握这些理论的主要观点和前沿成果，可以为研究的开展提供有益的借鉴。

第 3 章，旅游业中的价值让渡系统。从波特的价值系统引出旅游价值让渡系统的概念，并对其含义进行分析，包括景区内外部系统组成等，并将其应用到旅游业中，从其三方主体、构建原则、运作机制和实施目标等方面进行研究。

第 4 章，旅游价值让渡系统的合作协同机制。从价值创造、价值增值、价值交付和价值协同四个方面研究价值让渡系统在旅游营销中的合作协同机制。

第 5 章，低碳旅游的实施路径。分析低碳旅游发展的经济、社会、环境效益，从低碳旅游景区建设、低碳旅游产品设计和低碳消费方式倡导等方面探索低碳旅游的实施路径。

第 6 章，基于价值让渡系统的低碳旅游景区营销模式构建。从旅游营销模式的定义、分类分析入手，介绍旅游营销模式的发展情况，提出基于价值让渡系统的低碳旅游营销模式构建思想，进而对旅游营销模式进行创新，并构建低碳旅游景区营销模式的保障体系。

第 7 章，价值让渡系统对低碳旅游景区营销的影响机制。从游客让渡价值角度入手，对低碳旅游景区营销效果进行评价，以期探寻价值让渡系统对低碳旅游景区营销的作用机制，并通过实证有针对性地提出景区营销模式改进建议。

第 8 章，结论与展望。总结本研究所做工作和主要结论，提炼主要创新点，并提出后续研究工作的方向和重点。

1.4 本章小结

本章提出了本研究要解决的"基于价值让渡系统视角如何构建低碳旅游景区营销模式"的问题，说明了本研究的目的与意义，明确了研究内容与结构安排，阐述了研究方法与技术路线。

2 相关理论与文献述评

2.1 顾客价值理论研究

2.1.1 概念及分类

德鲁克（Drucker，1954）认为从本质上来讲，顾客购买和使用的是价值，而不仅是产品本身。马歇尔（1964）指出，营销学把企业与顾客的关系作为主要的研究内容，因此当中提到的价值就是指顾客价值（customer value）。虽然当时的学术界对价值的界定不尽相同，但学者们并没有详细阐释顾客价值的概念。

学者们在之后的顾客价值理论研究中，从不同的方面界定了顾客价值：①基于单一情景（episode）视角，Zaithaml（1988）在顾客感知价值理论中认为，顾客价值是对产品或服务的整体印象和综合评价，它源于顾客实际感知的收益或效用与成本差值的比较，得出类似结论的还有 Monroe（1991）和 Anderson et al.（1993）。②基于关系视角，Ravald & Gronroos（1996）对顾客价值的认识可以通过以下公式来反映：全过程的价值＝（单一情景的收益+关系的收益）／（单一情景的成本+关系的成本），他们的主要贡献是将顾客价值研究延伸至对关系持续的全过程的价值（total episode value）比较。Butz & Goodstein（1996）同样发现，如果企业能让顾客感知到购买和消费产品或服务之后的额外效用，就有利于他们相互之间搭建感情的桥梁。迄今为止，学术界对 Woodruff 的顾客价值研究的理解基本能达成共识。Woodruff（1997）的实证分析将顾客价值解释为：顾客购买产品或服务之后，以自己要实现的目标为导向，对产品和服务的属性、效用和使用效果进行综合评估并有所偏好。

主流的顾客价值的类别划分有以下几类。Sheth et al.（1991）认为顾客价值包括功能价值、社会价值、情感价值、认知价值和条件价值。Burns（1993）

根据顾客的评价结果和反馈信息，把顾客价值分为四类：产品价值、使用价值、所有权价值以及价值总和。Woodruff & Flint（2002）认为顾客价值可以简单划分成预期的价值和现实的价值。显然，我们可以从各个学者的顾客价值研究中总结出一些共性，那就是他们都基于价值交换视角，认为对利益和成本的实际感受是顾客价值的反映。

通过上文的总结和分析，我们发现了顾客价值的基本特点：①顾客价值是顾客个人对于产品或服务相关属性的感知，它存在一定的主观性，因此具体评判标准因人而异；②顾客价值的核心是顾客的产品或服务感知利益同感知成本两者的权衡（trade-off）；③顾客价值的传递具有层次性，它从产品属性、效用到实际结果，最后到顾客预期。

2.1.2 理论模型

（1）科特勒的顾客让渡价值理论

科特勒（Kotler，1999）提出了"顾客让渡价值"（customer delivered value，CDV）概念，即为顾客总价值与顾客总成本之间的差值，他认为影响顾客满意的因素包括企业的产品、服务质量和价值。顾客总价值是指顾客期望从某一特定产品或服务中获得的一系列利益，Kotler将顾客总价值划分为产品价值、服务价值、人员价值和形象价值。顾客总成本是顾客在评价、购买和使用某一产品或服务的过程中出现的花费和支出，它被划分为货币成本、时间成本、精力成本和体力成本，如图2.1所示。

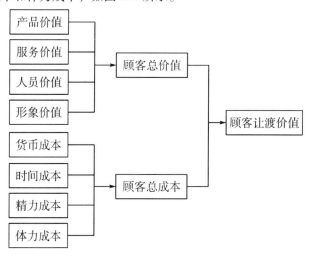

图 2.1　顾客让渡价值的构成因素

顾客让渡价值可以用下列公式表示。

CDV＝TCV−TCC；TCV＝f（Pd, S, Ps, I）；TCC＝f（M, T, E, Ph）

其中，Pd 代表产品价值（product value）；S 代表服务价值（services value）；Ps 代表人员价值（person value）；I 代表形象价值（image value）；M 代表货币成本（monetary cost）；T 代表时间成本（time cost）；E 代表精力成本（energy cost）；Ph 代表体力成本（physical cost）。

目前国内对顾客价值的研究成果大多数都是在 Kotler 的顾客让渡价值理论的基础之上产生的。项保华和罗清军（2002）认为：顾客让渡价值是顾客的认知利益与认知价格的差值。顾客认知利益是指顾客实际感受到的收益总和，反映了顾客对产品和服务的种类、价格、质量、信誉、企业反应速度等的满意程度。顾客认知价格是指顾客实际感受到的支出总和，它涉及顾客在消费产品或服务全程与时间、金钱、心理有关的总成本。不少学者把顾客让渡价值的实质概括为顾客对产品或服务是否物有所值的认识和评价。

（2）珍克、罗恩、安诺的顾客价值模型

珍克、罗恩、安诺（Jeanke et al., 2001）的模型分别从供应商和顾客的角度分析了价值由抽象概念到具体产品的过程，如图 2.2 所示。一方面，供应商兼顾企业自身战略、资源、能力以及顾客需求，确定"想提供的价值"，在此基础之上，结合企业实际以及市场需求等情况，企业开发出以特定的产品或服务为载体的"设计价值"。而"设计差距"又存在于"想提供的价值"与"设计价值"之间。另一方面，因为受到社会环境、科技发展等客观条件的制约，顾客希望获取的"想得到的价值"与市场上提供的"期望价值"之间存在"折中差距"。而信息的不对称或企业对顾客需求分析的失误，又会导致企业"想提供的价值"和顾客"想得到的价值"之间存在"信息差距"。顾客对价值的主观评价和感知导致"期望价值"与"设计价值"之间存在"感知差距"。顾客购买后使用体验引发"得到的价值"与"期望价值"之间的"满意差距"。企业应当缩小上述的各个差距，从而为顾客提供真正需要的价值。

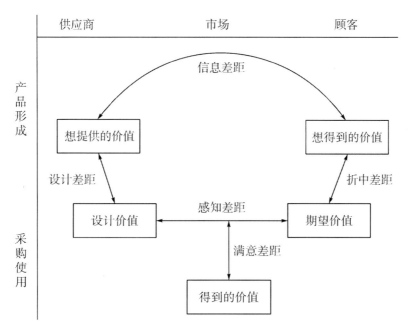

图 2.2 珍克、罗恩、安诺的顾客价值模型

（3）伍德拉夫的顾客价值层次模型

伍德拉夫（Woodruff，1997）的模型解答了顾客感知价值的途径和目标等问题，如图 2.3 所示。该模型认为，从最底层往上看，产品的属性、效能及其实现预期结果的能力影响着顾客的期望、购买和使用行为。从最顶层往下看，顾客按照自身目标划分产品在使用情景下各个结果的权重，结果又确定属性和属性效能的相对重要性。从中间层来看，Woodruff 的顾客价值层次模型强调了使用情景对顾客价值评估的影响，产品的属性、结果和各个目标之间的联系都会随着使用情景的改变而发生变化。总体而言，每一层次顾客的期望价值与实际利益的对比，都会影响到该层次上的满意程度。

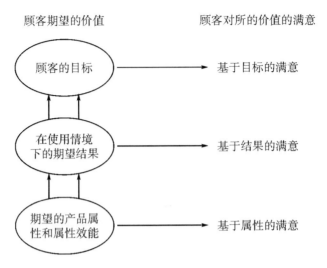

顾客期望的价值　　　　　　　顾客对所的价值的满意

顾客的目标　————————→　基于目标的满意

在使用情境下的期望结果　————————→　基于结果的满意

期望的产品属性和属性效能　————————→　基于属性的满意

图 2.3　Woodruff 的顾客价值层次模型

（4）格罗路斯的顾客价值关系理论

格罗路斯（Gronroos，1996）认为关系营销为多个参与主体创造的价值应当高于单纯交易的营销价值，并且应赢得顾客的认同。关系的长期性特征使顾客价值出现的周期较长，故 Gronroos 将其称为价值过程。三个过程共同构成了一个成功的关系营销战略：核心——交互过程，沟通——对话过程，起点和结果——价值过程。其中，交互和对话过程的矛盾容易向顾客传递冲突信号或做出无法兑现的承诺，给价值过程造成消极影响；对价值过程的不当分析则会误导交互过程中的行为。因此，对于交互、对话和价值构成关系营销的三极，我们必须认真分析和计划这三个过程，合理实施关系营销战略。王成慧、叶生洪（2002）和张迪（2006）的研究也都验证了 Gronroos 的观点。

Gronroos（1997）还发现关系范畴中包含核心产品和附加服务，他提出了"关系成本"的概念，即某方出于关系而发生的在价格之外的成本。这样一来，考察顾客价值的方法就是：对核心价值和额外要素的附加价值进行区分。关系理念下的顾客感知价值由以下两个公式来表示。

顾客感知价值（CPV）＝（核心产品＋附加服务）／（价格＋关系成本）

顾客感知价值（CPV）＝核心价值±附加价值

第一个公式中的价格是短期概念，多在核心产品送货时交付；关系成本的长期性决定其边际成本呈递减趋势；核心产品和附加服务的效用体现于关系过程。第二个公式中的附加价值是随着关系的发展而产生的，可能对核心价值有强化或者削弱的作用。

Gronroos 从双向角度探讨顾客价值的互动问题，重视对企业和顾客的平衡用力。他还发现，不同类型的关系中，顾客价值的重心存在着个体差异（熊本峰，2003）。但他只局限于关系过程的分析，并未深入展开对顾客价值的动态性研究。目前，学术界有很多学者对顾客价值的动态性进行了研究（Vantrappen，1992；Slater 和 Narver，1994）。

（5）魏因甘德的顾客层次模型

魏因甘德（Weingand）通过对图书馆的实证研究，把顾客价值由下至上分为四个层次：基本的价值、期望的价值、需求的价值和未预期的价值，且每一层次分别对应不同的顾客价值，如图 2.4 所示。

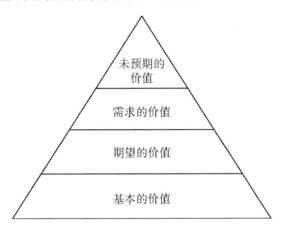

图 2.4　Weingand 的顾客层次模型

上述学者的经典论述呈现了顾客价值理论的发展与深化过程。我们不难从中发现，学术界对顾客价值理论的核心认识基本一致，即企业应当更多地从顾客角度而非企业自身角度来认识产品和服务的价值。当前学术界对顾客价值理论的研究处于初始阶段，仍有相当一部分问题有待进一步探索，例如，顾客价值的来源，顾客对价值的了解、评价和选择过程，顾客价值的发展和变化进程，顾客价值的建模和定量研究等。对这一系列问题的解决，很大程度上取决于经济学、社会学、心理学、统计学、组织行为学等相关学科的发展（杨东龙，2003）。

2.1.3　概念辨析

顾客的要求被满足程度的感受称为顾客满意度。满意在心理学上是指心理状态，在营销学上指人对产品的认知与其期望比较的感觉（Kotler，1994）。一般来说，如果顾客对产品的认知大于期望，则为满意；反之则为不满意。

关于顾客满意与顾客价值的研究文献很多，大多认为两者相互补充，研究顾客价值即是研究顾客满意对顾客行为的解释作用，而不是认为两者相互排斥。两者的差别主要是二者对于数据的解释不同，前者通过报告形式告诉企业已有的成绩，使企业在满足已有顾客方面做得更好，而后者则为企业指出未来的努力方向，使其注意提高竞争力，进而创造更多价值，因此顾客价值研究得到众多企业的重视。然而，顾客满意无法对顾客未来行为意向进行预判，所以满意度高不见得就盈利高。反观顾客价值，它是企业经营绩效的直接表现，相当多的研究都认为顾客价值驱动顾客满意，两者相互关联，互相依存。企业只有一直努力提高顾客价值才能获得高的满意度，才能获得忠诚的顾客。

（1）服务质量与顾客满意的关系

服务质量与顾客满意之间的关系可以分成三种看法（董春婷，2004）。第一种看法为很多研究者所认可，服务质量是顾客满意的前因，其中，顾客满意被刻画为顾客对服务质量的认可程度（Cronin & Taylor，1992；Anderson & Sullivan，1993；Anderson & Fomell，1994；Gotlieb et al.，1994），也有学者将服务质量当成对满意度的评判标准之一（Rust & Oliver，1994；Parasuraman，1985；Zeithaml & Berry，1988）。第二种看法与第一种看法相反，它将满意看作服务质量的前因（Bitner，1990；Bitner & Hubbert，1994），为了支持这个观点，Bolton & Drew（1991）使用代数法来实证检验这一观点。最后一种看法认为两者不互为前因（Cronin & Taylor，1992；Daholkar，1995；McAlexander et al.，1994）。

由此可见，关于服务质量和顾客满意之间关系的认识还没有得到统一，但学术界更认同服务质量是顾客满意的前因的看法，而且此看法更符合实际操作的认知程序。所以，本研究将包含服务质量的感知收益认为是顾客满意的前因。

（2）顾客满意与顾客忠诚的关系

很多研究认为顾客满意与顾客忠诚相互关联，前者促生后者，但同时有学者认为两者之间是非线性的复杂关系，两者相互影响，但中间包括其他中介变量。哈佛大学商学院的研究，以及 Hart 和 Johnson 于 1999 年对施乐公司的实证研究都表明，只有非常高的满意度才能保证顾客的忠诚度（白长虹，廖伟，2001；黄玮玮，2006）。企业只有提供良好的服务才能使顾客对企业足够忠诚。

（3）顾客价值与满意度的关系

学界关于满意与价值的关系一直没有定论。认为满意是顾客价值前因的学者认为顾客价值比服务质量和顾客满意度次序更靠前，其判断更准确（Bolton & Drew，1991；Bolton & Drew，1994；Gale，1994；Naylor，1996；Petrick et al.，2001）；而另外一些学者认为价值仅是满意的一个前因，他们认为顾客满意更能指导顾客未来的行为（Fornell et al.，1996；Oliver，1999；Cronin et al.，2000）。

（4）四者之间的关系模型

关于顾客价值、服务质量、顾客满意度、忠诚度四者之间的关系，国内外很多学者在营销研究中进行了探讨。Monroe & Krishnan（1985）提出了如图2.5所示的感知价值形成模型。Zaithaml（1988）对 Dodds & Monroe（1985）的模型进行修改，将顾客感知分为高中低三个层次。Bojanic（1996）认为价格、质量影响顾客价值，而顾客价值与顾客满意度正相关。Oh（1999）通过实证研究对旅游业服务质量、顾客价值及满意度之间的关系进行探讨。Cronin et al.（1997）和董大海（2003）均对相关文献进行总结，并从四方面归纳了各种研究为何会有差异性。Cronin et al. 在 2000 年通过六个不同的服务产业的实证研究来验证它们之间的因果关系。

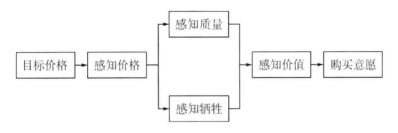

图2.5 感知价值形成模型

2.1.4 研究述评

总结相关研究可以看出，大多数学者认同顾客价值的影响因素众多，且顾客价值会对顾客忠诚有正向的影响作用（Zeithaml，1988；Lee & Cunningham，1996；Sweeney et al.，1997；Oh，1999）。也有部分研究结论显示顾客满意是顾客忠诚的前因，企业只有提高顾客满意度才可能提高顾客忠诚度（Bitner，1990；Reichheld & Sasser，1990；Oliver & Macmillan，1992；Anderson & Sullivan，1993）。

通过对相关研究的梳理，我们不难得出以下结论：①关于顾客价值的研究，国内外主要集中于汽车、医疗保健、办公设备等有形产业，而对旅游行业的相关研究较少，目前还没有针对低碳旅游业的游客让渡价值量表；②关于顾客感知收益、感知成本、让渡价值、满意度与忠诚度的关系整合模型研究较少，为了更好地理解各变量的内涵及相互的逻辑关系，学者们认为非常有必要对其关系模型进行探讨；③在现有的关系模型中，大部分只用货币价格来衡量顾客感知成本，而没有考虑精神体力消耗、时间消耗等无法用货币衡量的变量，这些在旅游行业恰恰是很重要的部分；④很多学者主要用服务质量对顾客感知收益进行衡量，而不考虑其他很多对旅游者很重要的因素，即变量考虑不完善。

基于现有的关于低碳旅游的研究，本研究首先对低碳旅游景区营销中游客让渡价值的量表进行构建，其次以感知收益和感知成本分别表示旅游者在旅游过程中的收获与付出；再次对感知收益、感知成本和让渡价值、满意度与忠诚度的概念关系模型进行分析，在此基础上构建相应的结构方程模型，从而分析游客让渡价值各因素对游客忠诚、景区旅游营销的作用机制；最后本研究用九寨沟景区的相关调研数据进行实证分析。

2.2 低碳旅游研究

低碳旅游景区的发展和营销模式的构建与低碳旅游的创新理念密不可分，因此本研究需要在低碳经济、生态旅游、低碳旅游等已有的相关研究基础上进行深入探讨和演化研究，在低碳旅游理念的指导下实现景区可持续发展。

2.2.1 低碳经济

2003 年，英国政府在其发布的能源白皮书《我们能源的未来：创建低碳经济》中，首次提及"低碳经济"，指出低碳经济是通过更少的自然资源消耗和更少的环境污染，获得更多的经济产出；低碳经济是创造更高的生活标准和更好的生活质量的途径和机会，也为发展、应用和输出先进技术创造了机会，同时也能创造新的商机和更多的就业机会。随着低碳经济理念的发展，低碳经济发展模式得以提出，各国学者纷纷展开对低碳经济的研究，国外学者对之研究较早，取得了较为丰富的研究成果，我国学者对低碳经济的研究虽略迟于国外，但也取得了一定的进展。现将国内外学者对低碳经济的比较具有代表性的研究列举如下。

Mazzarino（2000）运用 Comparative Static Approach，即比较静态方法和货币估值技术，研究得出运输业是经济合作发展组织成员碳排放量最大的行业。

Rehan & Nehdi（2005）研究提出水泥业是温室气体排放的主要行业，同时指出了水泥业未来在清洁发展、联合履行、排放交易三种机制下的发展前景。Johnton 等（2005）与 Treffers 等（2005）分别探讨了英国、德国分别到 21 世纪中叶实现 1990 年基础上减排二氧化碳等温室气体 80% 的可能性。Ramanathan（2006）采用 Data Envelopment Analysis，即数据包络分析手法，量化分析了 GDP、能源消耗、碳排放量之间的关系，预测得出碳排放量与能源消耗量的曲线图。Soytas（2007）利用 VAR 模型，研究了美国能源消耗、GDP 与碳排放量之间的因果关系，于 2009 年以土耳其为研究对象，进行了类似的实证研究。Shimada 等（2007）结合日本滋贺案例，探讨分析出一种描述城市测度低碳经济长期发展情景的方法，为城市低碳经济的发展提供了参考。邢继俊和赵刚（2007）继阐述低碳经济产生的背景、内涵后，探析了我国低碳经济的发展状况，且指出兼顾社会经济的发展目标，我国可采用的实现低碳经济的可能途径。Enrique 等（2008）运用 Lotka-Volterra 模型，验证了碳排放量与能源消耗、GDP、人口间的联系，明确了人口结构对碳排放量的影响。Dalton 等（2008）利用 Population-Environment-Technology model 模式也对之展开研究，与上述结论达成了一致。金涌等（2008）针对我国能源消耗及二氧化碳排放现状，从产业结构调整、能源结构调整、科技创新等 5 个方面提出应采取的措施，并对科技创新的方向做了着重分析。付允等（2008）从温室气体减排压力、能源安全和资源环境等三个方面分析了中国发展低碳经济的紧迫性，从宏观、中观、微观角度论证了低碳经济发展模式的发展方向、发展方式和发展方法，从节能优先、大力发展可再生能源、设立碳基金、确立国家碳交易机制提出了我国发展低碳经济模式的政策措施。Stretesky & Lynch（2009）利用 1989—2003 年世界 169 个国家的面板数据样本，研究了对美国出口量与各国人均碳排放量之间的关系，得出两者之间存在显著联系。周元春和邹骥（2009）利用对数平均 Divisia 因素分解法（LMDI），将我国与其他几个主要温室气体排放国家的情况进行对比研究，发现我国现有的能源结构、能源效率、人口和排放强度都处于不利的阶段，须改进技术水平、提高能效和改善能源结构，以促进低碳经济的发展。中国科学院可持续发展战略研究组（2009）在对碳排放的历史轨迹回顾的基础上，探析了中国应对气候变化与低碳发展的对策，并对中国可持续发展能力、资源环境绩效展开了综合评估。金乐琴等（2009）认为低碳经济与循环经济理念的要求一致，同旅游业的可持续发展目标和节能减排紧密相关。Viola 等（2010）指出地球的平均气温明显上升导致全球变暖，从时间序列的角度，运用非线性方法，通过状态空间重构、预测，考虑了噪声污染等因素，分析不同地区温度时间序列，结果显示温度变化的历程与预测呈现出一致性。克里斯托弗·费雷文（2009）提出在能源革命初期，应提高能源利用效率，开发低碳或无碳能源，通过投入的加大和新体系的建设，充分发挥政策支持对于新能源的效用。纳拉辛哈·拉奥等（2010）研究了印度的碳排放情况、低碳的推动因素和展望，据此论述了能源变化趋势、低碳增长与发展的挑战。徐承红（2010）建立了技术进步与污染控制的动态经济增长模型，提出中国应该在改造传统产业、发展新能源、推广节能等方面，采用发展聚集型的低碳经济产业链等模式、技术创新等手段来推动和实现经济发展向低碳经济的转型。李晓燕（2010）以四川为例，通过模糊层次分析法评价其低碳经济发展，并提出扩大对外开放、优化能源结构、控制环境污染、开发低碳技术等对策建议。Söderholm 等（2011）在回顾已有定性、定量能源前景研究的基础上，阐述了其中的不同点，并探讨了隐藏在情景内所面临的社会挑战及在向低碳未来转变过程中所采用的相关策略。刘朝和赵涛（2011）通过构建阻碍中国低碳经济发展影响因素的指标体系，采用图论方法、布尔运算得到各影响因素的层级关系，研究表明影响低碳经济发展的主要因素有经济粗放式发展、居民低碳意识淡薄和缺乏低碳专业人才，并从基础情景、低碳情景和受挫情景定量模拟了中国 2020 年低碳经济发展水平。

2.2.2 生态旅游

生态旅游源于 20 世纪 80 年代，进入 90 年代以后，由于自然、社会、经济协调共进的可持续发展思想成为解决全球环境问题的主导观念，与此相适应的生态旅游得到了迅速的发展。资料显示旅游业是 20 世纪经济增长最快的产业，其中增长最快的部分是生态旅游，其平均增长率为 15%～20%，这也反映了人们返璞归真、崇尚自然的新思想。

世界自然保护联盟（I-UCN）特别顾问 Lascurain（1983）第一次提出了"生态旅游"的概念。当时，该术语的应用不具备广泛性，部分学者甚至将其表述为"自然旅游""生态性旅游"以及"绿色旅游"。1987 年，世界自然基金会（WWF）在厄瓜多尔等 5 个国家进行研究之后，于 1990 年出版了《生态旅游：潜能与陷阱》的研究报告。根据世界自然基金组织（WWFN）研究员 Elizbeth Boo（1992）对生态旅游的界定，生态旅游是指以欣赏和研究自然景观、野生生物以及相关特色文化为目标，为保护区筹集资金，为地方居民创造就业机会，为社会公众提供环境教育，有助于自然保护和可持续发展的自然旅游。

Filion（1992）认为提高全民的资源价值意识，营造环保氛围，以及吸引外资投入，能够有效地保护野生动物种群和栖息地，实现生态旅游开发与自然环境资源保护并举。Orams（1995）介绍了关于生态旅游的一系列概念，并尝试实行管理策略，让生态旅游者从最初地简单体验愉悦感、满足感而转变为采取各阶段更深的理解感悟、转变态度、实施对环境负责任的行为，并通过模型测量该转换过程。Scheyvens（1999）考虑使用各种方法，帮助人们更好地理解生态旅游企业对人们生活的周围环境以及生态旅游者频繁接触的大自然环境，同时分析阐述社会、经济、政治、心理等对社区生态旅游的影响机理。何家理（2005）提出西部生态环境建设必须解决好生态环境影响经济的评价、生态环境建设的补偿机制、生态环境建设的具体实施机制等问题。张杰等（2005）认为自然保护区独具特色的自然与人文景观为自然保护区开展生态旅游提供了有利条件；开展生态旅游也是自然保护区旅游资源合理开发和有效利用的必然选择。赵燕丽等（2009）在参考大量生态旅游中环境问题资料的基础上，总结出生态旅游中主要的环境问题有水体污染、固体废弃物污染、噪声污染、植被破坏和物种减少等，归纳出造成环境问题的主要原因有游人、景区内服务单位和景点的自然污染等。

2.2.3 低碳旅游

国外的低碳旅游发展起步较早，世界自然基金会——英国商业和消费组织（WWF - UK Business and Consumption Unit，2002）倡导采用假日碳足迹（Holiday Footprinting）工具。我国对低碳旅游的研究起步晚，文献也比较少，前期还是主要集中在对低碳旅游的基本情况介绍、增进旅游者对低碳旅游方式的认识和了解、倡导游客的低碳消费行为等。目前国内外对低碳旅游的研究可以概括为以下几个方面。

（1）旅游业与全球气候变化的相互影响研究

Hu & Ritchie（1993）认为气候对某一地区的旅游吸引力具有重要影响作用。Hamilton & Maddison（2004）构建了国际旅游的模型，发现气候变化能够改变旅游者的目的地决策，而旅游者也对环境有不利影响。Berrittella & Bigano（2005）认为气候变化会不同程度地降低旅游行业各个主体的经济福利。Becken（2005）把斐济旅游作为研究对象，分析了气候变化给岛屿国带来的不利影响，她还认为自然旅游资源比人文旅游资源更容易受到环境的影响。Scott & Jones（2007）以加拿大 Waterton Lakes 国家公园为例，认为在 2050 年之前，气候变化对该公园游客数量的影响并不显著，但预计 2080 年会出现由于气候原因游客大幅度减少的情况。2007 年的达沃斯宣言阐明了旅游部门应对气候变化挑战的必要性。Peeters & Dubois（2009）研究发现，全球的二氧化碳排放量中，旅游者的贡献值达到 4.4%，在 2005—2035 年这一影响将以每年 3.2% 的速度递增，因此制定更为科学有效的降低碳排放量的方案势在必行。Gossling 等（2010）提出了"碳食迹"（foodprint）的概念，基于合理搭配和调整游客菜品角度探讨减少旅游活动中的碳排放量，以应对气候变化。

（2）旅游者行为选择研究

Becken 等（2003）认为，旅游过程的能源消耗量和旅游者的行为之间存在较强的相关性，前者受到旅游者对出行方式、住宿设施和饮食抉择的影响。萧歌（2008）剖析了低碳旅游行为，倡导旅游业由传统的发展方式，转变为低碳经济和绿色产业理念指导下的可持续发展。陈世贤（2009）研究了旅游者个人碳足迹与低碳旅游行为意向，预测旅游者在从事旅游活动的过程中对环境造成影响的行为，进而采取预防措施并进行宣传。Smith（2009）以新西兰为例，首次从国家层面测算了旅游航空运输占碳排量中的比重。Lin（2010）以我国台湾地区 5 个公园为研究对象，发现私家轿车在所有类型的交通工具中碳排放量第一，他还从交通层面探讨了减排措施，即倡导使用公共交通和鼓励短程旅游。

（3）降低碳排放的措施研究

这方面的研究主要集中在碳税的征收方面。Palmer & Riera（2002）支持对旅游者征收生态税，认为这样做既能约束游客行为，又可以获得改善旅游地环境的资金。Mayora 等（2007）以英国为例，提出在收入相同的条件下，以碳税代替登机税能够在一定程度上降低航空业的碳排放量。Richard（2007）的研究表明，对每吨碳排放量征收 1 000 美元的税会使航空运输业碳排放量下降 0.8%。Hoffmann & Sprengel（2008）从公司的角度探讨了气候变暖对冬季旅游产品的影响以及减排应对措施。Gossling（2009）第一次给出了"碳中和目的地"的概念，界定了"碳中和"（Carbon neutral）、"气候中和"（Climate neutral）、"无碳"（Carbon free）和"碳清洁"（Carbon clean）等术语。Dickinson & Robbins（2010）以及 Lumsdon 等（2011）认为"慢游"不仅能够降低二氧化碳排放量，而且可以使旅游业适应未来低碳经济的发展方向。Davison & Ryley（2010）认为机票价格的变动会影响二氧化碳排放量，其作用同征收航空税有相似之处。蔡萌（2010）提出了低碳旅游城市的概念，认为低碳旅游城市的发展要以"减排、微排、中和"的技术经济原理和认知城市"碳源、碳汇、碳流"机理为指导。Mair（2011）对自愿碳抵消行为的生态意识进行了分析，发现虽然自愿进行旅游碳抵消的游客均有生态主义倾向，但并非全体生态主义者都愿意进行碳抵消，他建议改变旅游方式的选择，以便更有效地进行碳抵消。

（4）可再生能源在旅游发展中的利用研究

Bode 等（2003）以地中海一俱乐部型度假目的地为例，提出利用太阳能、风能、潮汐能等可再生能源来降低旅游度假设施的能源消耗。Yaw（2005）将加勒比海地区作为研究对象，探讨了清洁生产技术、可再生能源等对旅游可持续发展的影响。Fortuny（2008）提出了使用可再生能源的技术五步骤："初步审计""个案筛选""案例应用""经济评价""结果检验"。Liu 等（2010）评估了规划、建设我国台湾地区金门岛可再生能源系统的可行性，认为各种新型的清洁能源与可再生能源能够替代传统的化石能源。

（5）定量及建模研究

在旅游碳排放量测量方面，多数学者都采用生命周期评价（a life cycle assessment，LCA）的方法，或者是结合碳足迹概念（Gossling，2002；Patterson，2006；Martin-Cejas，2009）。Kelly & Williams（2007）构建了一个能源利用模型，来测定旅游目的地的能源消耗与排放量，经分析认为旅游目的地二氧化碳排放主要来自旅游区内部（旅游目的地内交通建筑和设施），游客从客源地到目的地的交通排放与景区工作人员上下班交通排放。Kuo & Chen（2009）认为目前缺乏对旅游业管理的产业生态研究，他们通过 LCA 法对旅游能源利用、温室气体排放量、废水、固体废弃物等做了统计和定量分析，发现旅游者的能源消耗量与废弃物排放量都超过了当地居民的日常用量。Mo 等（2010）以LSD 地区为研究对象，通过 MATLAB 工具箱进行仿真，诊断低碳旅游城市可能出现的问题，并提出解决对策和建议。马勇（2011）运用专家咨询法和层次分析法相结合的方法，构建由目标层、准则层、要素层和指标层所组成的低碳旅游目的地综合评价指标体系。

（6）低碳旅游模式研究

汪宇明（2009）引入"低碳终端消费导向的发展模式"，构建"四区一体（低碳园区、低碳港区、低碳校区、低碳社区）、四碳互动（低碳经济、低碳技术、低碳生活方式、低碳城市）"的低碳城市旅游目的地发展体制机制，实现低碳临港发展战略模式的创新。明庆忠等（2010）则认为低碳旅游是一种以实现旅游产业生态化为目标的战略选择。杨效忠等（2010）在辨析低碳旅游相关概念后，分析了低碳旅游和世界遗产保护目标的关系，探讨了以政府为主导、以游客为主导的两种世界遗产地开发与保护模式。刘啸（2010）针对北京郊区的实际情况，提出了相应的低碳旅游发展理想模式。

2.2.4 概念比较

邹统钎（2005）指出，绿色旅游是在运行过程中旅游系统遵循减量投入、重复利用再循环的原则利用资源与环境，实现资源利用的高效率、低能耗以及对周遭环境损害最小化的经济发展模式。旅游者在绿色旅游过程中，不仅仅是在观赏和娱乐，而且是参与更多环境保护事务，从而以实际行动来提高旅游者自身的环境保护的觉悟。

世界旅游组织给可持续旅游下的定义是：可持续发展的旅游业既要顾及现有游客及旅游地区的需要，同时也要保障和增加未来的发展机会，为达到这个目标，在管理资源时必须同时满足经济、社会及美学的需要，也要保存该地的文化传统、基本生态发展、生物品种及生态系统。其核心思想强调旅游发展环境持续性、旅游发展效益的福利性以及旅游发展机会的公平性。

对生态旅游的概念界定参见前文2.2.2。

低碳旅游、生态旅游以及绿色旅游三种旅游发展方式，都属于可持续旅游的范畴，都以可持续旅游理念为指导，以实现旅游的可持续发展为终极目标。生态旅游与低碳旅游都存在这一思想，生态旅游追求的是一种"零碳排放量"的旅游发展方式，着眼于维护旅游环境的生态持续性，强调旅游发展对社区居民的福利性以及旅游发展机会的公平性，提倡以更少的人为干扰来保证旅游可持续发展目标的实现；低碳旅游则强调利用各种低碳技术、宣传低碳消费方式等，倡导通过低碳技术的革新和游客的旅游消费方式的转变来实现可持续旅游的发展目标，其立足于对旅游过程中对碳排放量的控制，是基于旅游与其发展环境整体性的考虑，包含了对维护旅游生态环境持续性的责任；而绿色旅游则要求游客参与更多保护环境的实际行动，从而提高自身的环保觉悟。

就旅游目的地而言，生态旅游的目的地一般是一些保护完整的自然生态和文化生态系统；低碳旅游则不存在旅游目的地的限制，它体现在所有的旅游活动中。

从旅游规模看，生态旅游则相对强调旅游规模的小型化，以免对旅游资源造成破坏；低碳旅游并不涉及旅游规模，而是侧重在旅游过程中"食、住、行、游、购、娱"等各个环节中全方位的低碳化。因此，相对生态旅游而言，低碳旅游更具有广泛性、可操作性、实践性，其在更多层面上是一种人类对旅游发展的一种价值取向的表达。低碳旅游与生态旅游、绿色旅游、可持续旅游的区别如表2.1所示。

表 2.1　低碳旅游与生态旅游、绿色旅游、可持续旅游的比较

	低碳旅游	生态旅游	绿色旅游	可持续旅游
核心思想	节能减排	以自然为基础的活动	人与自然的和谐	环境持续性、发展效益福利性、发展机会公平性
侧重强调	减少碳排量，应对气候变暖	对自然景观的保护和开发	实现资源的可持续利用	满足经济、社会和美学需要以及文化传统的保存

综上所述，低碳旅游是对生态旅游、绿色旅游和可持续旅游理念的一种行动响应，是将生态旅游、绿色旅游和可持续旅游的理念转化为一种实际可供操作的旅游行动方式。

本研究所讨论的低碳旅游是在生态文明理念导向下的、以"低能耗、低污染、低排放"和"高效能、高效率、高效益"为基础的一种新的旅游发展方式，它强调在旅游发展过程中，充分运用低碳技术装备，通过"碳储存、碳捕获、碳中和"等机制以及循环经济模式，建设低碳旅游吸引物，开发清洁能源与号召资源节约，构建节能技术支撑的旅游接待设施，发展清洁能源或新能源动力系统的交通运输工具，倡导游客绿色低碳旅游消费方式，从而获取更好的旅游体验和更高的经济、社会、环境综合效益。

2.2.5　研究述评

从整体上来看，第一，低碳经济的相关研究更多地注重对宏观，如全球、各个国家乃至区域发展方面的探讨，而对各领域，如工业企业、服务组织等系统的低碳经济方面的研究较少；第二，生态旅游研究方面缺乏对低碳旅游、绿色旅游和可持续旅游方面的辨析，也没有形成对生态旅游概念、体系等内容的统一认识和理解；第三，低碳旅游侧重对国家碳排放与能源消耗的变化关系及相互影响，旅游业带来的碳排量与气候变化的关联、低碳旅游概念、低碳旅游的策略方面的探究，对景区在低碳管理和营销方面的研究很少，几乎没有定量分析。

随着低碳经济时代的到来及发展，本研究认为低碳旅游应将两者的核心思想——节能减排、以自然为基础的活动等融合，既要体现对自然景观的保护开发，又要反映应对气候变暖而采取减少碳排放量的举措，二者双管齐下，即在低碳经济的大背景下，发展低碳旅游，借用低碳经济的理念，倡导在自然景观开发利用过程中，采用低能耗、低污染的新型旅游方式和管理、营销理念。倡

导低碳旅游方式，减少旅游过程与景区管理过程中的碳排放量，旅游景区的低碳化发展是当前及未来的趋势所向。另外，立足于游客、管理者、居民等视角，考虑经济、社会、环境等层面，实现低碳旅游与景区低碳营销的联系及低碳经济在景区建设历程各个层面中的体现尚缺乏系统分析和定量研究。

2.3 旅游营销研究

2.3.1 产生与发展

1841 年 7 月 5 日，人类历史上的第一次旅游活动在英国人托马斯·库克的组织下有序进行。经过了一百多年的飞速发展，旅游业受到了各种因素的制约和影响，因此其营销活动必须在正确的营销观念指导下进行。旅游营销的产生与发展的历程如下。

（1）旅游营销的萌芽

近代旅游业产生以来，不少国家的旅游组织印发了旅游手册并将其视为重要的推销手段之一，向旅游者传播旅游信息。1839 年贝德克尔创作了欧洲首屈一指的国家导游手册。这段时期世界各国纷纷推出旅游手册介绍旅游目的地，学者们开始把旅游作为专门的学科，旅游营销进入萌芽时期。

（2）旅游营销的产生

19 世纪末 20 世纪初，全球主要的资本主义国家先后完成了工业革命，在科技进步、生产规模扩大、市场竞争激烈的环境下，营销需求与供给的矛盾日益突出。为了解决这个问题，美国先后出现了《市场学》《市场营销管理》《消费者行为》等论著，它们使市场营销学从企业管理中分离出来，成为企业管理学的一个分支。

科普德（1930）提出企业面向大众的市场营销理念和"消费者第一"的观点，促使企业经营者研究顾客的消费行为和倾向。奥格威（1935）重点进行旅游者消费行为的研究，由此揭开了旅游营销的序幕。

（3）旅游营销的发展

20 世纪 40 年代，第三次全球技术革命大大提高了生产力，使得人们的收入和闲暇时间增加，旅游市场的规模不断扩大。因此，旅游的相关经营者更加重视营销方式的使用和旅游业人才的培养，同旅游相关的学科研究呈现纵深的发展态势。

随着旅游消费的增加，到了 20 世纪五六十年代，旅游营销研究的重点主要是交通、饭店、服务等方面的改善措施；七十年代则是解决环境污染、资源浪费、旅客拥堵、旅游者安全与权利、旅游法律法规等方面的问题；八十年代对旅游营销的研究主要集中在两个领域——宏观政策与微观市场；九十年代初，旅游业全球年接待人次超过 5 亿，年消费额达 3 000 亿美元，就业人数超过 1.2 亿，成为世界规模最大的产业。此时国际和国内都开始出现了专业化的旅游市场营销学专著，论述了新兴营销理念、策略和方法在旅游业中的运用。旅游市场营销迅速成为旅游管理人才的必修课程。世界旅游组织的报告显示：2012 年全球游客达到 10.35 亿人次，突破 10 亿大关，比 2011 年上升了 4%。世界旅游及旅行理事会的报告称，2012 年旅游业对全球经济的贡献为 6.6 万亿美元，约占全球经济总量的 9%。全球旅游业的快速持续发展也将对旅游市场营销的研究引向深入，旅游营销学正在逐渐发展成一门比较成熟的学科，并不断地吸收新理论、观点和方法。

2.3.2　旅游营销概述

2.3.2.1　旅游营销内涵

此处的旅游营销即指旅游市场营销。在旅游管理领域，专家学者、管理人员以及服务人员对旅游市场营销的认识不尽相同，甚至存在误区，因此要全面、科学、结合实际地界定旅游市场营销并非易事。根据麦卡锡（1981）所提出的"4P"框架，旅游营销被描述为：①确定旅游消费者的需要和偏好的过程；②根据确认的目标市场需要开发或修正产品；③设计促进人们对产品关注、感兴趣并接近的机制；④通过分销网络、定价机制等将上述因素转化为销售。因此，旅游营销研究必须充分结合营销的长期与短期任务，注重战略性研究而不应仅仅停留在短期的策略性研究。

通过对各营销学派观点的梳理和归纳，本研究将现代旅游市场营销的内涵总结为以下四个方面。

（1）旅游市场营销活动的范围不仅仅局限于流通领域，而是向前延伸至生产前领域和生产领域，向后扩展至售后领域，包括旅游企业经营管理活动的全过程。

（2）旅游市场营销活动内容出现多样化、复杂化的特征，旅游景区和企业原来单一的产品推销和交易转变为综合循环的活动。

①旅游市场营销活动始于生产前领域，具体包括市场调研和需求预测，旅游市场细分、目标市场选择，以及有针对性地设计和开发旅游产品。

②生产领域的市场营销活动包括：按目标市场需求制订生产计划、择优选

择旅游产品设计方案、根据市场营销计划组织经营活动。

③流通领域的市场营销活动是一整套由可行性方案构成的营销策略组合，包括产品定位、定价、分销、促销等，以顺利实现旅游产品的交换为目的。

④在售后服务领域，营销人员要将游客满意的反馈信息传递到生产领域，发挥已有的产品优势；将游客不满意的信息反馈到生产领域，及时处理投诉，并进行市场调研，找出差距，再结合目标市场需求，重新设计、生产和销售产品。

（3）旅游市场营销的职能已经由单一的产品推销，转变为以旅游者为中心、旅游市场需求为导向的整体经营管理，并通过制定营销系统加强企业管理和控制，并对它们的行为进行引导。

（4）参与旅游营销活动的是由上至下的专业团队，组织应当树立全员营销意识，共同参与、相互配合，确保旅游产品和服务从生产到销售的每一环节都满足游客需求。

2.3.2.2　旅游营销特征

旅游服务的特殊性使得其营销方式同有形产品营销相比，呈现出以下不同的特点。

（1）无形性

游客在购买前无法对旅游产品进行检验。旅游者的评价取决于重复购买的旅游经历或预先征求其他有购买经历的旅游消费者的意见。归根结底，购买旅游产品大多数时候等同于购买服务即无形产品。

（2）生产过程的参与性

由于服务具有生产与消费同时性和不可分离性的特征，旅游者直接参与生产过程，因此旅游服务营销管理的重要内容之一就是管理旅游者以提高服务质量。

（3）非同质性

旅游业在服务生产过程中不易达到标准化，旅游服务通常都是有差异的。因此对游客而言，其不可能消费到完全相同的旅游产品。

（4）不可贮藏性

旅游产品不能贮藏或保留，比较有代表性的是饭店客房和飞机舱位。因此，组织要充分考虑游客需求及其和产品供给的契合度，才能避免生产能力的浪费和供应短缺的现象。

（5）供给刚性

旅游产品适应性较差，缺乏供给弹性。短期来看，需求下降对旅游产品的价格影响较小，因此后者的价格主要取决于旅游目的地的饭店、交通和设施状况等。

（6）需求弹性

旅游产品的需求富有弹性，因此旅游产品快速适应环境的变化是很有必要的。突发事件对旅游需求的影响较显著，例如传染病流行、石油价格变化、恐怖袭击、汇率变化等。

（7）互补性

游客多是选择由多项互为补充的子产品构成的服务，而非单一产品。因此一个失败的服务有可能对整个旅游体验产生消极影响。

（8）高额固定成本

旅游产品的开发成本包含高额的固定成本，如饭店的修建和交通设施建设，而这样的投资未必会有丰厚的回报。

此外，旅游营销过程中还应把握以下要点：①以旅游者为核心，以游客需求为导向，与传统的生产导向和推销导向区分开来，通过满足游客的需求来获利；②关注外部环境，综合利用一切资源和管理策略实现对环境的适应；③旅游消费的个性化和复杂化特征，要求景区和旅游企业以准确的信息调研对游客需求进行把握；④景区和旅游企业要有战略眼光，以"绿色旅游""可持续旅游""生态旅游""低碳旅游"等理念为基础进行营销推广。

2.3.2.3 旅游营销组合

市场营销学认为企业能够控制的营销因素有很多，麦卡锡分类法把各类营销因素概括为四种：产品（Product）、价格（Price）、渠道（Place）和促销（Promotion），简称"4P"，这是当前应用最广泛的分类方法。所谓营销组合，即指适当组合和搭配这4个"P"。它反映了现代市场营销观念指导下的整合营销思想。

随着国际旅游市场竞争的日趋激烈，Kotler（1999）的"大市场营销"理论认为，营销人员能够主动对企业的营销环境施加影响，因此他们不应单纯地顺从环境和适应环境。他在4P营销组合之外，加上了另外两个"P"——"权力"（Power）和"公共关系"（Public Relations）。大市场营销理论变4P为6P，强调适当地运用政治力量和公共关系，打破国际市场和国内市场上的贸易壁垒，为营销活动开辟道路。

维拉斯和贝赫勒（1999）则从3P的角度归纳了旅游市场营销组合，具体如下：人（People）——强调旅游业服务人员的重要性，特别对客服务技能、热情程度等都将直接影响旅游产品的质量；有形展示（Physical evidence）——到位的有形展示才能展现产品和服务的优势，才会让顾客有直观的认识和比较。具体到旅游业，则企业要考虑住宿接待环节的家具、装潢、环境、氛围、陈设、清洁和噪声等；过程（Process）——企业通过服务时间和等待时间预估、游客表格和证件办理等，来制定行之有效的工作程序。

从上述对旅游营销内涵的分析来看，旅游市场营销组合决策的执行要立足于合适的目标市场。原因在于：第一，影响市场的因素是无穷的，任何要素及其组合都很难涵盖营销过程的全部情况。第二，旅游景区或相关企业都会有亟待解决的重大问题，因此不必将所有因素都归入营销组合。在开展营销活动时，旅游景区应当针对旅游市场内部条件和外部环境的特点，将总结出来的影响要素进行组合，使它们充分发挥协同作用，实现最优配置，体现旅游市场组合营销战略的重要意义。

2.3.2.4 本研究中的旅游营销、旅游目的地营销和景区营销辨析

本研究所提到的旅游营销，特指依托旅游目的地而形成的营销理念和开展的营销活动的集合，基本将旅游营销与旅游目的地营销相等同，因此明确旅游目的地的内涵和分类就显得很有必要。本研究借鉴布哈利斯（2000）、冯若梅（1999）、李蕾蕾（1999）的研究成果，对旅游目的地的定义如下：旅游目的地是指建立游客所需的旅游基础设施和服务设施的所在地，它将所有的旅游要素整合在内，例如供给、需求、交通、餐饮、营销等，由统一的机构进行规划和管理，由国家和区域旅游组织、旅游企业为其制定发展战略和营销策划，国家和当地政府要为旅游目的地的发展承担责任、进行服务。目前对旅游目的地较主流的分类是将其分为：旅游风景名胜区、旅游城市、旅游度假区和主题公园。从这四大类别来看，由于旅游风景名胜区在我国的数量多，发展速度快，并且较为全面和集中地反映了吃、住、行、游、购、娱的传统旅游六要素以及环境质量、基础设施、管理服务水平等影响游客低碳感知的维度，在本研究的低碳旅游景区营销模式研究方面更具代表性和典型性，因此本研究的景区营销模式，实质上是专门对上述四类旅游目的地的中的旅游风景名胜区的营销模式进行探讨。

旅游风景名胜区是旅游资源和旅游目的地体系的重要构成之一，名山大川等大面积自然风光组成其主体。如我国的九寨沟、桂林、张家界、黄山等都属于旅游目的地当中的旅游风景名胜区（马艺芳，2001）。旅游风景名胜区的基本功能有旅行、游览、观光等，主要类型包括：山岳区、湖泊区、森林区、海滨、石林瀑布区、河川峡谷区、历史古迹名胜区、革命纪念地。进行旅游风景名胜区营销的目的有：加深与丰富旅游者对景区的认识，树立良好、深刻和

鲜明的景区形象，提高游客满意度，提高景区的重游率，从根本上促进景区的可持续发展。

2.3.3　研究综述

在进行写作之前，笔者参考了涉及旅游营销及旅游业的书籍、国内外有关专家的旅游著作，检索文献查阅了大量论文，再结合前文对旅游营销、旅游目的地营销和景区营销的辨析，本研究认为对旅游营销的综述最直接的体现就是旅游目的地营销的相关研究，因此在反复选择与整理文献之后，本研究将目前国际国内对旅游目的地营销和与之关联方面的研究成果归纳如下。

2.3.3.1　营销组织研究

旅游目的地营销组织是营销活动的实施者。Palmer 等（1995）总结了旅游目的地构建营销联盟的原因包括资源的局限性、市场机制对多方的制约、各方主体协同有利于营销规划。戴斌（1996）强调了营销主体的多元化：政府机构、相关企业、非营利组织以及当地居民。冯若梅等（1999）重视旅游企业营销和区域旅游组织，如地方政府和行业协会的协调和促进作用。维克多·密德尔敦（2001）认为国家旅游组织应当把一国作为旅游目的地进行营销，并且承担旅游产品开发和促销的主要职能。匡林（2006）的研究表明我国的旅游营销体制是政府主导型，具体操作上是各级旅游局负责。Wang 等（2006）认为旅游目的地营销联盟出现的基础是危机、竞争、组织支持和技术支撑，利益相关者参与联盟的动机则包括战略、交易成本、学习方面的动机、竞争力和社区责任。李宏（2007）提出由专门组织来负责实施旅游营销。旅游目的地营销与一般性营销的区别在于公共部门发挥了重要作用，它们支持私营部门或与之展开合作营销。高静和章勇刚（2007）认为营销合作的趋势愈发显著，私营部门的影响力日益增强，影响营销主体协同机制的因素有：组织形式、参与者身份、营销支出来源、营销绩效评估。王兴琼（2009）以汶川为例，指出震后旅游目的地营销离不开政府。作为旅游目的地营销的主力军和主导者，当旅游安全出现危机时，政府的角色不能弱化。

2.3.3.2　营销系统研究

奈斯比特在《大趋势》中预言：电信通信、信息技术和旅游业将成为 21世纪经济发展的原动力。旅游业信息化作为三者的有机融合，将为旅游业的发展带来生机和活力。

1997 年，世界旅游组织推出"旅游目的地营销系统"（Destination Marketing System，DMS），即利用电子商务，以网络的形式进行旅游宣传促销，制定完整的营销方案。Sheldon（1997）重点研究旅游目的地信息发布和设施供需，希望国家旅游机构（National Tourism Offices，NTOS）利用目的地信息系统（DIS）进行营销。Ritchie（2002）肯定了市场营销决策支持系统（Marketing Decision Support System，MDSS）在信息收集、存储、处理、预测和传播方面的作用。Wober（2003）以奥地利为例，认为国家旅游营销信息系统的目的是为潜在游客提供信息和决策支持。李宏（2004）指出对旅游目的地营销系统的认识更多的是狭义范畴的技术系统，广义的旅游目的营销系统则更强调较大范围的统筹协调。刘邵华、路紫（2004）以大连旅游网为例，依照"目标—对象—结构—功能"的思路进行研究，认为目的地营销系统是基于区域整合视角的动态网络系统。王有成（2009）的研究归纳了旅游目的地营销系统的四大功能，即虚拟信息、虚拟沟通、虚拟交易以及虚拟关系。

2.3.3.3　营销策略研究

旅游促销策略研究方面，赵晓燕（1996）指出我国旅游对外促销存在的问题，包括缺乏针对性、经费紧缺、方式单一、效果不佳等。胡善凤（1999）以我国台湾地区为例，总结了旅游市场的促销策略和建议。秦立功（1999）以旅游促销的 Byaes 经济决策分析模型和信息处理，寻求旅游促销方案的最优解。成伟光（2002）阐述了旅游大篷车在营销管理和运作创新中的六项重要突破。

旅游营销渠道研究方面，郭鲁芳（1994）提出了多种营销方式，如转化营销、再营销、同步营销、降级营销、反营销、刺激性营销、开发性营销、维护性营销等。盛琦（1999）认为旅游营销战略由大众营销向一对一的营销转变，在其影响下，旅游营销渠道也以宽渠道为主。

旅游目的地的推广和形象策划方面，20 世纪 80 年代中期，丹恩、由塞尔、帝力的"推引力"模型把游客自身因素比作"推力"，如旅游开销、收入水平、闲暇时间等；把影响游客做出选择的因素比作"引力"，如旅游地的自然资源、人文资源、吸引力程度、旅游地形象、实用价值等。Hunt（1992）研究了旅游目的地开发中形象的重要性。屈海林和邱汉林（1996）用 Jansen-Verbeke 模式探讨香港都市旅游产品的构成，分析游客的都市景点选择标准和他们的满意度，评估香港旅游协会的营销效果。李蕾蕾（1999）分析了旅游形象产生问题的综合原因，构建了具有普适性的旅游目的地形象策划 TDIS 模式。佟玉权（1999）、舒伯阳（2000）、宋章海（2000）针对旅游地形象问题，从不同的角度进行了研究与探讨。

旅游营销策略的其他方面研究，谢礼珊和杨莹（2003）基于旅游产品及其价格、电子营销渠道和市场沟通的角度，提出旅游目的地的营销策略。龙江智（2005）总结了旅游目的地营销的五大策略：市场细分、事件促销、全员营销、主题形象营销和系统观念。Hudson & Ritchie（2005）探讨了电影旅游的影响力。郭鲁芳（2006）提出运用整合营销传播理念，以游客的感知为导向，利用现代信息技术，进行全方位营销。Schmallegger & Carson（2007）分析了博客对旅游目的地促销的作用。粟路军等（2009）认为成功的事件营销要把握公众心理，赢得感情共鸣，而这两者都是建立在公众焦点、事件卖点、企业诉求点三点合一的基础上的。

2.3.3.4 营销战略研究

Jeffries（1971）认为世界各国应当领导旅游组织、向它们提供指导，并倡导相关群体利用营销机会。20世纪90年代，国外很多学者对旅游营销进行了研究，如 Laws（1995）、Kotler（1996）、Morgan（1996）、Weston（1996）、Briggs（1997）等。Heath 等（1992）提出了区域旅游营销战略规划的概念框架。Faulkner（1997）以澳大利亚为研究对象，提出了旅游目的地的营销的战略方法和评估模式。王磊等（1998）认为旅游目的地营销观念应与旅游感知和营销活动的特征完全契合。杨森林等（1999）阐述了旅游业人才开发、服务质量管理、跨国经营、产品开发、目的地形象策略和网络营销等方面的内容。黎洁等（2000）分析了CIS的发展历程、与旅游企业整体形象的关系以及操作流程。陈丕积（2000）和池雄标（2003）论述了政府解决旅游信息不对称问题的作用。王国新等（2001）研究了旅游目的地形象定位与营销战略之间的关系。左冰（2001）强调挖掘旅游业竞争优势，打造精品景区景点，实施旅游名牌战略。王咏、陆林（2002）、冯学钢（2003）以及孟凡荣等（2003）研究了城市旅游形象和营销战略。彭华和钟韵等（2002）以佛山为例，使用了"市场分类研究"和"产品—需求对应分析法"，对旅游市场进行分类和调研。马艺芳（2002）在研究都市旅游营销战略的基础上，提出了桂林市旅游营销战略的对策和建议。此外，奚红妹（1992）、徐德宽、王平（1998）、唐俊雅（2002）、唐代剑等（2002）等人也据此进行了深入探讨与研究。

2.3.3.5 其他方面研究

旅游营销效果方面，周玲强和王敏娴（2002）质疑了政府营销支出的增加，认为旅游营销效果是营销实际结果与营销投入的比较效益。2005年，烟台旅游局在蓬莱探索旅游宣传促销效果的评价方法。崔凤军（2006）研究了旅游宣传促销活动绩效评估的指标体系和具体实施方法。张化丽（2007）以目标分解的原则，通过因子分析法构建了旅游目的地营销效果评价的指标体系。

在旅游目的地规划和营销方面，马勇等（1999）研究了旅游规划的主题定位、区域主题旅游形象定位、市场推广等内容。邹统钎（2001）从规划角度出发，对国外主题公园的发展趋势、旅游度假区发展理念与运营、旅游目的地信息系统等方面内容进行了研究。

在旅游地生命周期方面，谢彦君（1995）探讨了旅游地生命周期模型及其影响因素，提出树立旅游资源的战略性管理观念，通过构建完备的目的地旅游吸引物系统，进行产品再开发，并在此过程中实现供给、需求的动态平衡。赵丽萍（1996）、余书炜（1997）等人也从各自的角度对旅游生命周期进行了研究。

在旅游营销的综合分析方面，丁雪峰（1994）、冯涓（1998）基于环境和发展的角度研究旅游目的地。波林·谢尔登（1995）认为向中小旅游供应商提供其所需信息的传播渠道，有助于提高旅游目的地竞争力。钱炜（1997）肯定了旅游目的地的初次定位与重新定位的意义，归纳了定位的步骤，认为定位方式可通过广告信息加以强化。杨剑（2000）基于美国旅游市场的现状和特征，分析了政府参照投入产出比进行的旅游促销投入，也研究了旅游营销网络的层次性、竞争手段、促销方式等内容。林南枝（2000）在旅游需求、市场定位、营销战略和策略、服务营销等方面进行了全方位研究。布哈利斯（2000）界定了旅游目的地的产品和范围，划分了目的地类型，总结出了目的地市场行为策略的步骤。孙安彬（2001）比较了旅游的文化营销、多样化营销、CS 营销等现代理念。

2.3.4 研究述评

国内外学术界对旅游营销的研究轨迹较为类似，都是从旅游目的地形象开始入手，进而研究旅游目的地营销组织、信息技术、营销战略、策略等问题。学者们借鉴市场营销学的理论和方法，对旅游营销进行理论分析和实证研究。

旅游目的地营销研究主要的贡献集中在以下两点。

（1）营销主体的确定。政府在旅游市场失灵时的作用是显而易见的。但政府主导下的旅游目的地营销模式同样具有其局限性，因此不少学者都基于旅游目的地营销的利益相关者角度，倡导营销主体的多元化。

（2）注重形象研究。学术界普遍认可旅游目的地形象在其营销活动中发挥的作用，学者们主要从目的地形象的形成和传播机制、测量方式、游客对其的认知等角度进行了深入探讨。

旅游目的地营销研究的主要不足集中在以下三点。

（1）相关基础理论研究非常不足。关于企业的市场营销研究由来已久，而研究旅游景区的市场营销是从 2000 年以后才开始的，所以相关的理论基础缺乏，更没有形成系统的理论框架。

（2）在已有的研究成果中，定性的研究方法应用较多，定量方法应用较少。在进一步的研究中，学者们应注意定性分析与定量研究方法的综合运用，注意理论研究与实证研究的结合。

（3）现有的研究其内容涉及范围较宽泛，研究深度不足，在很多方面的研究都有待进一步深化，尤其是关于低碳环境下的旅游景区营销模式研究。

从上述文献和资料当中，我们可以清晰地把握国内外专家学者对旅游目的地营销研究的整体轮廓。但在现阶段，基于顾客价值让渡系统的角度的旅游景区营销模式研究仍旧相当欠缺。在日益激烈的旅游市场竞争中，在低碳旅游发展的环境下，学者们如能通过总结分析和探讨，构建一个基于顾客价值让渡系统的旅游目的地营销模式，不仅有重要的理论价值，而且有很强的现实指导意义，这也是本研究要重点解决的问题。

2.4　本章小结

本章主要对顾客价值理论及其模型、低碳旅游相关的概念（如低碳经济、低碳旅游、生态旅游等）以及旅游营销的相关研究进行了梳理和综述，这为解决“如何构建基于价值让渡系统的低碳旅游景区营销模式”这一现实问题的理论研究框架与相关概念模型奠定基础。通过研究价值让渡系统，从而有效地提高游客满意度和忠诚度，是低碳经济背景下提升旅游景区竞争优势的主导战略逻辑，而如何以有效的旅游营销模式作为支撑则是旅游景区和相关部门的战略目标。因此，已有的相关研究为构建价值让渡系统视角的低碳旅游景区营销模式提供了适用的战略思想。

3　旅游业中的价值让渡系统

价值链领域的学术泰斗迈克尔·波特认为企业的价值链位于它与其所处的产业的上下游之间，他把"价值系统"界定为企业价值链向整个产业的延伸，而企业的竞争优势主要源于价值系统之间的差异，企业自身的价值链以及供应商、经销商和消费者的价值链共同决定了其竞争力。本章根据价值让渡系统的含义，对价值让渡系统在旅游行业的应用结构模型进行详细说明和阐释。

3.1　波特的价值系统

价值链和供应链研究作为解释竞争优势的有效手段，在 1985—1990 年盛行。而二者在功能和使用方法上的共同点使得人们很难区分采用价值链和供应链的理论来分析问题的时机。综合关于价值链和供应链的研究文献后，我们下面通过价值链的界定和构成，及其与供应链的联系和区别，对价值系统有一个整体的认识和把握。

3.1.1　价值链的界定和构成

迈克尔·波特（1985）在基于制造企业的研究中第一次提出了"价值链"（Value Chain）。他认为，企业价值诞生于产品的采购、设计研发、生产、销售和服务等活动的相互作用和有机联系的过程之中。一个企业的战略、策略、发展进程以及经济效益，都直接表现为价值链上的各项价值活动形态。

企业的价值活动分类如图 3.1 所示，下面是对两类活动的详细说明。

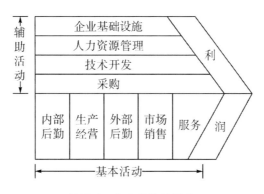

图 3.1　企业价值链活动

（1）基本活动

基本活动主要是从事与产品的物质形态的创造、销售以及售后服务等相关的活动，具体包括生产作业、内部后勤、市场营销、外部后勤以及服务。生产作业将资本转化为有形形态的产品，包括机械加工、包装、组装、设备的维护和管理、印刷等。生产过程、库存、质量水平和人员管理共同组成了生产作业活动。内部后勤涵盖了众多向企业提供支持的内容，例如收取原材料并进行质量检查、仓储和库存管理、车辆调度、退货等。市场营销包括：目标市场选择、产品策略、定价、营销渠道策略、广告宣传、市场调查、促销等。外部后勤是指负责存储并发货给顾客的活动，包括：产品库存管理、订单处理、生产进度安排等。服务则包括上门安装、设备维修、专业知识培训、零部件供应和产品改良等，具体可细分为售前服务、售中服务和售后服务。

（2）辅助活动

辅助活动在基本活动进行的过程中为其提供保障，同时支持价值链的有效运行，主要的活动包括：企业基础设施、人力资源管理、技术开发和采购。企业基础设施包括计划、财务、会计、法律、公关以及质量管理等。人力资源管理包括招聘、培训、开发、职业生涯规划和薪酬管理等。技术开发则体现在产品和技术创新的全过程中。采购包括供应商资格审查、企业原材料采购、办公耗材和设施设备采购以及无形资产采购等。

不难看出，波特提出的价值链理论对于制造企业的竞争优势剖析很有帮助，但并不适用于旅游业价值链的研究。例如，在波特的价值链中，服务活动被归入典型的制造业活动之中，脱离生产作业、内外后勤以及市场营销等活动而独立存在。而实际上，这些被割裂开来的活动在服务型企业中都是紧密联系、相互影响的。本研究的旅游业价值链正是在结合了旅游业区别于制造业的行业特征的基础上提出来的。

3.1.2 价值链与供应链的关系

首先，价值链和供应链是有共同点的。二者的链条结构和价值活动的顺序都是一样的；都能识别和分析企业的价值活动以及竞争优势；都能对企业的内外部活动进行整合和优化；都重视提升顾客满意度与增强企业综合实力。

其次，价值链和供应链之间也有差别。价值链注重企业内部的价值活动，比如产品的制造、内部研发、营销以及人力资源管理等，供应链则更注重企业外部的价值活动，比如原材料和零配件供应、提供支持和保障等，它通常被视为对波特外部价值链的反映，或者是企业价值链之间的纵向联系。由上面的分析，我们可以把价值链和供应链同时整合在波特的价值系统之中，如图 3.2 所示。在此系统中，供应商的价值链能够让渡企业价值链需要的外购输入，渠道价值链是产品流通到达顾客手中的通道，产品最终成为顾客价值链的一部分（波特，2005）。

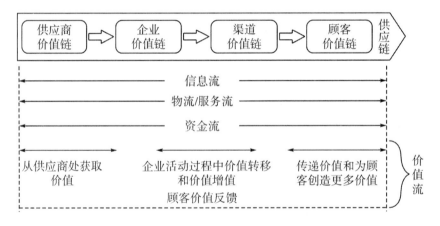

图 3.2　波特的价值系统结构

波特在其研究中指出：一方面，企业通过将自身价值链与供应商价值链结合来提升竞争实力；另一方面，企业通过联系销售渠道来寻求竞争优势，因其与渠道价值链接触点甚多，所以其与销售渠道的联系可以节约成本或增强差异。可以明显看出，企业通过将纵向的价值链进行连接，从而形成一个信息、利益与风险共享的价值系统。在此系统中，各个独立的经营主体能够在局部范围内合作，对系统中的产品或服务进行管理。而企业的竞争已不再是各自能力和资源的比拼，更多的是其与上下游环节共同组成的价值系统间的竞争。

3.2 价值让渡系统的内涵

3.2.1 价值让渡系统的界定

什么是系统？20 世纪 20 年代，奥地利生物学家贝塔朗菲（Bertalanffy L. V.）第一次提出了一般系统理论。贝塔朗菲首次将系统定义为：与特定环境有关联的、相互之间紧密联系的、各构成要素的复合体。钱学森（2007）认为系统是一个有特定效用的、复杂的有机整体，它由多个相互影响和依赖的部分组成。

波特的研究更倾向于从顾客价值的创造角度来分析企业的生产运作活动，并以价值链概念为基础和手段来寻找企业的竞争优势。他将价值链理论进行延伸和扩展，构建了为学术界广为沿用的价值理论系统。然而波特以及其他学者并未对价值系统进行界定，特别是没有用系统科学的方法验证价值系统的合理性，因此上文对该价值系统的分析主要是从价值链切入，从价值链的界定和构成，以及价值链和供应链的相互关系两方面展开。

整体性、目的性和相关性是价值系统的一般特性。我们从图 3.2 中企业价值链的纵向联系不难发现，企业价值网由供应商、制造商、批发商和零售商等相关利益主体构成，这些主体间紧密联系，它们通过信息流、物流、服务流、资金流等合作协同，当它们把产品或服务交付到顾客手中时，包括价值转移、价值增值等在内的价值让渡全过程就完成了。我们用系统的一般性数学表述方法来对价值系统进行解释。若将所有元素 e_i（$i = 1, 2, \cdots, n$）的集合设为 S，S 包括供应商、制造商、中间商和全体顾客。系统内所有元素间的相互作用和关联表示为集合 R，R 的具体表达式对应着系统内不同关系类型，$R = R_L \cup R_S \cup R_I \cup R_C \cup R_V \cup \cdots$。其中，$R_L$ 代表物流、R_S 代表服务流、R_I 代表信息流、R_C 代表资金流、R_V 代表价值流。若存在有序对（e_i，e_j），（e_j，e_i）$\in R$，则表明 e_i 和 e_j 之间有联系，（e_i，e_j）表示 e_i 联系 e_j，（e_j，e_i）表示 e_i 被 e_j 联系。由于各元素之间的信息流、物流、服务流、资金流的流向是有一定的顺序的，因此在我们的定义中，它们之间也相互联系且是有方向性的，即（e_i，e_j）与（e_j，e_i）两者并不完全相等。由此可见，用数学公式进行解释能让我们对价值系统的结构有一个更直观的认识。

波特的价值系统同本研究所要涉及的价值让渡系统有何关系呢？很多学者都对价值让渡系统进行了研究，例如 Kotler（1999）探讨了构建价值让渡系统以增加顾客让渡价值的必要性。我国直销专家王义认为企业应当通过整合自身价值链以及供应商、分销商和顾客价值链来建立价值让渡网络，并在此过程中通过多方合作提升竞争优势。熊国钺（2006）对价值让渡系统进行了明确界定，认为该系统实质上是基于价值链理论的、提供最大化顾客让渡价值的营销机制，顾客最终被让渡的价值是各项价值活动的有机整体，活动过程则是向顾客提供产品和服务以及价值链各主体之间联系的统一。

由此我们给出价值让渡系统的定义，所谓价值让渡系统，是指涵盖市场卖方机构的价值链在内，强调在价值链相关主体的紧密合作协同机制下，以顾客让渡价值最大化为目标，通过提供满足顾客需要的产品和服务的价值运动，从而为顾客传递价值的有机合成系统。企业凭借自身价值链很难把生产价值输送给顾客，因此不可避免地要接受供应商提供的资源，再把由这些资源创造出来的产品、服务分配给分销商或靠企业自身向最终消费者传递，价值让渡系统正是这么一种构成，它整合企业价值链及其向外延伸组成的由供应商、制造商、分销商和顾客组成的价值链。提升顾客的满意度进而实现顾客忠诚，需要系统中所有成员的共同努力。因此，许多企业倾向与其系统中的其他成员合作，以改善整个系统的绩效，提高竞争力。

部分学者认为价值让渡系统对"顾客让渡价值最大化"的追求要注意把握度的合理界限（江林，2005），因为如果企业在实践中片面强调顾客让渡价值，有时反而会导致成本上升，利润降低。因此顾客让渡价值的大小应以确保实现企业经营目标的经济效益为原则。

通过对目前学术成果的整理、分析和总结，笔者发现国内外不少学者把价值系统与价值让渡系统两者的定义完全等同，对此笔者并不十分赞成。根据上文对两个系统的比较，我们不难看出二者的区别主要在于研究角度和侧重点。波特的价值系统是基于企业价值的角度提出的，包括供应、制造、营销、服务在内的多项职能和活动，更多地表现为产业链的特征，是一种关注厂商价值的分析模式；而价值让渡系统是基于顾客价值的角度提出的，强调以顾客需求为导向，以系统成员的紧密联系和相互配合为机制，是一种关注顾客价值的分析模式。

3.2.2 价值让渡系统的特征

根据本章的分析，本研究认为价值让渡系统的基本特征如下。

（1）价值让渡系统的本质是采购、制造、分销和服务的每一阶段产生的价值增值。企业往往通过对这个系统的有效利用来提升竞争力。

（2）价值让渡系统的基本要求是系统各成员协同合作，各方主体在不影响其他成员利益的前提下，共担风险，紧密配合，以实现系统整体最优。

（3）价值让渡系统通过资源整合和集成实现信息共享，方便快捷的信息获取有助于企业了解顾客需求，并用需求指导顾客导向的生产计划，使之与供应保持平衡，从而降低不必要的资金占用量和库存，增强市场响应能力的柔性。

（4）价值让渡系统的参与主体和合作者以及系统中的各类活动都具有动态性，他们同相关利益方之间的资源交换也是不间断的，资金、物资、能量和信息都在这个过程中流动和转移。这就决定了价值让渡系统一定是一个开放性的、有活力的系统。

（5）价值让渡系统的机制是实现共赢目标。对参与的关键企业而言，价值让渡系统是一项可持续发展战略；对合作伙伴而言，价值让渡系统能让他们在实现价值增值的同时获取超额利润；对顾客而言，价值让渡系统有助于他们减少购买费用，获得生理和心理的满足。

3.2.3　与顾客让渡价值的关系

通过上述分析我们发现价值让渡系统与顾客让渡价值存在以下联系。

（1）价值让渡系统包括一系列相关价值的转移和传递，而顾客让渡价值是指价值让渡系统让渡给顾客的一部分价值，或者说是顾客被让渡的价值。因此我们可以把顾客让渡价值系统视为价值让渡系统的一个子系统。

（2）价值让渡系统是由市场卖方机构的价值链构成的，向顾客传递价值的综合系统。该系统的建立以提高顾客让渡价值为核心目标，因此具体的活动也要充分考虑顾客价值的让渡，例如对产品和服务的质量保障、对中间商的选择等。

3.3　价值让渡系统在旅游业中的应用

3.3.1　游客让渡价值与旅游价值让渡系统

第二章文献综述部分已对学者们在顾客价值研究方面的代表性成果进行了详细回顾。学者们从初期提出顾客感知价值到近期提出让渡价值概念，表明他们对顾客价值的研究逐渐转移到消费者视角，以顾客感知作为研究让渡价值维度构成的出发点。

（1）游客让渡价值

本研究对游客让渡价值的界定如下：通过对本研究 2.1.2 中 Kotler 的顾客让渡价值理论的借鉴，结合旅游营销的特性，本研究确定景区的游客总价值由服务价值、功能价值、品牌价值、教育价值、情感价值、环境价值、特色价值七个维度构成，它代表了游客从某一特定的景区或景点所提供的产品和服务中获得一系列利益的总和。而游客总成本则由货币成本和非货币成本构成，后者则包括时间成本、精神成本和体力成本，游客总成本代表游客为了到某一景区游览所付出的代价的总和。因此本研究把游客让渡价值界定为游客实际感知的总价值和总成本之间的差值，如图 3.3 所示。

由于游客在选择景区前往参观旅行时，总希望尽可能达到成本最低、利益最大的状态以满足旅游需要，因此游客在进行决策时也主要比较这两个要素，他们往往倾向于优先考虑成本最低、利益最大，即游客让渡价值最高的景区。游客所获得的让渡价值与他们的满意度以及对景区的认知度是呈正比的，因此旅游景区要通过向游客提供有更多游客让渡价值的景区特色产品或服务来增强吸引力。

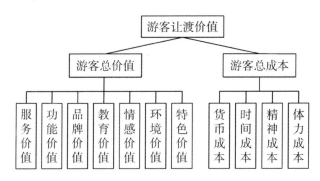

图 3.3　游客让渡价值构成

（2）旅游价值让渡系统

价值系统和价值让渡系统的概念提出均源于销售有形产品的制造业，而旅游业作为第三产业的行业，在销售的过程中虽然伴随着有形产品的消耗，但是产品构成还是以服务为主。产品以及行业的特殊性决定了旅游业的价值让渡系统的定义不能完全套用先前的成果。

本研究在分析价值让渡系统定义以及旅游业的特点的基础上，从游客让渡价值的来源角度切入，对旅游业的价值让渡系统进行界定。本研究把旅游业的价值让渡系统定义为由参与游客让渡价值创造的相关主体构成的有机综合体，系统中各主体着眼于提升各自的价值，把最大程度实现游客让渡价值作为战略目标。旅游业的价值让渡系统的构成如图 3.4 所示。

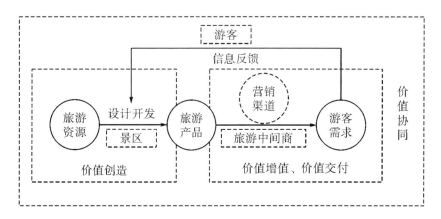

图 3.4　旅游价值让渡系统

如图 3.4 所示，本研究界定的旅游价值让渡系统是在旅游产业的价值链的基础上提出的，而旅游产业的价值链涵盖了旅游资源、旅游产品、旅游营销渠道和游客需求四个基本要素（本研究将在 4.2 对旅游营销渠道进行详细介绍）。首先，景区依托旅游资源和相关利益主体的支持设计、开发旅游产品，通过对旅游产品的成功打造，提升景区的吸引力和可进入性。吸引力构成游客的出游驱动力，好的可进入性降低了游客的成本，有助于提高游客满意度。这是旅游价值让渡系统的第一个环节：价值创造。其次，旅游中间商通过一系列营销策略的综合运用，满足多样化的游客需求，增加游客停驻时间，提高游客的总体消费。这个过程包括了旅游价值让渡系统的两个环节：价值增值和价值交付（本研究的 3.3.2.3 对旅游中间商的界定和构成将进行详细阐释）。最后，由于市场需求的变化使不同时期的价值在不同的要素中转移，游客将自己的需求信息反馈给景区和相关机构、组织，能够促进旅游新产品的开发和旅游产品的提升改造。至此，完善了旅游价值让渡系统的最后环节：价值协同。

从旅游资源出发到游客再回到旅游资源，每经过一个环节，旅游价值链的价值便增加。由于销售增加，从而使得渠道、产品、资本等加大投入，价值链的价值进一步增加，从旅游资源到游客的知识流也在不断加强。旅游资源的复杂多样、旅游产品的综合层次以及旅游市场需求的变化，使相关主体特别是景区面对的营销问题也逐步升级，从而促使新的、基于旅游业价值让渡系统的营销模式的出现和创新。

3.3.2　旅游价值让渡系统构成

从景区的视角出发，探讨旅游价值让渡系统的构成，我们可以将其分为景区内部价值让渡系统和景区外部价值让渡系统，如图 3.5 所示。

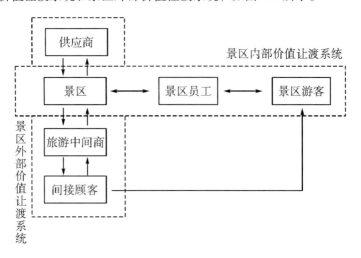

图 3.5　景区内部和外部价值让渡系统

从旅游让渡价值的来源看，景区内部让渡价值系统由景区、景区员工和游客三个利益主体构成，他（它）们相互影响、相互作用；与此同时，景区与其他影响旅游活动的机构和组织，如原材料供应商和旅游中间商（如旅行社）的运作效率也会对让渡价值产生影响，他们共同构成了景区外部价值让渡系统。这里需要强调的一点是，其他涵盖旅游的吃、住、行、游、购、娱六要素并且贯穿旅游活动始终、向游客提供旅游产品和服务的机构和组织，如饭店、交通媒介、旅游纪念品专卖店等，都是同时作用于景区内部价值让渡系统和景区外部价值让渡系统，并主要承担辅助职能的相关主体，对游客的旅游体验和感知产生一定的影响。

3.3.2.1　景区内部价值让渡系统

景区内部价值让渡系统包括景区、景区员工和景区游客，他们在旅游价值让渡系统中的角色定位和贡献不同，分别承担系统的驱动角色、媒介角色和核心角色。

（1）景区

国内外学者从不同的角度对景区的含义进行了研究。前面在 2.3.2.4 中已经对本研究所研究的景区进行了界定，在这里要特别强调的是本研究所研究的景区是一个与景区员工、景区旅游者和相关旅游企业等发生经济关系的、以盈利为目的的组织。

在内部价值让渡系统中，景区能够整合系统成员，保证他们战略方向的统一，从而维持价值让渡系统的运行效率，是景区内部价值让渡系统的驱动者。景区在该系统中的作用主要体现在以下三个方面。

①准确定位游客让渡价值。景区利用区域内的全部资源有效地识别、分析和满足游客的需求，并向他们提供各种价值组合。这既反映了景区的经营理念和战略愿景，明确了系统成员的目标，又决定了其积累资源的方向。

②建设景区员工队伍。景区严密掌控选拔、聘用、分配、调整内部员工的每个环节，以构建和保持高素质的员工团队，从而保障价值让渡系统和谐运转。

③合理分配系统价值。景区、员工、游客三个利益主体都期望在旅游价值让渡系统中各取所需。对景区而言，超额利润是目标；员工追求更高的员工价值；游客则期望获得更大的让渡价值。景区为获得长期收益和可持续发展，必须在游客价值让渡系统中权衡各方的价值所得。

（2）景区员工

景区员工在价值创造中发挥重要作用。根据景区岗位性质的不同，景区员工可划分为管理人员、技术人员和服务人员；根据景区一般组织形式的不同，景区员工可划分为决策层、管理层、督导层和操作层；根据景区职能部门的不同，景区员工可划分为交通、市场营销、财务、人力资源、工程等部门的员工。本研究的景区员工主要是与游客接触最为密切的员工，他们直接对游客服务，多分配在产生营业收入的业务部门。

由于景区员工是连接景区和游客的纽带，因此作为景区内部价值让渡系统的媒介，他们在旅游价值传递和转移的过程中起到了衔接作用。景区与游客的沟通就是通过景区员工的对客服务来实现的。景区员工在价值让渡系统中的作用主要表现在以下两个方面。

①景区员工的服务是价值转移的渠道。景区将部分价值转移给员工，如有吸引力的薪酬福利、晋升机会、培训、工作环境等，这就给景区员工为游客提供良好服务奠定了坚实的基础，使得员工在为游客服务的过程中能有效地发挥工作热情和积极性，在为景区创造价值的同时为游客带来更高的让渡价值。

②景区员工的服务是信息沟通的途径。景区为游客提供的价值组合都是通过员工的服务和引导传达给游客的，而游客对景区在环境、景观和人文资源、设施设备、交通、服务等方面的满意度，也都是通过员工反馈给景区的。

（3）景区游客

顾客的定义有广义和狭义之分。广义的顾客是指任何接受或可能接受商品或服务的对象，包括内部顾客和外部顾客。内部顾客是指企业内部的员工；外部顾客是指与企业进行商品、服务和货币交换的组织或个人，具体分为：中间顾客（界于员工和消费者之间）、消费者（或终端顾客）、资本顾客（以提供的资本获得增值效益）和政府（公利顾客）。狭义的顾客是指企业产品或服务的最终消费者，即广义概念中的消费者。本研究景区内部价值让渡系统中研究的游客是狭义概念的顾客，即来景区消费的现实游客。

景区游客在旅游价值让渡系统中扮演核心角色。游客的存在确保了景区的获利源泉和员工的服务对象。游客在价值让渡系统中的作用具体表现在以下两个方面。

①景区游客是价值让渡系统运转的原动力。忠诚的游客能够促进景区的盈利和推动综合效益的实现进程，因而景区必定会提供更多的让渡价值来维护游客忠诚度。与此同时，游客又通过支付货币成本或非货币成本的方式对景区进行补偿，最终结果是：景区获利、员工受益、游客忠诚。这些都保障了景区内部价值让渡系统的高效运转。

②景区游客是价值让渡系统提升的方向标。从游客导向为前提的让渡价值转移能帮助景区实现价值增值，并将增加的价值转移给景区员工和游客，从而实现了价值让渡系统的提升。

3.3.2.2 景区内部系统提升策略

由 3.1 节企业价值链活动可以看出，旅游景区通过增加投入、提高游客让渡价值和员工价值来提高效益，而价值链的各项活动是对景区投入增加的直接反映，因此旅游业的价值链很好地将游客让渡价值和员工价值融合在一起，如表 3.1 所示。

表 3.1 旅游业价值链活动对游客让渡价值的贡献分析

价值活动		顾客总价值							顾客非货币成本		员工价值
		环境价值	功能价值	服务价值	教育价值	品牌价值	情感价值	特色价值	时间成本	精力成本	
基本活动	对客服务	+	+	+	+	+	+	+	−	−	○
	产品设计开发	+	+	○	+	+	○	+	○	○	○
	组合产品	○	+	○	+	+	○	+	○	○	○
	市场营销	+	○	+	○	+	+	+	−	−	○
	CRM	+	+	+	○	+	+	○	−	−	○

表3.1(续)

价值活动		顾客总价值							顾客非货币成本		员工价值
		环境价值	功能价值	服务价值	教育价值	品牌价值	情感价值	特色价值	时间成本	精力成本	
辅助活动	基础设施	+	+	○	+	+	+	+	–	–	+
	人力资源	○	○	+	+	○	○	○	○	○	+
	技术开发	○	○	+	○	+	○	+	○	○	○
	物资采购	+	○	○	○	○	○	○	○	○	○

注：其中"+"表示提高价值活动质量能够增加顾客或员工的价值，"–"表示提高价值活动质量能够减少顾客的成本，"○"表示价值活动与顾客或员工的价值或成本关系不明确。

由表 3.1 可见，旅游业价值链的各项活动都能直接或间接地为景区员工或游客创造价值，因此，旅游相关主体应在有限的资源条件下选择价值链中具备竞争优势的活动，并对其增加投入。下文将从旅游业价值活动的角度，分析景区内部价值让渡系统的提升策略，探讨景区可以通过哪些方面的措施来完善内部价值让渡系统。

（1）加强基于 CRM 的游客关系管理

1999 年，客户关系管理（Customer Relationship Management，CRM）正式引入中国。现将 CRM 的操作流程总结如下：分析消费者行为——掌握顾客信息——根据顾客信息制定市场细分、产品、价格、促销、分销策略——开展营销活动——收集整理顾客反馈信息——调整企业的营销和管理活动。

将 CRM 的手段用于旅游业可以提升游客总价值，从而提高游客满意度，维持已有的客户关系并发展潜在客户。景区应当联合其他旅游企业比如饭店，利用 CRM 系统提供的全方位信息和数据，根据不同游客的期望做出快速准确的反应，以个性化的服务使之感觉被厚待，充分利用各种资源优势满足游客需求，最终使游客满意，使他们愿意同景区和饭店保持长期稳定的合作关系。

CRM 系统用于旅游业可以减少游客总成本，特别是非货币成本，如时间和精力成本。该系统通过呼叫中心、电子邮件、传真、互联网、面对面沟通等多种方式，为游客自助服务、订单管理和询问提供了便利，有效地提高了现场服务的水平。

景区实施 CRM，能够其凭借对游客信息的掌握，了解游客的需求，增加销售额。景区对游客数据进行综合分析，能使其市场推广和营销避免盲目性，从而降低经营成本，提高利润率。

（2）积极实施旅游网络营销

旅游网络营销具有旅游营销和网络营销的双重特征。所以说，旅游营销是各类组织为销售旅游产品，利用计算机网络的方式对旅游消费者（或最终能够影响旅游消费者的一些中间环节）所进行的营销活动。根据国际上现在使用的旅游网络，我们可以明确旅游网络营销中的网络主要包括以下几种：计算机预订系统（Computerized Reservation System，CRS）、全球分销系统（Global Distribution System，GDS）、目的地管理系统（Destination Management System，DMS）、因特网（Internet）、企业内部网（Intranet）和企业外部网（Extranet）等。

景区通过旅游网络进行营销有以下优势。

①旅游网络营销能够实现景区和旅游者之间的双向互动式交流，打破原有信息不对称的局面，使得旅游者在选择景区时处于主动的地位，并且获得更大的选择自由。例如景区可以让旅游者参与在线旅游线路设计，或上传旅游视频来发表自己的感受。

②旅游网络营销可以改变传统营销受时间和空间限制的局面，使景区可以在任何时间对全球范围内的旅游消费者展开营销活动，有利于开发远程市场。每个旅游景区都可以通过网络平等地展示自己，因而减少了市场壁垒，为各个景区提供了更好的发展空间。

③旅游景区可以通过网络引人入胜的图形界面和多媒体特性，全方位地展示产品、服务和旅游项目，例如景点、饭店的3D图片等内容展示，让消费者全面认识景区。

④景区的网络营销成本低。网络营销缩减了营销渠道，使景区直接与消费者接触，降低了中介促销费用；同时扩大了促销的覆盖面，景区可以针对明确的细分市场开展有效的活动。

⑤随着金融业的参与，景区可以实现网上结算，免去了游客旅游过程中携带现金的麻烦。同时，网络预订可以帮助游客错开旅游旺季的等待时间，增加游客的美好体验。并且，网络方便了游客寻找信息以及同其他游客的沟通交流。

（3）提高对客服务质量

服务质量因其不易模仿性，往往是旅游景区持续性竞争优势的来源。游客的满意度和忠诚度很大程度取决于景区的对客服务质量及其让渡的价值。而游客感知的服务质量主要取决于景区员工的专业技能水平、人员形象和服务态度，因而对景区忠诚员工的培养也是势在必行的。具体来说，景区可以通过以下方面的工作来提高对客服务质量。

①分析服务流程。景区为了对影响游客感知服务质量的因素进行有效整理，会分解组织系统和结构，通过识别服务人员与游客的接触点，改进服务质量。景区服务人员在不同的接触点向游客提供不同质量的服务，这些对游客的整体印象和评价产生影响。景区业务流程分析的内容有：制定服务质量标准，服务内容以流程图形式呈现，找出容易阻碍服务成功的接触点。

②控制服务关键点。其主要是指掌控和管理服务过程中的关键时刻，向游客提供优质的旅游体验。这就要求景区在关注游客所感知的总价值增加的基础上，还要优化服务流程以减少游客的总成本等。

③做好服务补救工作。景区的服务失误会造成不同程度的游客伤害，导致游客不满、抱怨、投诉甚至游客流失。因此景区必须对这些游客伤害可能引发的后果给予足够重视，例如通过服务补救化解法律纠纷，已成为越来越多的景区倡导的应对服务失误的方式。

（4）人力资源管理提升员工价值

"人"是景区最重要的资产，也是提升竞争力的关键因素。培育景区人才的目的在于组织整体能力的开发、提升或是经验的传承及核心能力的维系。训练是培育人才的主要方式，也是涵盖面最广、影响最深远的组织功能。

①加强员工培训与教育。一方面，景区的培训和教育能在一定程度上满足员工完善知识储备的需求。因此景区应当加大对员工的人力资本投入，健全人才培养机制，为员工个人成长创造必备条件。另一方面，景区的培训和教育能够提高员工服务质量。因此景区应当通过培训使员工熟练掌握服务质量标准和知识技能，对游客的消费购买决策施加积极影响，提高游客满意度。

②改善员工薪酬福利待遇。薪酬大多表现为员工工资，福利是员工的生活补偿和社会保障，包括住房、医疗、养老、保险、带薪休假及探亲、孩子入托与上学等，二者均以工作回报的形式作用于员工价值。景区应当建立科学的薪酬福利体系以满足员工的物质需求：通过增加员工的薪酬，提高员工满意度，建设忠诚度较高的员工队伍；制定合理的奖金分配制度，表彰对景区有突出贡献的员工、表现良好的员工，以调动员工的积极性和主动性；为员工排忧解难，通过优厚的福利待遇，增强员工对景区的归属感，并使之转化为长期的工作热忱。

③规划员工职业生涯。职业生涯规划是综合分析个人的优劣势和环境因素，制定明确的未来行动方向、行动时间和行动方案，以实现职业目标。景区员工的职业生涯规划需要景区协助员工开发各种专业知识和技能，提高员工素

质，让景区员工获得更多的自我管理、自我决策的机会和权利，在工作中完成自我成长、自我发展和自我实现。

（5）设计和开发有特色的产品

无形产品是旅游产品的主体，但景区的建筑、各类有形设施和设备，客房、餐厅、饭店餐饮等作为服务的承载体，属于景区的有形产品范畴，一旦具备稳定的形态就很难改变，因此这类产品在游客让渡价值方面的提升空间不大。而景区应主要在无形产品方面，避免设计上的相互模仿所导致的产品雷同化和新意不足，景区在进行产品设计时注意产品的设计和开发应体现景区的特色。随着物流行业的发展，在城市里能够购买到形形色色的商品，旅游产品如果没有鲜明特色，肯定会失去市场，失去消费者的青睐，因此产品的设计和开发要能够体现出地域特色、文化特色、民族特色。

（6）合理地组合产品

在当今瞬息万变的社会里，人们的观念不断地变化，人们的需求也就不断地随之变化，因此，一成不变的产品组合无法满足消费者的需求，景区应根据市场的变化趋势判断消费者的需求，对产品的组合不断地进行调整。旅游产品的组合原则应以最有效地利用资源、最大限度地满足市场需要和最有利于竞争为标准。旅游者不仅仅局限于景区内部产品的满足，同时期望在交通过程中、饭店入住过程中，也能够享受其他行业的产品，因此，组合产品的范围就扩大了。例如，旅游企业加入计算机预订系统，组合旅游产品、饭店产品、交通产品、保险产品以及其他的相关产品，顾客就可以在便捷的电脑（手机）终端来预订这些服务。

3.3.2.3 景区外部价值让渡系统

景区外部价值让渡系统的构成主体包括：原材料供应商（通常不止一个企业）、景区、旅游中间商和间接顾客。本研究的3.3.2.1已对景区做了详细介绍，此处不再赘述，而景区外部价值让渡系统中的间接顾客是指从旅游中间商处购买景区产品，并最终在景区消费的顾客，他们也包含在景区游客之中。下面介绍原材料供应商和旅游中间商的构成。

（1）原材料供应商

景区的供应商是指为景区提供经营活动所必需的原材料、设施设备等物资的组织和个人，它们的提供行为直接影响景区的效益和产品质量，进而影响游客让渡价值和景区、旅游企业的利益。因此，景区与原材料供应商之间毋庸置疑地有着紧密的联系，景区应当在充分掌握供应商的前提下做出采购决策，并尽量避免对单个供应商的依赖，防止个别供应商因企业倒闭或者临时抬高原材料价格而导致景区陷入困境。

（2）旅游中间商

旅游中间商是指处于景区与最终消费者之间，参与或有助于销售活动和行为的企业、组织或个人。也就是说，旅游中间商本质上是销售中介，它们对景区的旅游产品进行包装和组合，代表旅游产品的生产者进行再次销售，向消费者提供直接或间接的服务，并从中受益。旅游中间商介入价值让渡系统，可以大大简化流通过程，降低流通费用，提高流通效率。

旅游中间商包括：旅游经销商（旅游零售商、旅游批发商）、旅游代理商、会议策划、景区联营组织以及全球预订系统（GDSS）。主要的旅游中间商大体上可分为两类：旅游经销商和旅游代理商。

①旅游经销商是指通过买卖旅游产品，从买进和卖出的差价中获取利润的中间商，它与旅游生产者共同承担市场风险。旅游经销商的主要业务包括：为旅游消费者提供咨询服务，代客预订或代办旅行票据和相关证件，向有关旅游景区反映旅客意见等。旅游经销商主要分为旅游批发商和旅游零售商两类。

旅游批发商是指以批量购进和销售旅游产品为主要业务的经销商。与零售商相比，旅游批发商有以下五个特点：批量购进，批量销售；交易产品一般不直接进入最终消费领域；交易地域范围广；交易关系较为稳定；多分布在大型经济中心城市和地区。

旅游零售商是指把旅游产品直接销售给顾客的中间商。旅游零售商直接与顾客接触，其交易活动是旅游产品流通过程的最后一道环节。旅游零售商在旅游营销渠道中承担着实现旅游产品的价值和反馈信息两项重要职能。

②旅游代理商是指受旅游产品生产者的委托，在一定时间、一定地区内代售其产品的中间商。由于不取得产品所有权，旅游代理商承担的风险要比经销商小得多。旅游产品生产者一般在自己营销能力难以达到的地区，或在新产品投放期、产品销路不太好的情况下利用旅游代理商寻找营销机会。

外部价值让渡系统的成因之一是被动的环境选择。我国在改革开放初期，国外游客大量涌入中国，造成旅游城市和景区呈现出供不应求的卖方市场状况，此时有相当数量的社会资金投入旅游和相关产业，使之有了飞速的发展。随着旅游市场规模的扩大，竞争的日趋激烈，顾客的需求个性化和多样化，旅游业逐渐呈现出买方市场的特征，外部环境的压力要求景区联合供应商、中间商甚至竞争对手来确保客源和产品、服务的质量。

外部价值让渡系统的成因之二是主动的组织适应。权变理论认为，需求变化和技术革新导致了环境的不确定性，优秀的组织通过寻找适应环境变化的组织结构和运作规律来应对，它们着眼于伴随环境变化而出现的市场契机，并及时做出调整，以提高组织绩效。景区对外部环境变化的有利回应导致了外部价值让渡系统的形成。

3.3.2.4 景区外部系统提升策略

景区的外部价值让渡系统的各参与主体随时可能发生变化，它们寻找目标一致并致力于长期合作的伙伴，这就使得系统具有动态性；景区外部价值让渡系统运行时，各种资源会进行交换和转移，这又使得系统具有开放性。外部价值让渡系统的提升路径主要有：加强对系统成员的管理，提高价值让渡效率，优化系统的整体目标。下文从四个方面探讨景区完善外部价值让渡系统的措施。

（1）协调战略

景区要协调各价值让渡系统中的战略子目标，使每个参与主体以系统目标最优为行动指南的同时也能获益，并以战略联盟的形式实现信息共享，优势互补，避免因所有权分裂带来的不利影响。例如景区的渠道选择方面应综合考虑旅游中间商的愿景、合作态度以及对旅游产品的认同度。

（2）激励系统成员

景区外部价值让渡系统成员通过签订多方契约，如长期供应合同、合作协议、发展计划等，形成合作和相互依赖关系。景区要充分了解原材料供应商和旅游中间商的需求，对他们进行激励、影响和引导，并展开全方位的合作，如原材料供应、销售渠道、市场开发、信息沟通、技术配合等方面，保持战略协作上的整体性和一致性。

（3）加强信息交流

景区外部价值让渡系统各成员的信息获取、传递与共享是系统正常运行的前提。系统成员只有在良好的信息共享机制之下不断调整和改进自身，才能确保价值让渡系统为游客需求所驱动，避免信息传递过程中的不对称和沟通不畅现象，在市场需求发生变化时及时地发现问题并做出快速反应，进而提升游客的旅游体验质量。

（4）建立学习型战略联盟

景区构建学习型战略联盟是为了汲取外界知识，学习战略伙伴，借鉴其他景区的知识，增强核心优势，降低技术风险和失误，提高创造价值的能力。该联盟与传统战略联盟的区别在于，前者不仅仅局限于资源互补、风险共担，其核心目标是成员通过学习和创造知识，更好地发挥技能专长和实现各方利益，最终完成提升景区外部价值让渡系统的目标。

3.3.3 旅游价值让渡系统特性

这里分别从价值让渡系统的三方主体、构建原则、运作机制和实施目标四个方面进行讨论，对旅游价值让渡系统的整体特性及运行方式进行分析。

（1）三方主体

有形产品的价值让渡系统由三个重要的经济主体构成，从流通角度来看，这几个主体分别为制造商、经销商和消费者，其中制造商和经销商之间相互联系、紧密配合，是战略合作关系。而旅游业不同于有形产品生产流通的行业特点决定了旅游业的价值让渡系统与有形产品价值让渡系统有所不同。

旅游者在旅游活动过程中，有食、住、行、游、购、娱等多方面的需要。为了满足旅游者的多种需要，不同类型的企业需要为旅游者提供商品和服务。因此，旅游业是一个综合性极强的产业。在旅游业的价值让渡系统中，景区依据其营销战略，根据旅游者的不同需求，设计开发符合旅游者价值需求的旅游产品和服务，并通过旅游中间商的营销策略整合运用，最终达到游客让渡价值最大化的目的。因此，在这个系统中的三方主体分别为：景区、旅游中间商、游客。其中，景区作为价值创造的起点，在营销体系中发挥核心职能，它既要选择合适的旅游中间商，以战略联盟的方式来管理营销网络，又要在了解旅游者需求的基础上为他们提供满意的产品和服务；旅游中间商作为连接景区和旅游者的销售中介，除了直接面向最终消费者，还要帮助景区全面掌握市场需求信息；旅游者位于旅游营销渠道的末端，满足旅游者的需要是景区和旅游中间商共同一致的目标。因此，我们不难看出，景区在旅游价值让渡系统中除了是旅游生产商，更主要扮演者旅游营销主体的角色。

（2）构建原则

顾客满意，是顾客事先预期与实际可感知效果相比较所得到的结果，它是顾客的心理反应表现，而非消费者行为。持续的顾客满意则会产生顾客忠诚。从20世纪80年代末开始，制定顾客满意战略已逐渐成为企业赢得竞争优势的主要途径。美国学者唐·佩伯斯认为，顾客份额才是决定企业成功的关键，而非人们之前普遍认为的市场份额。因此提高顾客满意度的重要性是不言而喻的。

游客满意度是指游客在接受旅游产品和服务的实际感受与期望值比较的程度，它取决于游客感知质量与游客期望值之间的差异。一般来说，游客对旅游的感知主要包括自然景观质量感知、服务质量感知以及文化品牌质量感知等，通过与价格感知的对比形成对旅游景区游览价值的感知，形成的实际值与期望值的差异将影响旅游者的满意程度，游客满意可提高游客忠诚度，树立旅游形象；游客不满可能会转化成抱怨和投诉，损害旅游景区品牌形象，旅游景区通过积极处理游客抱怨可以将抱怨的游客转化为忠诚的游客。综上可见，景区和旅行社、饭店、交通媒介、其他旅游企业等机构创造的价值增值，必须有效地转移给旅游消费者，实现游客满意，才有利于旅游价值让渡系统竞争力的提升。

（3）运作机制

旅游价值让渡系统将景区、旅游中间商和游客三方主体集中于一个系统内，并不是忽视三方主体间的竞争博弈关系，而是更注重它们之间竞争关系之上的合作关系。合作协同是旅游价值让渡系统的运行机制，具体可分解为四个方面的价值运动形态——价值创造、价值增值、价值交付和价值协同，如图 3.6 所示。

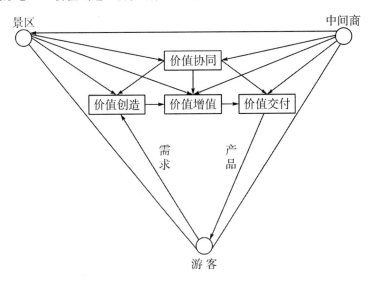

图 3.6　旅游价值让渡系统的运行机制

在图 3.6 中可以看到，价值创造过程要求景区充分了解游客需求、挖掘潜在的旅游需求，不断优化其内部价值链，与游客进行良好互动；价值增值过程要求景区谨慎挑选旅游中间商，构筑系统的营销网络，通过对渠道价值链的优化，实现系统的价值增值；价值交付则基于对游客价值链的研究，力图达到旅游产品在售前、售中和售后全过程的游客满意，从始至终以游客让渡价值最大化为目标；价值协同过程则需要景区和旅游中间商建立稳定长久的合作关系，维持战略协同、业务协同、信息协同和知识协同，与运行机制中其他环节不同的是，价值协同作用于价值创造、价值增值和价值交付的各个过程。

（4）实施目标

旅游价值让渡系统最根本的目标是实现系统整体的价值增值，让所有的系统成员都能受益。旅游产品的设计、开发和销售流程，也是它不断增加市场价值或附加值的过程。系统的每一个环节都是一个增值的过程，最终达到景区、旅游中间商和游客的多方共赢：景区实现可持续发展，中间商收获利润，旅游者需求得到满足。

在旅游业行情景气时，景区和旅游中间商在利益分配过程中容易忽视旅游者的需求和感受。然而，当卖方市场向买方市场转变之后，旅游者拥有了更多的主动权时，景区和中间商势必要把注意力集中于增强游客吸引力和购买力。当前，在消费者购买日趋理性的形势下，景区不可能从单个景区或旅游中间商利益出发来构建价值让渡系统，或牺牲一方的利益来获利，因为"零和博弈"的形式已经跟不上旅游市场发展的需要。然而，从整体出发构建的价值让渡系统综合考虑了系统总体价值带来增值的方面，使系统具备正和博弈的基础，也为达到多方共赢的目标创造了条件。

3.4 本章小结

本章首先从波特的价值系统出发，引出价值让渡系统的概念，通过对两个系统的比较，以及对价值让渡系统与顾客让渡价值的联系进行分析，将价值让渡系统的基本特征提炼为增值、协作、信息化、开放以及共赢；其次剖析了旅游业的价值让渡系统，并对价值让渡系统在旅游业中的应用做了重点介绍，给出了旅游业价值让渡系统的定义及其结构模型，并从内外部价值让渡系统对其构成和提升策略进行分析；最后分别从三方主体、构建原则、运作机制和实施目标对旅游业价值让渡系统的整体特性和运作方式进行分析，指出旅游价值让渡系统的三方主体是景区、中间商和游客，并以参与方的协同合作为前提和运作机制，以顾客满意战略为构建原则，以价值增值与多方共赢为最终目标。旅游价值让渡系统作为构建低碳旅游景区营销模式的基本框架，在本研究中的重要作用是显而易见的，第四章将对旅游价值让渡系统的运作机制展开详尽的分析和阐述。

4 旅游价值让渡系统的合作协同机制

旅游价值让渡系统作为一种集成的管理思想和方法，涵盖了从游客需求到游客满意的全过程，包含了原材料供应商、景区、旅游中间商和游客等多个营销过程中的行为主体。基于自身利益考虑，各营销主体间天生存在一种竞争关系，各自均以自身收益最大化为目的。但是本研究的旅游价值让渡系统强调得更多的是竞争关系基础上的合作关系，所以本章着重讨论的是旅游价值让渡系统中各主体的合作协同关系。本章将分别从价值创造、价值增值、价值交付和价值协同等几个角度对价值让渡系统在旅游业领域的合作协同机制进行探讨，旨在为下一章的价值让渡系统基础上的旅游营销模式构建提供依据。

4.1 价值创造

蓝海战略（Blue Ocean Strategy）由 W. 钱·金（W. Chan Kim）和勒妮·莫博涅（Renée Mauborgne）在合著《蓝海战略》一书中提出，他们在研究 1880—2000 年 30 多个产业 150 次战略行动的基础上，指出价值创新是蓝海战略的基石。蓝海模式不同于价格战的模式。价格战模式强调市场占有率，通过挫伤竞争对手而寻求自己的存活之路；而蓝海模式则是强调价值的创新，通过创新价值为企业提升竞争力，进而甩开竞争者，同时释放新的需求。

4.1.1 价值创造始于游客需求

从游客角度分析，价值形成的根本驱动是需求。需求在现代营销学理论中，指的是想要购买并且有能力购买特定产品的一种意愿，它不同于需要，需要仅仅是人们对某种事物的渴望。需求是一种可能的经济行为，而需要仅仅是一种人们因为缺乏而力求获得满足的心理倾向，是一种心理状态，是人们行为的动力和源泉，也就是说，需要是需求的基础。游客有想要旅游这一愿望，并且形成了旅游需求，因此基于游客对旅游产品的需求，景区推出了旅游产品，并且通过对旅游产品进行价格测试后形成收益，在取得收益后，景区扩展了广度和深度，进一步又扩大了需求，如图4.1所示。

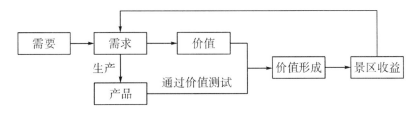

图 4.1　旅游业中的价值与需求的关系

图 4.1 中旅游业的价值与需求关系反映了这样一个事实：游客在参与价值提供的时候，更多的是参与到价值创造的各个环节中，并非单纯地"选择"旅游产品。如果将景区比喻成话剧，游客比喻成观众的话，那么游客目前不再只是坐在台下观看话剧的观众，而是参与到话剧的表演中，即成为价值的共同创造者。对于价值创造来说，如何能够更加有效地获取游客的需求信息是非常重要的，而游客参与价值创造过程是获取游客需求信息非常便利的渠道。景区可以通过信息化，使游客在任何阶段介入价值的创造过程。例如景区在旅游产品设计生产之前就邀请潜在的消费者提出建议，并参与旅游产品的设计。对于消费者来说，这样可以得到自己偏好的旅游产品；对于景点来说，这样可以获得目标消费者的需求信息，并且不必耗费太高的成本。

因此，企业必须要摒弃传统观念，将客户的需求作为价值创造的出发点。企业在价值创造之前应先进行市场研究，对顾客的真实需求和潜在需求进行研究，分析其购买行为、消费能力以及消费习惯等，通过整合营销，在与顾客的互动中深入了解顾客的需求，同时也让顾客参与营销过程，对产品有一个初步的体验和认识，最终实现在企业与消费者合作的基础上，共同确定价值创造的方向。

4.1.2　旅游产品的价值概念

旅游市场理论将旅游产品划分为三个层次，分别是核心产品、有形产品（又叫形式产品）和扩展产品（又名延伸产品）。第一层的核心产品是有形产品所承载的内核，解决的是顾客真正购买的是什么。对于旅游产品来说，核心产品则是指旅游者消费旅游产品时所追求的内心价值，是一种内心的体验，可以认为核心产品是旅游产品最重要的特征。第二层的有形产品则是第一层的核心产品的外在表现形式，是核心产品的物质载体，是使核心需求得到满足的手段。对于旅游产品来说，它的有形产品则主要是景区中的各个景点、建筑物、交通工具、旅游设施、活动项目以及旅游纪念品等。第三层是扩展产品，它是在第二层的有形产品的基础上提供的附加利益和服务。对于旅游产品来说，扩展产品能增加旅游产品的价值，从而帮助消费者更快更好地获取核心需求。在景区中，扩展产品包括景区的营销方式以及门票价格和优惠等。从这个意义上来说，旅游产品包含了很多经济实体，这些经济实体有第二产业的，也有第三产业的。

如果从价值角度来考虑旅游产品的三个层次，我们可以得到如图 4.2 所示的旅游产品价值结构图。我们将旅游产品价值分成包含了旅游产品的核心价值和附加价值的内显性价值单元和包含了旅游产品的品牌价值和文化价值的外显性价值单元两部分。内显式价值指的是游客购买旅游产品希望获得的使用价值和相关服务，而外显式价值则是旅游产品价值的外部体现。

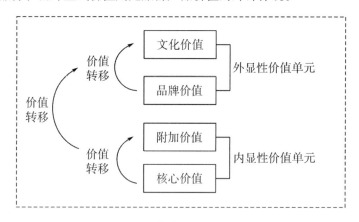

图 4.2　旅游产品价值结构

随着经济的不断发展，顾客对于旅游产品的价值层次的感受越来越灵敏，对于一个完整的价值系统来说，总价值也受到这种不同层次的产品价值的影响，致使价值流在价值系统的不同层次中移动。其主要体现为从较低的产品层次向较高的产品层次流动的趋势。而从转移的具体形式角度来看，其主要表现为以下三种形式，它们分别具备不同的特征：

（1）内显性价值单元内核心价值向附加价值的转移

顾客对于旅游产品的附加价值的关注度逐渐提高，而对旅游产品核心价值的关注度则呈现降低的趋势。随着旅游业竞争日趋白热化，各景区正在逐渐从专注于有形产品转为关注附加产品，即加大对旅游营销和服务等领域的投入力度。

（2）外显性价值单元内品牌价值向文化价值的转移

品牌是用以和其他竞争者的产品或劳务相区分的名称、术语、象征、记号或者设计及其组合，提到品牌价值就一定无法脱离文化单独讨论。品牌价值的"文化性"一方面体现在品牌的竞争中更多的是旅游品牌的文化的竞争；另一方面体现在旅游品牌在与文化更多地融合后，更能够丰富品牌的内涵，更容易传递品牌的信息。因此，更高层次的旅游品牌营销是文化的营销。

（3）内显性价值单元向外显性价值单元转移

对于内显性和外显性两个价值单元来说，前者是后者的内容，而后者是对前者的具体表现。随着市场竞争的日趋激烈，内显性价值单元中的核心价值和附加价值往往更多地通过品牌价值，或者更深层次的文化价值来体现。对于旅游市场来说，景区的竞争更多的是景区品牌的竞争，或者是景区品牌的文化的竞争。消费者旅游消费的选择更多的是品牌和文化的选择。

4.1.3 提升景区品牌价值

顾客与旅游产品之间还有一道沟通的程序，旅游产品的价值在创造出来以后，游客不可能立即就能接受到旅游产品的价值，这是一个体验的过程，顾客需要通过与旅游产品进行沟通后才能够理解其要传达的价值。尽管旅游产品可能是在景区通过对顾客的需求进行调查分析后设计的，但是很多需求是不确定的，顾客通过对旅游产品的体验更好地确认自己的需求，而价值沟通的目的就是更好地将旅游产品的价值传递到顾客那里去，帮助顾客对旅游产品的价值有更好的理解。而实际上，价值沟通的全程都贯穿着整合营销传播的理念。整合营销传播（integrated marketing communication，IMC）是一种实战性极强的操作性理论，最初是在 20 世纪 90 年代由美国西北大学的唐·舒尔茨提出的，是指企业在经营过程中，以由外而内的战略观点为基础，为了与利害关系者进行有效的沟通，以营销传播管理者为主体所展开的传播战略。对于旅游产品的价值创造来说，整合营销传播理论所带来的启示为，旅游企业应当以游客为核心重组景区行为和市场行为，在确定目标以及一致的品牌形象的基础上，利用多种传播方式，将旅游产品的信息准确地传递给游客，实现企业与游客的信息互通，使景区与游客之间形成一个长期的合作关系，进而更加高效地传达营销目的，建立品牌形象。

市场营销的 4P 理论可以说是景区品牌价值提升的基础，4P 即产品、价格、渠道和促销。因为 4P 理论是市场营销的核心与基础，景区品牌价值提升的最终目的是让游客认识旅游产品并且最终购买旅游产品，所以对于品牌价值的提升来说，4P 理论也是品牌价值提升的理论保障。对于景区来说，其必须向游客传达一致的品牌形象。一致的品牌形象即是殿堂的屋顶，依托整个殿堂的柱子即是整合营销传播的方法。新的市场格局和信息环境对旅游营销传播提出了更高的要求，传播渠道和传播形式的多样化和复杂化渐渐成为旅游市场发展的现实需要。而将整合营销传播理论应用于旅游领域并非某个旅游企业或某个游客的个体需求，它取决于信息环境和市场的动态发展变化。

相对于传统旅游营销传播方式，旅游整合营销传播（TIMC）兼具战略思想和战术思想的特点，它强调通过组织的有序规划来完成目标。所以，在探讨旅游整合营销传播的流程时，我们必须先把握旅游整合营销传播的基本原则和与之相对应的组织结构和流程。

（1）认识一致性与协同性原则

组织和管理工作的重中之重就是保持高度的协调统一，这是旅游整合营销传播的基本准则。随着营销传播环境的复杂化趋势的凸显，各种信息让人眼花缭乱，无法辨认真假，因此，我们必须采取一定的方法保持信息的一致性。信息一致不仅能够减少营销传播过程出现的自我损耗现象，还可以在降低传播成本的同时将品牌信息传递得更加明确。问题的另一个方面是协同性，不同的媒体和不同的传播渠道在传递品牌信息时，彼此之间要维持合作关系。特别是对品牌和企业战略的分析愈发深入的时候，一致性和协同性的重要性也愈发显著。通过成员的共同努力和团队配合，旅游活动的核心价值最终体现在营销传播层面，这也是一致性与协同性的集中体现。

（2）构建旅游整合营销传播组织

旅游整合营销传播管理本质上是一项跨职能的计划管理，主要表现为有多个职能部门参与其中并和游客紧密联系，因此有必要建立一个跨职能的部门进行管理，以保持品牌信息传播的一致性，其对各项营销传播活动的执行进行部署和协调，在相关部门之间重新分配预算。这种连接不同职能的管理应配有相应的首席执行官来制定和实施规划，并依据时间表执行任务。实施跨职能计划管理的目的是加强内部沟通，避免执行过程中出现多个目标从而对营销效能产生影响。

（3）设计策略性的流程规划

对旅游整合营销传播机构人员而言，他们的主要工作就是综合运用多种媒体和营销传播渠道的组合，挑选最适宜的方式实现目标。在现实操作中，旅游整合营销传播更强调选择最佳营销传播方式的能力。不少营销人员错误地认为以他们所熟知的各种广告与促销方式来执行营销传播计划就是旅游整合营销传播。而在实际操作中，旅游整合营销传播执行的基础是设计策略性流程规划的有效性，重点则是设计策略性流程规划的集中程度。

制定策略性的旅游整合营销传播规划流程要充分考虑目标市场的情况。对任何营销传播计划而言，了解游客都是至关重要的。一旦锁定目标市场，就要全面认识当中一切可能对产品或服务产生影响的积极因素。营销传播的潜在目标包括产品的购买者、潜在购买者，以及有可能作用于他们的群体。鉴于营销传播对象的重要性，旅游整合营销传播的策略性规划必须始于目标市场。

（4）制订完善的计划

完善的旅游整合营销宣传计划应该包括目标、战略和战术三个基本要素。目标能明确计划的实施方向、应该完成的任务以及集中参与营销传播的工作人员的注意力；战略规划了计划的长期行为，往往是解决方向性的问题，是旅游整合营销传播的完整思路，包括方向性的构想和达成目标的形式；战术则规划了短期行动计划，是战略规划的具体执行细节，涉及具体的实施方案。如果只有正确的战略规划，而忽略战术规划，那么再好的想法和思路都无法实现，一切都会成为空谈。旅游整合营销宣传计划是一项综合性的促销计划，对其进行长期的战略规划是十分必要的，特别是品牌定位工作，长期的战略规划对于品牌的推广至关重要。正是由于这样的原因，企业在制订旅游整合营销宣传计划时要包含这三方面内容，并且应该把握好目标确定、战略制定和战术制定三者之间的关系。

4.2 价值增值

景区创造了旅游价值之后，必须要考虑的是如何将这一价值传递到旅游者那里，旅游营销渠道的选择正是解决这一问题的途径，它是旅游价值传递的过程，同时也是旅游价值增值的过程。选择合理的旅游渠道不仅可以帮助游客快速有效地满足价值需求，同时还能在渠道的流转过程中提高旅游产品的附加值。国际上普遍认为：好的产品+优秀经销商＝56%的顾客满意度；次于竞争者的好产品+优秀经销商＝49%的顾客满意度；较差的产品+较差的经销商＝36%的顾客满意度；差的产品+差的经销商＝0的顾客满意度。由此可见，旅游产品供给方所选择的渠道策略和旅游产品流转过程中的中间商的服务水平和能力决定了旅游价值让渡系统的附加值大小，从而影响游客满意度的指数。

4.2.1 旅游营销渠道的设计

旅游营销渠道指的是供给者将旅游产品提供给消费者的途径。旅游营销渠道的合理性和畅通情况是决定旅游企业及其相关利益主体的生存和发展的重大问题。旅游产品不同于其他有形产品，其营销渠道的设计更多的是旅游中间商的选择问题。旅游产品供给者对于旅游中间商的选择标准大体上包括两方面：一是旅游中间商的销售能力，二是旅游中间商的合作意愿。

旅游中间商的销售能力，指其对旅游产品的销售能力，具体包括：

（1）销售网络覆盖面。旅游中间商的销售网络的覆盖面足够大，能够将旅游产品的目标市场涵盖进去，这是旅游中间商销售能力的基本判定标准，也是对旅游产品供给者的基本要求。旅游产品供给者选择旅游中间商，就是要通过旅游销售网络将其旅游产品销售出去，选择销售网络覆盖其目标市场的中间商，实际上是选择了他的销售网络，以便使更多的目标顾客可以接触到旅游产品的相关信息。基于此，在选择旅游中间商时，旅游产品供给者应把销售网络是否覆盖其目标市场作为标准之一。

（2）旅游中间商的经营实力。旅游中间商的经营实力表现为其市场开发的能力。经营规模较大的旅游中间商在市场开发方面的投入较高，其销售量也会因为其市场开发能力强而保持较高水平，也就是说经营实力较强的旅游中间商，在产品销售方面具有优势，因此，旅游产品供给者在选择旅游中间商时要关注的另一个问题就是旅游中间商的经营实力。

（3）旅游中间商的信誉水平。旅游中间商信誉度指的是中间商的道德水准决定的其对于合约、协议等的遵守程度，这是一个关系到最终利益的问题，更重要的是，这还会关系到整个体系的均衡问题。一个信誉水平较高的中间商，一定会在经营活动中更好地提供服务，以满足顾客的要求，包括旅游的中间核心环节以及售前和售后服务。

（4）旅游中间商的经验和知识量。旅游中间商的经验是指其对于旅游产品的销售经验，知识量是指其销售旅游产品时所需要的基本技能，包括市场知识和营销技术。因此，旅游产品供给者在选择旅游中间商时必须要充分考虑其工作人员的销售经验和知识水平等，这样才能更好地实现销售目标。

旅游产品供给者对于旅游中间商的销售能力的要求一般就是以上所分析的四方面内容。但是，并不是说其在选择旅游中间商时一定能够选择各方面最优的中间商。因为销售能力强的旅游中间商并不见得都愿意与景区合作或者成为景区忠实的合作伙伴，有时候中间商会片面追求自身利益的最大化而忽略其与景区的合作关系，进而影响到整个营销渠道。由此可见，景区在选择旅游中间商时不能单单考虑旅游中间商的销售能力，同时还要将旅游中间商的合作意愿一并考虑。具体说来，旅游中间商的合作意愿包括以下几个方面：

（1）认同产品。对于同一个销售渠道上的合作伙伴，其必须要对产品认同。因为只有达成对于市场潜力的一致认同，各个旅游中间商才会为之努力，从而实现销售目标，没有人会认真地去销售一个自己都不认同的产品。旅游中间商只有认同产品的潜在市场，才会对产品重视，进而对产品产生责任心，而对产品有责任心也是中间商认真销售的重要因素之一。

（2）共同愿望和共同抱负原则。对于一个产品来说，其销售渠道的各个环节可以看作一个整体，其中的各个环节的利益是捆绑在一起的，需要成员间的互相合作和彼此认同，这样才能更好地实现产品的销售。对于景点来说，如何能够使渠道各个成员更好地合作，是建立一个高效营销渠道的关键。

为了能够更好地传递产品信息，销售旅游产品，受理游客投诉，回应游客需求，景区首先要建立一个相对完善的营销渠道。一个完善的营销渠道可以说是景区与游客之间沟通的关键。而景区对于旅游营销渠道的管理首先要加强与旅游中间商的合作。对于旅游中间商来说，景区只是他的合作伙伴，景区在选择旅游中间商，同样，旅游中间商也在选择景区。景区若要与旅游中间商建立良好的合作关系，就必须尊重旅游中间商，并且帮助旅游中间商实现最大收益，同时还要注重旅游中间商忠诚度的培养。

4.2.2　旅游营销渠道的类型

旅游营销渠道根据不同的依据可以划分为：

（1）直接营销渠道和间接营销渠道。直接营销渠道指旅游景区将旅游产品直接销售给顾客，而不经过任何中间环节；间接营销渠道则是指旅游景区向顾客销售旅游产品时至少经过两个及两个以上的中间环节。相对来说，目前旅游产品的销售更多的是采用间接营销渠道。

（2）多种营销渠道与单一营销渠道。单一营销渠道，又称为单渠道，是指旅游景区将全部旅游产品直接销售给顾客，或者将全部旅游产品经过批发商销售给顾客；而多种营销渠道，又称为多渠道，则是指旅游景区会根据顾客的差异，分别采取直接或者间接等不同的营销渠道。

（3）长营销渠道和短营销渠道。旅游景区将旅游产品销售给最终顾客的过程中，所经历环节有多有少，环节越多，则营销渠道越长；反之，营销渠道越短，最短的营销渠道为直接营销渠道。

（4）宽营销渠道和窄营销渠道。旅游景区销售产品的网点分布情况一般不同，网点分布越广，营销渠道越宽；相反，则营销渠道越窄。

对于景区来说，其在具体的旅游市场营销中，影响其选择具体营销渠道的因素是多方面的。

（1）从旅游产品性质角度，不同的旅游产品因为种类、等级以及所处生命周期阶段等诸多因素的不同，旅游产品供给者选择的营销渠道往往不同。例如，旅游景点、餐馆、旅游汽车公司等更多选择间接营销渠道，而游船公司、涉外旅行社等则更多地选择直接营销渠道。一般情况下，档次低、价格低的大众旅游产品更多地采取间接营销渠道；相反，档次高、价位高的小众旅游产品则一般选择直接营销渠道。

（2）影响旅游营销渠道选择的另一因素是旅游市场的构成，即市场中的消费者、中间商以及竞争者。其具体包括消费者的购买力、分布情况及数量多少。如果某项旅游产品的消费者购买力较强，数量较多，对于旅游产品的需求量较大，并且分布较广，则旅游景区更应该选择宽渠道及多渠道；对于专业性较强的产品，旅游景区必须选择业务能力较强的中间商，而对于大众化的产品，旅游景区则应该选择更多的中间商，以铺开销售网络；竞争者的同类产品营销渠道选择对旅游景区选择营销渠道是最关键的影响因素，旅游景区或者可以通过选择与竞争者相似的营销渠道，以抢夺其旅游市场份额，或者可以通过选择与竞争者不同的营销渠道，以占领不同的目标市场。

（3）景区自身的发展目标是选择旅游产品营销渠道的另一重要影响因素，另外景区自身的财力、营销能力、规模实力、产品组合、社会声誉、管理能力以及可向中间商提供的服务水平等因素也是景区选择营销渠道时不可忽略的因素。一般情况下，规模较大、声誉较高、财力较雄厚、设施技术较完善、管理能力较强的景区对于旅游产品营销渠道的选择就越多；相反，景区的自身条件不是很理想，则其对于营销渠道的选择就比较少，相对来说就很难选择到适合产品性质的营销渠道。

（4）宏观营销环境，包括政策、法规、地方经济、自然条件和风俗习惯等因素也会间接影响旅游景区对旅游营销渠道的选择。

总的来说，旅游市场是一个不断发展、变化的市场，旅游景区必须紧跟旅游市场的变化与发展，只有这样，其才能保持营销渠道的畅通，在竞争激烈的旅游市场中占有一席之地。

4.2.3　旅游中间商服务体系

从旅游产品的价值结构（图4.2）中可以看到，内显性价值单元中已经出现旅游产品核心价值转向附加价值（服务）的趋势。随着旅游业的发展，服务逐渐成为决定顾客购买的主要因素。景区和旅游中间商向游客提供的服务越完备，产品增值越多，游客的实际利益随之增加，游客的满意度也越高，反之亦然。故现代旅游市场竞争的焦点是在提供优质的旅游核心产品和形式产品之外，提高对客服务的水平，建立完善的服务体系。

完善的服务体系是旅游中间商吸引顾客的有利条件，具体来说，旅游中间商的销售服务体系主要包括以下几个方面：

（1）咨询服务。咨询服务更多的是售前服务，直接影响消费者对产品的第一印象，并在很大程度上决定消费者最终消费与否。旅游咨询服务包括向顾客耐心介绍企业的业务详情，解答顾客提出的各种问题，帮助他们选型定购等。销售人员必须遵守旅游职业道德和岗位规范，认真细致、热情地服务；发布的广告和宣传材料务必真实、客观、准确，必须依据《产品说明书》推介旅游产品，不进行超范围的宣传。

（2）安全提示。旅游中间商对旅游者提供的资料应在形式上进行审核，以保证其符合办理旅游意外保险及在出境旅游服务中办理签证的相关形式要求；在团队出发前应向旅游者发放《行程须知》，列明《产品说明书》中尚未明确的要素。对无全陪的团体或散客须告知旅游景区的具体接洽办法和应急措施。

（3）行程安排。行程安排指旅游中间商根据游客购买的旅游产品类型，对游客的旅游行程进行安排，包括线路行程，所采用的交通工具及标准，住宿、会议地点及其规格与标准，餐饮标准及次数，娱乐安排以及自费项目等。

（4）导游服务。导游人员的主要任务是从事旅游者的接待。一般来说，多数导游人员是在旅游过程中，通过陪同旅游者旅行、游览，向其提供导游服务。导游人员在旅游者旅行、游览途中进行介绍、交谈和问题解答等导游活动，并在参观游览现场进行介绍和讲解。

（5）应急处理。旅游中间商应建立健全突发事件应急处理机制，当旅游行程中发生突发事件或紧急情况时可以妥善解决问题。旅游中间商对旅游者在旅游过程出现的特殊情况，如事故死亡、行程受阻、财物丢失、被抢被盗、疾病救护等，应积极进行有效处理，维护旅游者的合法权益。

（6）信息收集与反馈。旅游中间商应收集旅游产品销售的各个环节的信息，包括顾客信息和市场信息，把产品销售前、销售中以及售后各个环节所获取的信息及时反馈给旅游企业，这些信息对于旅游企业来说是非常有用的，可以帮助旅游企业及时把握消费者的需求变化情况，进而针对消费者的需求进行产品调整。

4.3 价值交付

游客在购买旅游产品前，往往会对旅游产品产生一定的期望值，并且根据这一期望值来确定其是否对旅游产品进行购买及消费。旅游价值让渡系统的实现取决于旅游者的购买决策和消费行为，而后者又是同游客价值链紧密相关的。

4.3.1　游客价值链构建

依据迈克尔·波特买方价值理论的核心观点，企业能够以降低买方成本或者提高买方效益的途径，为买方提供更多的价值。这里的买方成本同时涵盖了货币成本、时间成本和便利成本。波特还将买方的购买标准细分为使用标准和信号标准，其中使用标准是企业影响买方价值的实际方式，更多的是与企业的产品和服务相关联的部分，是讨论用什么来创造买方价值的问题；而信号标准则主要是指买方判定产品实际价值的方式方法，主要是受企业营销活动的影响，更多的则是说怎样来让买方认识价值。

波特的买方价值理论有两点重大贡献：一是突破了将财务成本与买方成本等同的观点，将时间因素和便利因素引入了买方成本中；二是它使用了使用标准和信号标准双重价值测量标准，揭示了顾客的价值构成，指明了企业为顾客创造价值和引导顾客认识价值的方向。但是，波特更多的是从企业的角度去审视顾客对于价值的认识及判断情况，这有悖于顾客价值的根本理论，即企业应该从顾客角度出发认识及判断产品的价值。

在旅游业的价值链中，游客价值的最终实现受游客在消费过程中的各个环节影响，按照时间轴的排列，这些环节主要包括确定旅游需求、采集旅游产品信息、备选旅游产品评价、下订单、支付款项、旅游产品体验、对外扩散信息。游客价值链是建立在创造游客关系价值和交易价值基础上的游客感知价值的有机整体。它的结构如图 4.3 所示。

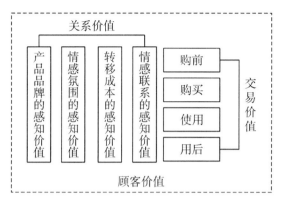

图4.3　游客价值链

旅游价值被游客价值链区分成交易价值（Trade value）和关系价值（Relationship value）两个类别，这与波特建立企业价值链，把企业活动区分为主要活动和辅助活动的原理一样。交易价值，是指游客对完成一整套交易的过程（个体的消费过程）中每个交易环节的感知价值的汇总；关系价值，是指游客对从事旅游行业的有关主体为维持长久关系所做出的多种努力的感知价值的汇总。由图4.3不难发现，游客对交易价值的感知有购前、购买、使用、用后这四个主要阶段，但对关系价值的感知却融入游客价值链的始终，究其原因，关系价值本质上就是过程价值的一类。

根据游客价值链的界定，游客取得价值的过程是由若干相互分离又相互联系的价值活动组成。游客购买旅游产品的过程总体上可区分为购前、购买、利用和用后四个片段，而就这个过程的本身来讲，游客并不一定要经历每一个片段，并且购买产品的种类和性质差异性也直接导致每个片段的重要性不尽相同。若干价值活动组成片段，若干片段又组成游客价值链，从这个关系看，价值活动是游客价值链的微小组成单元，直接影响价值链的构建。因此，旅游业的相关主体在构建游客价值链时就要抓住价值链上能够左右游客价值感知的必要价值活动，这些价值活动是价值链的主要组成部分，同时也是实施游客价值管理必须重点关注的关键点，部分价值活动对游客来讲意义不大或是可以忽略不计的就可以剔除掉。

4.3.2　游客价值管理

Thompson H. & Stone M. （1997）认为，游客价值管理实际上是为了实现企业能力（如组织结构）、取得营利性的战略竞争地位和价值链三者之间协同统一的系统方法，最终目标是使企业在提供服务的过程中，让当前或未来可能的目标游客感受到最大化的利益满足。从这个概念来看，游客价值管理是围绕顾客价值创造，对游客价值进行系统化管理，巩固顾客认可度，追求企业价值不断提升的过程。

越来越多的企业已经看到顾客识别、获取价值不单单是为了购买商品或者获得服务而实施交付的独立行动，而是一个连续不断的过程。游客价值管理要求企业在发现游客有购买需求时，就要跟踪游客消费活动的全过程，并进行深入而全面的分析，抓住一切机会同游客进行接触，努力提高游客心中的感知价值，当然完成这个过程是一项繁杂而艰巨的系统工程。

企业竞争的优势取决于游客价值链的差异。企业进行的诸多活动是与游客的活动互相交织、互相影响的，但企业从自身价值链的角度出发往往将游客的某些需要忽略掉，影响了游客的感知价值，这甚至可能导致企业丧失竞争优势。游客价值链是从游客的视角对自身消费过程的反映，游客获取价值的整个过程通过交易活动和关系活动直观地体现在游客价值链上，这些活动被价值链分解归类成有序片段，每个片段包含着若干个价值活动，而每个价值活动实际上就是游客与企业的一个交互点，这些交互点其实就是企业经营差异化的落脚点。企业应该对这些交互点进行研究分析，进而完善对应的价值活动以提高自身的独特性，或是找准关键的交互点，对重要的价值活动进行整合，试着以新的思路重新构建特色价值链，通过差异化来保持和提高企业的竞争优势。

游客价值链的建立为游客价值管理提供了新的思考方式。游客价值管理是企业通过对游客价值链上识别、获取价值等一系列活动的组织与合并，再通过不断地完善营销策略，从而形成压倒竞争对手的优异价值，让游客满意，提高游客忠诚度。企业从游客的视角出发，准确把握游客消费过程、心理和特点，才能找准经营差异化的切入点，对价值链上的价值活动进行完善或是重新思考构建新的价值链，以实现利润的增长。基于游客价值链的游客价值管理需要关注三个关键问题。

（1）要围绕游客重视的价值因素研究

旅游产品是景区和旅游企业生存的核心，开发和提供富有特色的旅游产品能够吸引游客、保证旅游业市场的兴盛，特别是在当前同质化严重，竞争日趋激烈的市场中，符合游客口味的产品既可以规避因盲目开发而带来的市场风险，又能够赢取更高的人气。企业要针对游客价值链的购前过程进行细致的市场调查，对游客需要什么、偏好是什么、对产品的哪些要素最关注等方面要不遗余力地进行挖掘和研究。购前过程是决心购买、完成购买的重要决策过程，游客的心理经过了明确需求、搜集信息、备选比较和确认选择的一系列过程，然后根据备选旅游产品价值相对比和权衡价值收益来确认最终选择。所以，旅游产品的设计必须着眼游客的期望，使游客重视的因素能够为其自身带来充分的价值满足。

（2）要关注关系过程对游客价值的作用

因为知识的外溢性和不断更新，单纯凭借产品、运作流程或是服务的先进性来保持企业的领先地位是不可能的。在实践过程中，越来越多的企业已经认识到：在风云变幻的市场环境中，唯独可靠的客户关系能够保持稳定，这种关系使环境变化对旅游业的影响得到有效降低，并且客户关系也是不可复制和替代的。因此，旅游业已经把游客资源作为稀有资源进行争夺，景区也把维持稳定的客户关系作为持久发展战略。价值链的关系过程指出，景区、旅游中间商与游客三者之间不能只是短期交易，而应该建立长期关系。尤其是对景区来说，仅仅局限于了解游客对景区开发和拥有的产品或服务的满足度还远远不够，必须立足现有的产品和服务，进一步分析和了解游客对旅游产品的忠诚度和信任度，这样才能够深入挖掘潜在的客户和需求、维系现有的游客、拓展未来的市场。

（3）要着力摸索重构价值链的全新方式

首先，重构价值链。从游客价值链出发，为更好地满足购买标准，景区以及旅游中间商要尝试各种方法同游客价值链相关联或者重新定位其中的价值活动。重新构建价值链可以为形成明显差异性创造机会，从根本上改变价值增值的机会。景区及旅游中间商利用信息系统能够把游客的多项消费过程整合到一起，企业的信息系统要在过程上发挥更多作用，由此让产品和服务具备独特的属性，以满足游客特定的期许，再用一种游客可以接受的成本提供给游客，这样才能创造出新的价值。其次，优化价值链。景区要紧紧围绕传递优异的游客价值，将不具备竞争优势的业务剔除，把一些流程可以外包，将精力集中在打造核心产品和业务上。例如房地产开发公司把销售方面的业务完全委托给专业营销机构，产品价值经过营销机构专业化的运作得到更大提升。不同景区也可以借鉴，结合自身实际对基本业务流程进行梳理重组，以满足游客需要。

4.3.3 ABUP 满意策略

按照上文对游客价值链的概述，我们认为，游客消费过程的关键环节可以总结为四个阶段——购前（Ante-Buy）、购中（Buy）、使用（Use）和用后（Post-Use），简称"ABUP"。

购前（Ante-Buy），即旅游产品及其相关信息的接受、搜寻、分析和决策，具体表现为游客是否购买、购买哪种类型的产品，购买的时间和地点等；

购中（Buy），即从做出购买决策之后到使用旅游产品之前这段时间的行为，具体有旅游产品的选购、讨价还价和支付等；

使用（Use），旅游产品的使用过程，包括旅游体验、相关的咨询、导游讲解服务等；

用后（Post-Use），旅游产品使用之后的处置，如游客网络调研、景区实地满意度调查，以及其他与旅游产品相关的物质、精神行为等。

菲利普·科特勒认为，衡量消费者购买决策的基本因素是让渡价值，本研究以此为基础，进一步将价值的让渡融入游客消费产品的 ABUP 全过程的每个环节，使游客在此过程中感到满意。

本研究第三章明确提出游客让渡价值是游客总成本与游客总价值之差。基于游客让渡价值的 ABUP 游客满意策略主要包括以下几个方面的内容。

（1）游客购前价值与购前满意。游客的购前行为是其消费过程的起始阶段，一般包括搜集信息，与有关人员交流，参与接受景区或相关企业的促销活动以及对产品进行比较、筛选、决策等活动，游客购前价值问题就存在于这个阶段中。游客购前价值是指游客在进行产品购买前的行为过程中感受到的产品价值，通常情况下，消费活动能否继续进行下去取决于游客是否得到了理想程度的购前价值和购前满意。景区和相关企业应该把开展促销活动和公布产品信息作为一项服务，以提高游客购前价值为先决条件，尽可能地使游客认同这些信息，增强其购买欲望，只有这样才能获得促销活动的预期效果。

（2）游客购中价值与购中满意。游客的购中价值是他们在购买产品过程中，与旅游产品、旅游业从业人员和相关环境的接触中感受到的价值，例如产品选购的便利性，服务人员的业务熟练程度，服务的周全和快捷性等。景区或相关企业应该通过各种方式努力提高游客在购买过程中感受到的价值，如果游客在消费过程中出现了反感心理，将会使消费活动的整体价值大打折扣，甚至致使游客产生打消消费的想法而终止购买，最后将景区和相关企业之前的各种努力化为乌有。

（3）游客使用价值与使用满意。使用价值包括物质价值、精神价值两方面，是游客在使用产品过程中感受到的价值。旅游产品是一种特殊的商品，它的购买过程结束并不意味着买卖关系完结。在产品使用中，亦即在旅游过程中的游客感受的价值在整个价值体系中所占的比重最大。在旅游产品使用过程中，游客欣赏景区特色环境，感受景区在土特产品或纪念品、服务人员着装、餐饮、活动项目、住宿方面的特色，满足在指引、服务设施、旅游信息、求知、舒适与审美等方面的需要，享受景区服务人员对游客提供的各种服务。要提高游客的使用价值，景区和相关企业必须改善环境、提升服务，确保游客在使用产品的全过程中始终感觉很满意。因此，决定游客使用价值的不光是产品自身属性和消费过程的相应服务，与消费有关的服务人员、形象、环境等也是重要的因素。

（4）游客用后价值与用后满意。游客在使用过程中获得的收益仍然存在，因此景区或相关企业后续对游客的服务仍然属于整个游客消费活动中的内容。对游客来说，结束一项消费活动并不代表就停止对价值的追求，而往往是追求新价值的起点，再购买的行为就是因为旅游产品的用后价值和用后满意达到了游客的预期。当然，景区和相关企业不能只重视游客的用后价值和用后满意，还应该对游客的用后评价进行重点关注，游客对旅游产品的用后评价对改进产品标准和完善服务管理具有十分重要的借鉴意义，这同时也是游客为景区和相关旅游企业创造的价值。因而，提升游客用后价值、满意和评价，促成游客再次购买以及口碑传播，是景区和相关旅游企业扩大规模、树立良好品牌形象和打造产品社会影响力的有效方法。

4.4　价值协同

对系统的统一协调是协同的来源，系统协调是使用某种方式将系统进行组织并进行有序化发展，形成协同的目的。系统的协同化是随着输出及效率的变化而变化的，协同化程度越高，价值越大。对于协同的系统来说，整体的功效之和要大于各子系统的功效相加。

旅游价值是比较重要的协调类型，其理由包括两个：第一，信息不对称，信息在景区和旅游中间商之间存在着不能共同享有的问题，信息不对称就导致系统内不能出现最优化。第二，旅游价值让渡系统成员的目的往往是追求利益最大化，此时，相对独立的经济实体与系统结构之间就会存在冲突的关系。而价值的协同就是要将这个问题解决，即共享成员间的信息，通过旅游价值让渡系统的调整，将价值中重要的部分，例如创造、增值、交付等过程进行有机结合，达到优化整个体系的目的。价值协同是整个旅游价值让渡系统中重要的一环，是其长久的稳定的运转不可或缺的环节。旅游业价值协同的结构如图 4.4所示。

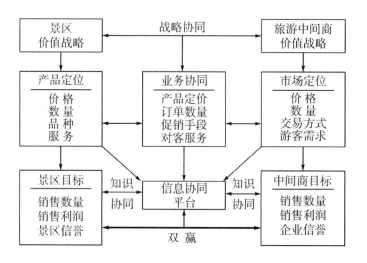

图 4.4　旅游业的价值协同

4.4.1　战略协同

战略协同的地位在旅游价值让渡系统中是最高的，它是其他协同的运行基础和前提保证。单个个体都存在着主观上片面追求自身利益最大化的需求，而这些追求会导致整个价值系统的失衡，从而使其追求的利润低于其所期待的利润。各个子战略目标的实现过程也是整个系统的协同过程，战略协同只有通过对系统的制衡，才能够使每个参与主体的行动达到其所需要的目的。因此，针对旅游价值让渡系统的主体存在多元化的特征，其战略也不是单一的。旅游价值让渡系统中的战略是随各种因素变化而变化的战略群体，且随着其参与主体的目标不同而发生变化。其应避免总体利润因片面追求局部利益而被损坏，真正加强整体协同的运营，达到参与者皆获利的局面。

伙伴关系管理是旅游价值让渡系统的核心，对实现系统的战略协同起到至关重要的作用。合作关系的正态发展能够增加参与各方之间的信任关系，对信息的共享更为有利。有合适的合作伙伴，对机制的合理制定，对利益的分配进行更好的处理，才能使企业间的协同关系得到加固，进而达到共赢的目的。在旅游行业，战略协同也是非常重要的，但往往由于景区与中间商之间对利益上的纠纷而破坏二者协同合作的关系，有些甚至产生了合作不下去的情况，这也是未能有效地执行战略协同思想的后果。

4.4.2　业务协同

战略协同是通过业务协同来实现的，而业务协同是其具体的实施方式和手段。在旅游价值让渡系统中，业务的实现有时候是需要通过跨企业运行的，在旅游产品的营销方面，对产品的销售和服务都是景区和旅游中间商之间通过协同的方式进行的。于是，任何一方的工作疏忽都会导致另一方利益的损失，使整个系统的协同产生副作用。协同是协作的过程，是将协作的策略实施。跨行业的业务正是需要这种协作才能够加以结合，使跨行业的各个环节直接协调进行，以达到业务方面的目标的实现，提升整个系统的能力。

业务协同是在考虑整个系统的基础上，通过外力进行推动而形成稳定而灵活的形式，从而以迅速且有效反应来应对顾客需求，即迅速反应（Quick Response）和有效反应（Effectively Response）最终形成的"关系—反应"模式（Relationship— Response）。对迅速反应的要求是对整个系统而言的，系统对市场的反应迅速且敏感，会使消费者感到满足；对"有效反应"的要求则是需要系统对消费者和市场的需求和服务的反应是敏感的，系统能够通过对消费者偏好的掌握而向他们提供其所需的产品。因此，业务协同把参与运营的主体进行整合，改变了主体参与模式，使参与各方的资源能够在统一平台进行整合和运用，并向关键环节流入，以提升系统的运作方式和效率。

4.4.3　信息协同

旅游业各主体的信息传递与共享也是旅游价值让渡系统的运营基础。系统的协调结果对信息的共享程度依赖很大。也就是说，在景区和旅游中间商之间的信息沟通状态良好的情况下，旅游价值让渡系统才能够正常有效地服务于游客，使游客能够在旅游的过程中对信息的获取不失真，减少牛鞭效应从而使游客的需求得到更快地满足并解决在此过程中产生的问题，使产品销售的效果明显，并开拓新的旅游产品和旅客市场。

对于信息协同问题的解决，景区和旅游中间商可以通过电子商务、建立信息交换平台等方式来进行。这些渠道的建成能够保持各成员之间的不同观点得到顺畅的流通，并通过准确的沟通使渠道成员的步调趋于相同。同时，景区与旅游中间商的有效沟通能够提高旅游中间商产品的推销成效，并且景区也可以通过中间商提供的市场情况进行旅游产品的重新定位和设计，以促进景区对产品的改革。这种在互联网上的沟通共享费用更低，效果更显著。

4.4.4　知识协同

知识协同是将不同种类和来源的知识摆放在同一平台，让企业间资源共享，并在协同中进行经济活动，得出新的效果和组合，以获得更多利益。价值让渡系统为多个成员共同加入提供了良好平台，而各个成员的管理水平和业务能力是系统均衡稳定发展的基础和重要因素。我国的旅游行业是一个欠发达行业，中间商素质不均，能力不同，因此很多景区与中间商之间存在很多沟通上的问题，影响了合作的进行。在此过程中，景区应加强与旅游中间商的沟通与协同，对其内部高级管理者的业务进行有针对性和良好的系统培训，并编写旅游中间商管理手册，更好地发展其旅游业务，达到旅游价值协同的目的。

各方面在享受收益的时候，也要注意共享成本，例如协调成本、妥协成本等。这些成本的形成可能有抵消，甚至是超过收益。共享成本的减少以及收益的增多，是体现价值协同效果至关重要的一环，这样才能增加竞争优势。除此之外，协同效果中对利益的分配也是很重要的，合理的利益分配能使此项合作长期稳定地进行下去。

4.5　本章小结

本章主要是对游客价值让渡系统的合作协同机制进行了探讨。本章首先研究了旅游价值创造的过程，提出景区和其他相关的旅游企业应当在充分考虑游客需求的基础上，实现多方主体之间的合作、协同与互动，随后给出了旅游产品价值的概念，提出运用旅游整合营销传播手段来提升景区品牌价值；从渠道价值链的角度研究旅游价值的增值，提出选择旅游营销渠道的过程是价值传递和价值增值过程的统一，畅通的渠道可以为旅游产品创造附加值，并归纳了旅游中间商的销售服务体系；从游客价值链的角度研究价值交付，剖析游客价值链并提出了基于顾客让渡价值的 ABUP 游客满意策略；研究了景区与旅游中间商的价值协同机理，分别从战略、业务、信息、知识四项协同来构筑价值协同体系，认为价值协同贯穿游客价值让渡系统的整个过程，它的成败决定了旅游价值让渡系统是否能长期地、稳定地运转。

通过本章的研究，我们了解到旅游价值让渡系统的合作协同机制包括了价值创造、价值增值、价值交付和价值协同四个环节，从而为后面第六章构建基于价值让渡系统的低碳旅游景区营销模式提供依据。

5　低碳旅游的实施路径

低碳旅游是低碳经济的旅游响应模式，是生态文明的旅游实现，是可持续发展的新路径。发展低碳旅游的综合效益不仅体现在生态环境方面，而且对经济、社会的低碳化也是重要推动。本研究把低碳旅游景区、低碳旅游产品以及低碳旅游消费方式作为低碳旅游的三个核心要素，低碳旅游的实施即通过这三个要素的建设和发展来实现。

5.1　低碳旅游综合效益

低碳旅游的发展是基于生态文明的理念，即以更少的碳排放量来获得更大的旅游经济效益、社会效益和环境效益。它是对发展低碳经济的一种响应，是以低能耗、低污染、低排放和高效能、高效率、高效益（三低三高）为特色的绿色、生态和可持续的旅游。下文就从经济、社会、环境三个角度对低碳旅游的综合效益进行阐述。

5.1.1　经济效益

推行低碳旅游模式，首先要构建低碳旅游产业体系，建设低碳旅游景区。评估低碳旅游景区建设的经济效益指标是投入与产出的比值，即：低碳旅游经济效益＝（旅游经营成果-生产要素的占用与消耗）/生产要素的占用与消耗。而从广义来说，低碳旅游景区的经济效益主要表现在以下三个方面。

（1）节约能源和资源从而减少支出。低碳旅游景区的主要建设目标就是减少碳排放量，这就要求景区必须要节约能源和资源，减少消耗和碳排放，而节约的资源和能源可以帮助企业减少支出。

（2）低碳主题带来的经济效益。目前，低碳是一个全球热议的话题，低碳生活已经成为一种新的时尚，旅游景区如果选择低碳作为主题，对景区的形象提升将具有十分重要的意义，这也会对很多关注环保、关注低碳的消费者形成巨大的吸引力。

（3）低碳对于宏观经济增长的乘数效应。旅游业是一个关联性较强的产业，其发展往往是在多个部门生产的物质资料基础之上进行的，并且还会带动交通运输、金融保险、邮电通信等其他相关产业部门的发展。因此，对旅游景区进行低碳建设，必然会带动其他产业部门的发展，进而拉动经济的增长。

5.1.2　社会效益

低碳旅游的社会效益主要表现在以下三个方面。

（1）发展低碳经济、走低碳发展道路是我国转变经济发展方式的必然要求。旅游景点作为国家经济产业之一，提高其能源使用效率、使用更加环保的新能源，对于我国转变经济发展方式，巩固我国能源安全等，均有十分重要的意义。

（2）旅游行业的关联性较强，发展低碳旅游，打造旅游业低碳发展理念，必然会带动相关产业的低碳化发展，进而对我国整体的低碳发展道路有积极作用，为实现节约型社会做出贡献。同时，旅游的低碳化势必推动相关领域先进技术的革新，从而增强我国的国际竞争力。

（3）旅游景区的低碳发展模式要求其优化旅游产业结构，必然也会带动旅游景区周边地区的经济结构转变。

5.1.3　环境效益

发展低碳旅游模式是目前面临全球气候变暖问题我国发展低碳经济、走低碳道路的必然要求，旅游行业发展低碳模式对环境的效益是具有较大优势的，主要是对资源和能源的节约、减少二氧化碳的排放、降低对环境的污染源排放量。例如，在低碳旅游景区里，酒店通过提倡顾客实行床上用品"一客一换制"，减少棉织品换洗次数。这些物品少换洗一次，即可节省水、电的耗用量，同时减少洗涤剂的用量，减少洗涤剂对水资源和环境的破坏。

5.2　建设低碳旅游景区

旅游景区是旅游产品的重要组成部分，是旅游吸引力的来源和旅游消费的动力，是旅游业的核心要素。旅游景区的低碳发展是旅游资源循环利用和旅游业可持续发展的核心，是实现旅游业低碳发展的关键。

低碳旅游景区的建设是指，景区的建设或者改造要以低碳发展为指导方向，景区建设中要秉持低能耗、低排放、低污染的标准，真正使景区以低碳发展作为其发展路径。可以说，建设或改造低碳景区是一个系统的、长期的工程，不仅要求景区的硬件设施要节能环保，更重要的是景区的管理要体现节能环保理念，是一个从硬件到软件、从有形到无形均应该以低碳发展为方向的整体工程，这不仅需要旅游景区的努力，同时还需要借力整个旅游产业以及相关政府管理部门。具体来看，低碳旅游景区的建设或改造主要包括以下四方面的内容：硬件设施体系建设、管理体系建设、旅游服务体系建设和景区日常维护，如图 5.1 所示。

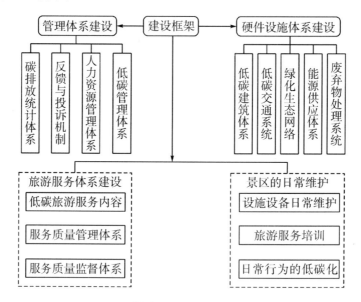

图 5.1　低碳型旅游景区的建设框架

5.2.1　硬件设施建设

旅游景区的硬件设施是各种旅游活动开展与实施的基础。旅游景区的硬件的低碳化，对于整个景区实现低碳化是十分重要的。旅游景区的硬件设施主要包括旅游建筑、旅游交通系统、能源供应系统、绿化生态系统以及废弃物处理设施等，旅游景区的硬件设施的低碳化建设主要应从这几个方面着手。

5.2.1.1　能源供应体系

2005 年，Gossling 等人对旅游行业的能源利用效率问题进行了深入的研究，同时还具体研究了旅游业交通部门、不同类型饭店和不同住宿设施的能源使用情况，得出的结论认为因为游客对能源的使用强度不同，所以对每位游客的旅游活动进行能源的平均分配是较难实现的。

现实中，旅游景点的基本能源消耗主要包括景区的照明、交通、动力、餐饮、供暖制冷以及其他日常的能源消耗，具体见表5.1。由此可见，景区能源系统的低碳化建设可从以下几方面进行。

表 5.1　旅游景区的能源消耗

耗能大项	具体耗能
景区照明耗能	景区饭店客房照明耗能
	景区行政办公照明耗能
	景区公共区域照明耗能
景区交通能耗	汽油
	柴油
	天然气
	电
景区动力耗能	水泵运行
	电梯运行
	设施设备运行
景区餐饮耗能	餐饮制作
	冷藏冰冻
	加热解冻
景区采暖制冷耗能	空调耗能
	采暖耗能（煤、天然气、电）
	办公设备（电脑、打印机、复印机、传真机、电话等）
其他日常耗能	日常用品耗能（饮水机、热水器、电风扇等）
	电子音频、显示系统等

（1）新型能源与可再生能源的利用

由于面临日益严重的全球气候变暖问题，各国纷纷就能源安全以及环境保护问题制定了相关的政策，其中占据非常重要位置的就是有关可再生能源发展的政策，而可再生能源的发展利用对于减少温室气体排放，缓解全球气候变暖以及解决目前能源紧缺问题都是十分重要的举措。很多国家和地区都将可再生能源以及新能源的发展作为国家能源发展的主要方向，美国、日本以及欧盟各国等都对可再生能源的发展确立了长期目标。

然而，从全球范围来看，目前在能源使用总量中，可再生能源所占比重仍然十分有限，这除了与各国政府对于推进可再生能源的决心和政策有关，更多的是因为就目前的技术发展水平来说，可再生能源的开发所能带来的经济效益并不令人满意，特别是那些对技术有较高要求的可再生能源，如生物质能、太阳能等能源的工业性开发。

我国政府对可再生能源的发展十分重视，这为发展低碳旅游铺平了道路。我国政府发布相关政策法规推进风力发电、太阳能光热利用以及生物质能和地热能的开发利用。我国特定的地理位置使我国拥有非常丰富的太阳能资源，而太阳能是可以大范围开发的环保型能源之一。那些太阳能源丰富的旅游景区可以利用太阳能源进行低碳化建设。利用太阳能源的主要技术有太阳能集热器技术、热泵技术和太阳能热的工程应用技术等，其中，太阳能热的工程应用最为常用，主要包括太阳能供热水、供热、采暖和空调等。而我国风能的发展是我国各种可再生能源与替代能源中所占比重较大的一类，其中最重要的是风能发电，我国对于风能的发展有着长远的规划目标，风电装机容量占总容量的比例到 2030 年将达到 11.7%，2050 年达到 25.3%；而风能发电量到 2030 年将占到总发电量的 5.7%，2050 年达到 12.9%。风能发电每提供 100 万千瓦时的电量，则可以帮助减少二氧化碳的排放量达 600 吨。然而，就旅游景区来说，其对风能的利用相对来说仍然要受到地理及季节等许多条件的约束，风能的利用目前仅限在一些风能资源丰富的旅游景区。当然，我们在发展风能的同时也不能忽略它可能引起的其他不利影响，例如对于候鸟迁徙的影响等。目前全球对于生物质能的利用主要包括固体生物燃料、液体生物燃料、气体生物燃料以及生物质化工产品等。但是部分学者认为对生物质能不宜大范围开发，主要是因为这可能会对土地资源造成不利影响。然而在旅游景区仍然可以小范围地利用生物质能，这样不仅能够有效解决景区产生的大量废弃物，而且可以为景区解决部分能源问题。另外生物质能作为新兴事物，也是吸引游客的一个概念。

（2）能源、资源的循环利用

要促进旅游景区的低碳化建设，除了开发太阳能、风能、生物质能等可再生能源和新能源，同时也不应忽略能源和资源的循环利用。

旅游景区可以利用大型的制冷设备（包括冷藏设备和空调设备）在制冷时排出的热水和产生的热能为周围的设施、场馆供热；另外景区还可以通过连接景区内的厕所与化粪池，经过对景区厕所所产生的粪便进行高温杀菌、发酵等过程自行生产沼气，进而对景区进行能源供应，如照明、燃料等；另外，化粪池生产沼气的同时产生的沼气液和沼气渣可以用作景区绿化的肥料。

（3）节能产品的使用

节能产品就是那些可以利用最少的能源消耗而产生等同于传统产品效益的产品。对于旅游景区来说，节能产品的使用无疑是促进景区低碳化的必要选择，而政府则应该成为旅游景区使用各种节能产品的主导者，并且将部分节能产品作为一项硬性指标推广到旅游景区的低碳化建设中去。目前，我国主要的节能产品包括以下几大类，具体见表5.2。

表5.2　中国现有的节能产品统计

节能类型	节能产品
节能设备和技术	路灯节电器、空调节电器、电机节电器、工业炉专用节电器、通用节电器、无功补偿装置、抽油机节电器、多功能综合节电器、动力节电装置、注塑机节电器、水泵节电器、家用节电器、纺织专用节电器、衣车节电器、系统安全保护节电器、风机节电器、无功补偿高低压输变电设备、节能变压器、用电管理系统、节能开关柜、电能计量、节能发电机组等
节能照明	节能灯、LED无极灯、OLED节能灯管、节能灯杯、节能灯具、节能灯专用胶、户外照明设备、节能镇流器、节能灯塑壳、节能灯芯柱、节能灯塑件、节能灯线路板等
建筑节能	节能门窗、节能型建筑材料、透水砖、节能屋面系统、节能保温材料、节能膜、新型墙体材料、节能涂料等
民用节能	节能炉灶、节能锅、节能饮水机、节能电磁灶、节能燃气灶、节能热水器、节能洗衣机、节能冰箱、节能空调等（之所以将民用节能产品也列出来，是因为这些产品都可应用于旅游景区）
太阳能产品	太阳能热水器、太阳能灯、太阳灶、太阳能电池板、风光互补路灯、热板、光伏发电、太阳能控制器、风光互补供电系统、太阳能充电器、晶硅太阳能电池、太阳能采暖产品、太阳能芯片、太阳能手电筒等
变频器	通用变频器、供水专用变频器、塑机专用变频器等
节水设备	循环水利用设备、蒸汽冷凝水回收、中水回用装置、节能水龙头、节水型器具、节水型喷灌、海水淡化、雨水收集系统、节水型种植、节水监测仪器、水处理设备、节水灌溉设备等
节煤产品	节煤添加剂、节煤增效剂、节煤助燃剂、高效节煤剂、绿香节煤剂、蜂窝煤节煤剂、节煤浓缩液等
节油产品	节油器、替代燃料、燃油添加剂等

表5.2(续)

节能类型	节能产品
新能源产品	新能源电池、电动汽车、混合动力汽车、电动车电池、沼气利用、地热空调、生物质能利用、风力发电、地热利用、城市垃圾发电等
产品配件	电容、电阻、二极管、三极管等
节能锅炉	商用电磁炉、电站锅炉、工业锅炉、采暖锅炉等
节能供热	地暖供热、散热器、新型采暖系统等
节能泵阀　热泵	空气源热泵、地源热泵、水源热泵、太阳能热泵、节能泵、节能阀门、风能热泵、节能管件等
节能综合	节能设计、节能改造服务、节能监测、审计、中央空调节能、综合节能产品等
电脑节能	节能CPU、节能主板、节能电池、整机、节能电源
其他	节能选矿设备、余热余压回收、节能制冷设备、节能玻璃、节能洁具、公共节能环保类、节能风机、蒸汽洗车机、能源测量控制及实验技术、交通节能、资源综合利用技术、节能管理、评估、咨询服务、耗材、催化剂、节能灯网等

资料来源：中国节能产品网（http://www.ok909.com/）。

（4）旅游景区能源供应体系的低碳化改造

对于旅游景区的能源供应体系，景区可以从两个方面着手进行低碳化改造：首先是对能源应用系统进行低碳化改造，主要是通过各种技术对旅游景区内各种设施，包括景区酒店、宾馆等的能源应用设备进行低碳化改造，用太阳能、风能、生物能等二氧化碳低排放或零排放的新能源和可再生能源来代替传统能源供应；其次是在景区内直接使用各种节能和低碳的产品来替换原有的产品，例如更换节能照明等。

5.2.1.2 低碳建筑体系

低碳建筑，是指旅游景区内的相关建筑物在选材、建设到使用的过程中，都以降低碳排放为出发点，控制对化石能源的利用，更多地采用可回收材料或者节能环保材料。景区在材料的选择上也根据其所处地理位置，选择适合当地气候的材料，节约制冷制热所耗用的能源。例如，如果景区处于北方地区，冬季比较寒冷，这样的景区建筑物则应该选择绝热材料，同时窗户选择带有真空屏蔽层的玻璃，朝向尽可能向阳，这样可以减少热量的损失，同时获取更多的阳光，进而减少供暖所耗用的能源；相反，如果景区处于南方，夏季气候比较炎热，那么景区的建筑物则应该以通风凉爽为主，尽量减少建筑物为制冷而耗用的能源，并尽可能选择本地材料作为建筑材料，这样既可以保持建筑景观与景区整体风格的一致性和协调性，同时又可以减少水泥、混凝土等外来物质对景区环境的破坏。

建筑节能是一项涉及多部门的、复杂的、综合性极强的系统工程，其主要涉及的部门包括：建筑、能源、材料、智能仿生以及废弃物回收再利用等。目前国内外关于低碳型建筑材料及技术的研发成果，如表5.3所示，当中不少节能工艺已经在建设现代建筑的过程中发挥了重要的作用。

表5.3　建筑节能工艺

建筑节能工艺	材料及技术要求
墙体节能工艺	胶粉聚苯颗粒浆料、岩棉、矿渣棉、玻璃棉、聚苯乙烯泡沫、膨胀珍珠岩、膨胀蛭石、加气混凝土、内附保温层、夹心保温层、外附保温层等
门窗节能工艺	铝合金断热型材、铝木复合型材、钢塑整体挤出型材、塑木复合型材、UPVC塑料型材、中空玻璃、镀膜玻璃（反射玻璃、吸热玻璃等）、高强度LOW2E防火玻璃（高强度低辐射镀膜防火玻璃）、采用磁控真空溅射方法镀制含金属银层的玻璃、智能玻璃等
采暖、制冷和照明工艺	地（水）源热泵系统、使用置换式新风系统、地面辐射采暖等
新能源的开发利用	太阳能热水器、光电屋面板、光电外墙板、光电遮阳板、光电窗间墙、光电天窗、光电玻璃幕墙
屋顶节能工艺	膨胀珍珠岩、玻璃棉等（正铺法）、聚苯乙烯泡沫（倒铺法）、架空通风、屋顶蓄水、定时喷水或屋顶绿化的屋顶降温法、废纸纸纤维、太阳能集热屋顶、可控制的通风屋顶

资料来源：住宅产业化专业网（http://zhuzhainet.com。）

5.2.1.3 低碳交通系统

完善的交通设施在旅游景区的发展过程中是不可或缺的。随着旅游业的发展，旅游景区对其交通系统也有着越来越高的要求，不仅要安全、方便、快捷，同时还要实现对顾客的分流作用。具体来说，旅游景区的交通系统包括景区内部交通系统和景区外部交通系统。旅游景区内部交通系统主要是指从旅游景区内的一个景点位移到一个景点的交通网络，即游览道路和工具；而旅游景区外部交通系统则是顾客到达旅游景区的交通系统，包括水上交通、空中交通以及陆路交通。这里的低碳景区建设主要是指景区内部交通系统的低碳化建设。景区低碳交通系统的建设可以从以下三个方面出发，即景区低碳型停车场的建设，低碳型道路的规划和修建以及低碳交通工具的使用，如图5.2所示。

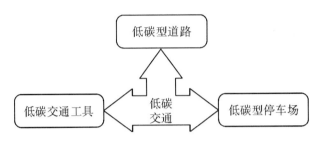

图 5.2　低碳型旅游景区交通系统

（1）低碳型停车场

我国低碳型停车场的典范是天津市 5A 级景区的生态停车场。这种生态型停车场要求地面全部铺设成草坪，在停车场周边种植树木或移栽树木，相邻车位之间的隔离也由树木制成。经调查夏季天津市普通露天停车场的地面温度在下午两点为 42.4℃时，深色汽车内部温度高达 58℃，而生态停车场内同样颜色的汽车车内温度仅 25℃，对于这些停在生态停车场的汽车来说，车内温度得大大降低，这就意味着减少了汽车制冷空调的使用，进而节省了燃料，降低了二氧化碳等温室气体的排放量，天津市 5A 级景区实行的生态停车场正好契合了旅游景区低碳化发展的概念。旅游景区如果要进行低碳化建设，天津市的生态停车场是一个很好的借鉴。另外景区给停车场的地面铺设草坪、草坪砖、植草地砖等，有时甚至可以作为吸引游客的一大特色。

（2）低碳型道路

规划旅游景区的低碳道路可以从以下三个方面着手。

①车行道。旅游景区车行道指的是景区内各种车辆，包括机动车及非机动车的行驶道路。旅游景区发展低碳化，应该发展非机动车，禁止机动车辆进入景区，设置车行道时则应该以景区旅游观光大巴、节能电动车、自行车等交通工具为主，实现较低的碳排放。

②步行道。旅游景区的步行道指的是在旅游景区内专门供游客和工作人员步行的道路，不允许机动车辆或其他车辆使用。因此，步行道可以选择天然的材料，如木板、碎石、鹅卵石等，既与景区环境相协调，同时又节能环保。

③特殊交通道路。旅游景区的特殊交通道路指的是旅游景区内一些特殊的交通工具所用的道路，如索道、水面交通等，这些交通道路的建造和使用过程都应当遵循低碳的理念，并且要做好规划设计，避免重复建设，真正做到低消耗、低排放和低污染。

（3）低碳交通工具

2009 年，由奥斯陆气候和环境国际研究中心发布的研究报告指出，全球气候变暖的重要诱因之一就是全球的汽车、火车、轮船以及飞机等交通工具燃烧燃料所排放的二氧化碳等温室气体，在过去十年里全球二氧化碳排放量增加达 13%，其中由汽车、火车、轮船及飞机等交通工具带来的二氧化碳排放量增加达 25%。由此可见，低碳发展首先要求我们发展低碳交通，使用低碳交通工具。不同的交通工具，因其动力方式不同，所以能耗不同，碳排放量也有所区别，对环境的破坏也有强弱。有关研究表明，电能汽车的碳排放量要远远低于汽油、柴油、燃气等机动车。所以，旅游景区选择交通运输工具时，尽量选择电瓶车。

目前，我国景区电瓶车作为主要交通工具的典范是九寨沟旅游景区，九寨沟为了保护景区环境，自 20 世纪末开始便全面禁止外来车辆进出，在景区内统一使用绿色环保观光电车，这不仅极大地控制了九寨沟的二氧化碳排放量，而且对九寨沟高氧离子空气的保持十分有效。目前，九寨沟旅游景区又启动了一些其他的环保旅游方式，如在九寨沟的第四条沟，扎如沟推行特种旅游——自行车游，也是受到游客推崇的一种旅游方式。对于旅游景区发展低碳化，选择低碳交通工具的问题，各个旅游景区可以参照九寨沟旅游景区的成功案例。

5.2.1.4 景区绿化生态网络

不同于城市和林业的绿化建设，旅游景区的绿化生态网络建设更多的是以绿化林木为主，建设集观赏性、功能性、艺术性、生态环境性于一体的绿化生态体系。

对于旅游景区来说，植树造林不仅可以提高景区的绿化程度，美化景区，同时林木的增加可以净化环境，吸收更多的二氧化碳进行光合作用，排放出更多的氧气，为景区的低碳化发展增加力量。旅游景区可以在交通道路区域、游览区域、园林山坡区域等进行绿化建设，景区在绿化建设时首先应该因地制宜，根据景区原有的地况地貌以及植被情况来种树栽树；其次景区的绿化建设要保持景观景点的整体性，必须做好园林设计，不要为了绿化而绿化，破坏了景区中各个景观的协调性；最后在保证景区环境的前提下，可以发展经济性与观赏性相结合的经济型风景林。

5.2.1.5 废弃物处理系统

旅游景区在接待游客的同时必然要产生大量的垃圾，如何正确处理这些旅游垃圾，以保护景区脆弱的生态环境，使景区能够长远发展，值得每个景区认真思考。国际上目前已有相当数量的垃圾回收与再利用的优秀案例，如表 5.4 所示。这些案例，能够作为景区构建垃圾处理系统提供参考。

表 5.4　垃圾回收范例

国家	垃圾再利用	具体办法	优点
芬兰	垃圾墙	将炉渣、废纸、破布等废弃物搅碎混合，经高温、高压处理，做成墙体材料	结实、防酸碱腐蚀、垃圾回收利用
日本	饮料罐回收抽奖机	把空饮料罐投进去时，上方的五个拼图转轮就开始旋转，最后停在一个完整的画面上，饮料瓶入口处就会吐出一件精美的小礼品；回收器的光传感器对不同材料（如铝、铁等）的饮料罐自动筛选，将其压缩成块、进行分类回收	给垃圾回收融入娱乐的元素，提高人们的兴趣和积极性；对垃圾进行快速回收处理
法国	垃圾纪念碑	在迈尔杰-格拉斯冰川中心，景区用游客丢下的塑料袋、啤酒瓶、罐头盒等废弃物，建成了一座高 6 米、重约 1 吨的雕塑	废物回收利用；告诫人们要保护环境，不随便丢废弃物
比利时	会说话的垃圾桶	将垃圾桶制作成张着大嘴的肥胖的木偶形状，当把垃圾投入其中时，它就会大声说"谢谢"	将投放垃圾变成一件快乐的事情，提高人们的兴趣；使人们养成良好的投放垃圾的习惯
加拿大	垃圾门票	加拿大西北部的普罗威登堡有一个现代化的游泳馆，市政府规定，本城居民凡是交纳一定数量的垃圾，即可免掉门票	使城市卫生良好
印度	垃圾公园	印度北部德昌迪加尔兴建的一座垃圾公园内，所有的游乐设施都是将垃圾作为原材料制作而成的	对垃圾的有效回收利用，使人们意识到废弃物的回收价值

　　低碳型旅游景区垃圾处理应该遵循"减量化、无害化、资源化"三个原则。

　　（1）减量化原则。提高游客环保意识，宣传教育景区管理者利用各种手段，通过导游、宣传手册等实现源头垃圾减量；避免旅游纪念品以及一些日常消费品的过度包装；旅游景区内的餐饮机构在选用食材时，也应该注意有机废物排放的问题，尽可能选择那些废弃物少的食材，另外餐饮机构也应该减少使用或者不使用一次性餐具及用品。

　　（2）无害化原则。景区游客或商家环保意识不足致使垃圾大量产生，部分垃圾甚至是有害的，景区必须将垃圾进行无害化处理。目前国内外对垃圾的无害化处理的方法主要包括卫生填埋法、焚烧法和堆肥法，具体见表5.5。

表5.5　垃圾的无害化处理方法

方法	具体措施	方法的优缺点
卫生填埋法	①对垃圾进行分类收集；②对垃圾进行减害化处理；③将初步处理过的垃圾运到填埋场，进行逐层填埋，并压实；④上面覆盖一层30厘米厚的泥土；⑤2~5年后，可钻孔取沼气	优点：成本低、处理数量大、易操作；缺点：占用土地、存在渗滤液的问题（对地下水系统的破坏、有大气污染问题
焚烧法	在焚烧炉里对废弃物品进行氧化燃烧反应	优点：土地占用量少、处理时间短、处理较彻底、可用于蒸汽发电；缺点：容易产生大气污染
堆肥法	通过生物反应，促进废弃物中可降解的有机物转化为腐殖质	优点：作土壤改良剂和调节剂，有利于改善土壤条件；缺点：肥效较低，垃圾减量化程度较低

（3）资源化原则。旅游景区在进行垃圾处理时，应该首先考虑回收利用的问题，尽可能使景区内的垃圾实现回收利用，因此景区应对垃圾实行分类收集，一方面可以提高资源的利用率，另一方面便于对垃圾的回收，从而提高垃圾处理的效率。据有关数据显示，实行分类收集的垃圾处理的工作量比混合回收的垃圾处理的工作量能降低35%以上。

旅游景区在选择垃圾处理的方法时，应该根据景区的条件，衡量各种垃圾处理方式与景区条件的适合程度，从而选择对景区最有利并且具有较强可操作性的处理方法。受地理位置、经济收入的限制，每个景区在践行这些原则的都会遇到困难，要解决好景区垃圾问题，景区管理者要树立正确的观念，建立健全相关的管理制度。

5.2.2　管理体系建设

5.2.2.1　低碳管理指标体系

旅游景区的低碳管理指标是指旅游景区进行低碳化建设与低碳化经营中用以衡量其低碳化发展程度的指标。因为旅游景区的低碳化发展与绿色旅游在很多方面都有共通之处，所以旅游景区在发展低碳化道路的时候可以借鉴绿色旅游景区建设中的成功案例。在景区低碳管理指标体系的构建方面，低碳化发展的景区也可将绿色景区的管理指标体系进行修改，并加以借鉴。表5.6为旅游景区的低碳管理指标体系。

表5.6　旅游景区的低碳管理指标体系

指标	项目	分项
I 管理组织	I1 低碳管理组织	
	I2 景区低碳规划	I21 制定规范章程
		I22 实施法制保障
		I23 进行状态评估
II 经济指标	II1 景区旅游收入	II11 景区旅游总收入
	II2 景区投入	II21 景区总投入
	II3 景区低碳建设收益百分比	II31 景区旅游投入占总收益的百分比
		II32 景区节能设施投入占总收益的百分比
		II33 景区低碳教育投入占总收益的百分比
		II34 景区低碳建筑投入占总收益的百分比
		II35 景区低碳交通投入占总收益的百分比
		II36 景区低碳旅游产品建设投入占总收益的百分比
		II37 景区污染处理投入占总收益的百分比
III 社会指标	III1 景区就业人数	III11 景区就业总人数
		III12 景区居民占就业人数的百分比
	III2 景区旅游人数	III21 景区旅游总人数
		III22 国际游客人数占总游客人数的百分比
		III23 国内游客人数占总游客人数的百分比
	III3 游客满意度	III31 游客投诉率
	III4 居民满意度	III41 居民投诉率

表5.6(续)

指标	项目	分项
IV 环境指标	IV1 景区绿化面积及所占比例	IV11 景区绿化总面积
		IV12 景区绿化面积占景区总面积的百分比
	IV2 旅游资源利用率	
	IV3 旅游污染	IV31 旅游污染量（强度）
		IV32 旅游污染处理率
V 建筑指标	Vl 建筑物与景区整体景观的和谐度	V1 建筑体量和谐度
		V2 建筑材料和谐度
		V3 建筑色彩和谐度
		V4 建筑位置和谐度
		V5 建筑数量和谐度
	V2 低碳建筑	V21 低碳建筑面积占总建筑面积的百分比
	V3 环保厕所	V31 环保厕所占厕所总数量的百分比
		V32 环保厕所使用率
VI 交通指标	VI1 交通道路	VI11 总交通里程
		VI12 非机动车道占总交通道路数量的百分比
	VI2 交通工具	VI21 燃气（油）车辆数
		VI22 软交通车辆数
		VI23 软交通车辆载客量占总载客数的百分比
	VI3 停车场	VI31 总停车场数量
		VI32 低碳停车场数量
		VI33 低碳停车场利用率

表5.6(续)

指标	项目	分项
VII 饭店指标	VII1 饮食	VII11 低碳食品占总食品量的百分比
		VII12 一次性餐具的使用率
		VII13 绿色食品采购占总食品采购的百分比
	VII2 食品垃圾	VII21 食品垃圾处理率
		VII22 食品垃圾分类
	VII3 饭店能源体系	VII31 资源利用率
		VII32 能源节约率

5.2.2.2 碳排放统计体系

旅游景区可以通过建立景区碳排放统计体系，包括低碳化建设标准和低碳化评估体系，为景区的低碳化建设提供可参考的数据。旅游景区的碳排放统计体系要对景区内所有的碳排放情况进行统计分析，形成数据指标。具体来说，景区的碳排放统计体系可以从两方面进行统计分析，一是旅游景区的固定碳排放，主要是指旅游景区为了维持正常经营运作，那些基本的耗能设备的碳排放情况，例如，旅游景区的动力系统的碳排放情况、旅游景区内取暖系统和制冷系统的碳排放情况；二是旅游景区的动态碳排放，主要是指那些碳排放量与具体情况相关联的碳排放，例如住宿、餐饮和交通运输的碳排放量会随着游客总量的增加而增多。具体见图5.3和表5.7。

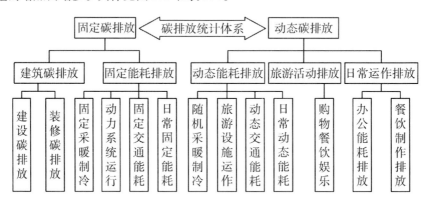

图5.3 碳排放统计体系

表 5.7　景区碳排放统计表

统计大项	具体项	内容
固定能耗碳排放	固定采暖制冷排放	办公区域（综合办公区、安保办公区、酒店办公区等）
		空调及其他采暖方式（煤、天然气）、特殊产品陈列区等
	动力系统运行排放	水泵、电梯、服务设施设备等
	固定交通能耗排放	交通道路建设（以水泥路面为主的机动车道）
	日常固定能耗排放	照明、办公器材（电脑、打印机、复印机、传真机、电话、饮水机）、音频、显示系统等
建筑碳排放	建设碳排放	建材、运输
	装修碳排放	建材、运输
动态能耗碳排放	随机采暖制冷排放	酒店客房采暖、电风扇等
	旅游设施运作排放	娱乐设施、客用电梯等
	动态交通能耗排放	交通车辆
	日常动态能耗排放	热水器、电视机、客房照明、烧水机等
旅游活动碳排放	购物碳排放	塑料袋、包装物、产品性质、间接碳排放等
	餐饮碳排放	一次性餐具、食品性质、食品包装等
	其他旅游活动排放	非环保行为
日常运作碳排放	办公系统碳排放	纸张、充电器等
	餐饮制作碳排放	冷藏冰冻、加热解冻、燃气、煤气、电器等
	其他日常运作排放	一次性洗涤用品、衣物换洗、床单被罩换洗消毒等

表 5.7 中各统计项仅为景区碳排放统计提供参考建议，具体数据的采集方法和计量方式有待在后续工作中进一步研究。关于碳排放量的统计，除了旅游景区进行自我监控外，国家和地方政府也应该参与其中，甚至成为主导。国家和地方政府甚至可以成立专门的小组或部门对旅游景区及周边的碳排放情况进行监测，并对那些碳排放量超标的旅游景区进行整顿，从监管的高度促使旅游景区发展低碳化。

5.2.2.3　人力资源管理体系

伴随着我国经济的发展，旅游业的发展态势也日趋迅猛，特别是旅游景区硬件设施的更新换代速度不断提升，但是相对来说，旅游景区的软件的发展却显得很不足。旅游景区的软件发展不足尤其是体现在人力资源的不足，包括旅游景区的高级管理人才的缺口，景区人力资源机制的落后等。如何改善旅游景区的人力资源培训水平，优化景区的人力资源管理系统，是关系旅游景区低碳化发展的要素之一。旅游景区推行低碳化，对人力资源的要求不仅仅是对管理者的要求，同时对一线服务人员也要提出要求。

（1）对经营管理者的要求

首先必须具备优秀的组织领导能力。组织能力和领导能力是一个管理者的基本能力，旅游景区的管理者也不例外，因为只有具备良好的组织管理能力的景区管理者才能通过组织整合，将景区整合成一个整体，使之不断发展前进。

其次要具备全面的业务能力。对于景区的管理者来说，其在管理景区和景区工作人员之前，自己必须先熟知旅游景区的各项经营业务，并且还需要具有优秀的市场营销能力和组织管理能力（包括敏锐的市场能力、强烈的竞争意识），并且要善于抓住市场机遇。

再次要具备创新意识和科学思维。创新是其企业发展的基础与动力，对于旅游景区来说更是如此，如果景区缺乏创新，就无法吸引游客，自然无法持续发展。因此对于旅游景区的管理者来说，其一定要具备较强的创新意识，能捕捉新的信息，开拓新的领域，为景区的发展注入新的活力。而科学思维也是一个管理人员所必须具备的要素，因为作为一个管理者一定要能够全方位的思考问题，这对于决策的抉择十分重要。

最后是应具有环保意识。旅游景区若要发展低碳化，管理者必须要具备强烈的环境保护意识和低碳意识，同时还要愿意为之奋斗。旅游景区如果想要在激烈的市场竞争中占有一席之地，毫无疑问发展低碳旅游是出路之一，因此景区的管理者也应该持有这种观念，并将环保意识和理念付诸实践。

（2）对一线服务人员的要求

人力资源管理体系的建设除了对景区管理者有要求，同时对一线服务人员也具有比较严格的要求。

首先旅游景区的一线服务人员应该具备较强的服务意识，这是因为旅游景区一线服务人员是在前线与旅游者直接接触与交流，服务人员的行为举止会对顾客的游览感受产生最直接的影响，因此，旅游景区需要通过一线服务人员向顾客传达其服务理念，并向其实施最终服务。景区的一线服务人员必须从内心深处真正意识到顾客第一、服务第一，这是旅游景区一线服务人员应该具备的基本素质和要求。其次是作为景区服务的实际提供者，一线服务人员必须具备熟练的服务技能。如果将服务意识比作是服务中的软件，那么服务技能就是服务活动的硬件，对于旅游服务来说，硬件与软件是缺一不可的。景区的一线服务人员必须要熟练掌握各种服务技能并能够向游客提供个性化与标准化相统一的服务。再次是景区一线服务人员应该具备良好的个人修养和综合素质。旅游景区一线服务人员是景区展现形象的重要渠道，一线服务人员的素质与修养情况直接决定了顾客对旅游景区的印象，如果一线服务人员具备良好的个人素质与修养，对于景区形象会有巨大的提升作用，相反，则会影响景区的整体形象。最后是一线景区服务人员也需要具备较强的环保意识与低碳理念。旅游景区一线服务人员的引导作用对于旅游景区低碳化建设是至关重要的，因为绝大多数游客是否能够低碳旅游，其关键因素在于景区一线服务人员的引导是否生效，然而这种引导作用的效果又在很大程度上取决于一线旅游服务人员的环保意识。

对景区员工，包括上述的经营管理人员和一线服务人员，对其进行相关的培训和教育是十分必要的，可以说，培训和教育是强化和健全旅游景点人力资源管理体系的必要手段之一。对他们进行环保理念和知识的教育是旅游景区低碳低碳化建设的必备环节，这对于促进旅游景区低碳化建设具有重大而深远的意义。而低碳型旅游景区对员工环保和低碳教育主要包括对员工低碳态度的培训、低碳知识的培训和低碳技能的培训。

①对低碳态度的培训。

究其本质，低碳旅游是一种现代的旅游发展理念，要将这种理念完全注入旅游景区，包括其建设过程和运行过程，旅游景区对员工进行低碳态度的培训是十分必要的，因为旅游景区员工低碳的态度是决定旅游景区低碳化发展成功与否的关键，旅游景区可以通过对员工进行低碳态度的培训，形成一个完整的低碳旅游理念团队，进而才能推进低碳旅游景区的发展。

②对低碳知识的培训。

景区对工作人员进行低碳知识的灌输和培训，使其掌握并熟悉环境保护和低碳相关的基础知识，如低碳经济、低碳旅游、低碳景区等。

③对低碳技能的培训。

技能是旅游景区员工完成其服务任务的基础。旅游景区对员工进行低碳技能培训，目的是使员工掌握其服务工作中能够减少碳排放的方式方法，以及引导游客进行低碳旅游的方式方法，即使旅游景区的员工具备低碳服务的能力。

旅游景区除了可以通过对旅游景区的工作人员进行环境保护和低碳的培训与教育，培养他们的低碳意识和低碳技能以外，还应采取多种方法激励员工积极参与到低碳和环境保护事业中去。

5.2.2.4 反馈与投诉机制

旅游景区应该建立相关的反馈和投诉机制，让顾客对旅游景区的各项产品及服务人员的服务质量进行监督。低碳型旅游景区应该将低碳化目标放置在质量监督体系中。

顾客选择旅游景点时会做一些准备，获得一些信息，往往在这个过程中就会对旅游景区形成一定的心理期望，待他们真正进入景区后，往往会以其心理期望目标作为评判标准，而他们的心理期望往往会受到企业对景区的宣传而影响。游客在游览过程中，将心理的期望与实际的感受进行对比之后，或者觉得物超所值，或者觉得企业宣传夸大其词，无论是哪种感受，顾客都会采取某种方式将他们对旅游的经历及感受表达出来。对于旅游景区来说，如果能够很好地采集游客的这些游览感受，对企业未来的发展及管理有十分重要的参考作用。特别是当游客在游览过程中存在不满意时，景区可以通过对游客的意见进行分析，进而调整景区的管理和服务，这对于景区的发展来说是十分有利的。

5.2.3 服务体系建设

旅游景区向游客提供的旅游产品及旅游服务具有多样性和综合性特征。不同的旅游景区的服务是由多种不同的旅游产品和旅游服务组合而成的，具有不同的特点与风格，所以旅游景区服务体系的建设不具有统一性。周玲强（2006）指出，旅游景区的基本服务包括景区门票出售、入门接待、旅游设施配置和活动安排、游客管理、设施维修以及导游、安全、卫生、娱乐、旅游纪念品和告别客人等。发展低碳旅游时无法讨论各自的低碳服务体系的建设，但是在这些基础要素中注入低碳理念，仍然具有重要的意义。这不仅仅是在各个服务过程中贯彻低碳，同时还应建立与之相对应的低碳服务的管理体系和监督体系，以作为低碳服务体系建设的保障。

对于旅游景区来说，景点是其吸引顾客的要素之一，另外旅游景区能够为顾客提供的服务及服务的质量也是影响顾客选择的重要因素，旅游景区低碳化服务体系的建设需要一个健全的、高效的管理体系和质量监督体系。冯淑华（2004）的旅游服务质量体系构成如下：人员、物质资源、服务质量的体系结构、质量管理职责。因此，我们认为低碳型旅游景区的服务质量管理体系主要包括以下内容：低碳化旅游服务环境的建设、低碳化质量管理体系的架构、低碳化质量的审核、低碳化质量方针和目标的制定、低碳化执行职权的明确，低碳化措施的采用等。

建立关于低碳化旅游服务活动的质量监督体系对于保证低碳化旅游服务活

动的质量是十分必要的，这不仅仅是可以对旅游景区工作人员服务活动进行监控，同时也是对游客合法权益的有力保障。具体来说，低碳化旅游景区服务质量监督体系应该包含以下几个主要部分（见图5.4）：首先是旅游景区的游客评估系统，它是游客旅游景区的服务质量进行评估的一个完整体系。景区建立游客评估系统不仅可以搜集游客数据，而且提高了游客对景区服务质量的关注度。其次是游客投诉机制，建立完善的旅游投诉机制是旅游景点快速了解游客想法的渠道之一。再次是低碳化操作规章制度，所谓低碳化操作规章制度就是将景区中的各项低碳化操作列入景区的规章制度之中。最后是低碳化审查机构，景区应成立专门的低碳化审查小组对景区各部门的服务质量进行抽查，这对景区服务质量的提高具有促进作用。

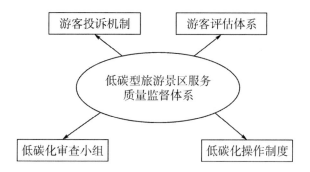

图5.4 低碳型旅游景区服务质量监督体系

5.2.4 景区日常维护

5.2.4.1 景区设施设备

景区破损设施设备的修复费用是一笔不小的开支，因此对景区设施设备日常维护显得尤为重要。搞好日常维护工作，可使设施设备始终处于良好的运行状态中，在减少不必要损耗的同时也提高了经济效益。

（1）随时进行检查

景区要随时检查交通、服务以及娱乐等直接关系游客旅游体验和人身安全的设施，以便尽早发现设施损坏和故障隐患，做到及时维修、靠前护理。景区应主要抓好两个环节：一个是每天营业前进行全面检查，看设施设备是否运转正常、电器装置是否安全可靠、安全防护设施是否齐全；另一个是工作结束后，在清洁设施设备的过程中注意发现问题、查找隐患。

（2）定期进行维护保养

设施设备在使用中不可避免地会出现自然磨损，这种磨损积累到一定程度就会出现故障直至最终报废。搞好设施设备的定期维护能够有效减少事故隐患，降低设备磨损率，延长使用年限。定期保养要抓好以下几个方面的工作：检查设施设备的运转情况；测试设备电路联通情况；全面彻底地清洁设施设备；紧固松弛的零部件，重点突出机动部位；更换老化、磨损等无法继续使用的零部件。

（3）对设施设备进行点检

所谓点检是指对直接关系设施设备正常运行的关键部位进行的控制和检查，通常由日常点检、定期点检和专项点检三类组成。

（4）对故障进行维修

设施设备的故障维修是指当设施设备因故障而无法正常运转时进行的修理工作。景区在实施故障维修时，应把握以下要点：要由专业人员进行维修，确保维修的质量标准；要保证设施设备经过修理后使用的安全性；在旅游景区正常营业时，为保证游客的旅游体验，要对发现的故障迅速反应、及时处理；故障处理完毕后要及时编写故障反馈报告。

5.2.4.2 旅游服务培训

旅游服务是一个动态化过程，在游客享受旅游服务的过程中，有诸多因素会影响游客的旅游体验，比如服务人员的情绪状态、旅游者自身的心理、天气条件等。也就是说，景区构建完旅游服务体系之后并不会一劳永逸，必须坚持通过日常维护来确保旅游服务体系高质量运行。旅游服务体系的维护包括对景区工作人员的评价考察和对游客低碳知识的灌输。

（1）要对景区从业人员进行定期考察，并建立游客评价体系。根据景区从业人员工作手册以及日常行为规范，制定相应的考核指标体系。

（2）要向旅游者大力宣传低碳知识。一方面在游客中普及低碳知识；另一方面积极采取各种手段，为游客的碳补偿创造条件，例如，一些景区能通过游客绿化信息系统的构建，统计游客的碳补偿行为，并在其累积到一定标准后进行有针对性的游客奖励等。

5.2.4.3 日常行为规范

对部分大型的资源和能源设施设备而言，实施低碳化改造并不是节能环保的唯一办法，景区的日常工作也能够为节能减排做出很大贡献。日常行为的低碳化建设是指通过改进景区日常经营活动、对游客提出合理性要求、规范从业人员的日常行为和服务等方式实现节能减排的目的。

低碳目标不能期望只在一次旅游的过程中就能实现，而是要坚持在日常生活的点滴中去完成。考虑到政府对经济发展的指导作用，游客在旅游业中的现实地位，以及旅游业作为第一大产业对低碳经济的巨大影响，景区应从政府、从业人员、游客个人三个方面对低碳行为进行规范，建立低碳旅游行为准则。

5.3 营销低碳旅游产品

5.3.1 产品概念

目前，国内旅游界对于旅游产品的界定并未达成统一的观点，尚且缺乏较为权威的认识。通过对不同观点的整理，旅游产品大体上可分为广义和狭义两种类型：广义上的旅游产品概念，更多的是将旅游产品作为一个整体进行定义。李天元（2001）指出，旅游产品可以分别从需求角度和供给角度定义，旅游产品从需求角度来说，是指当旅游者准备去旅游一直到完成各项旅游活动最终再返回家的全部过程中的所有经历；而旅游产品从供给角度来说，则是指旅游景区从顾客到达旅游景区开始旅游活动到结束旅游活动离开景区的整个过程中，为顾客提供的各种设施、设备和服务的总和。王大悟则认为，旅游产品是一种特殊产品，这是因为旅游产品是由多种要素构成，涉及旅游活动的各个环节，包括交通、住宿、餐饮、购物等，相对于大多数有形产品来说，旅游产品更多的是满足旅游者精神方面需求的产品。林南枝（2000）指出，旅游产品是旅游经营者采用某种方法或者途径向旅游者提供的服务之和，而这些方法或者途径主要是指旅游景区的旅游设施和旅游服务。狭义上的旅游产品概念，是指在一定地域上旅游企业为满足游客需求而向其提供的产品与服务的总和，其定义的核心是在特定的旅游地。

低碳旅游产品是旅游产品，因此低碳旅游产品具有一般旅游产品的共性，所以低碳旅游产品实际上是在传统的一般旅游产品概念的基础上添加了低碳的概念。对绝大多数旅游产品来说，其都具有不可储存、不可转移以及生产和消费具有同步性等特征，当然，低碳旅游产品也具有其他一般旅游产品所不具备的特征，例如节能性、环保性和有效利用性等。低碳旅游产品的节能性要求在其整个产品生命周期中都保持节能低耗；低碳型旅游产品环保性是指景区生产旅游产品应采用低碳原料、低碳工艺，而使用消费过程也应该是低排放的；低碳型旅游产品的有效利用性则是指旅游产品的结构应该尽量简化，当然首先应该保证其基本功能，同时使各种资源、能源都能得到最大限度地利用，发挥最大的效益。

从这个角度出发，我们可以将低碳旅游产品定义为，企业或者机构在开发旅游资源和经营旅游景区时，向旅游者提供的产品和服务具有低耗能、低碳和低排放等特性，这些产品和服务的总和即为低碳旅游产品。具体说来，低碳旅游产品应该具备以下几个基本要素：首先采用新的技术和工艺，实现资源和能源的利用效率最大化，一定的资源耗用量能够实现更大的利用率；其次是节约现有的资源和能源，同时不断地开发新能源；最后是减少二氧化碳和污染物的排放，这要体现在旅游产品从开发到最终消费的每个环节。

5.3.2 产品设计

5.3.2.1 产品结构

Kotler（1994）认为，市场营销人员进行产品设计时应该从产品的三个层次，即核心产品层次、有形产品层次和扩展产品层次来考虑。其中，核心产品主要针对顾客核心需求，是顾客真正想要花钱购买的一种无形的感受；有形产品则是指顾客想要购买的核心产品的实物形式，更多的是实物形式的产品或劳务，具体包括产品或劳务的质量、品牌等；而扩展产品则是有形产品的一些附加服务的总和，包括售后服务等。这一产品层次理论也适用于一般性的旅游产品，后者的核心产品主要是旅游景区的吸引物，有形产品包括硬件设施设备和游览的活动项目等，扩展产品包括旅游景区、旅行社、饭店等部门的管理、服务等。

而低碳旅游产品作为一种特殊的产品，根据 Kotler 产品构成层次理论，我们可以将其产品构成情况归纳如下：核心部分即是经过低碳化改造的旅游吸引物和景区的品牌形象或主题，游客从这些媒介上获得低碳型旅游的特殊体验；有形产品则是指顾客获得旅游低碳体验的具体形式和方式，包括低碳建筑、低碳设施、低碳交通、低碳旅游活动以及景区中各个景点，甚至还包括旅游景区中的旅游纪念品等；扩展产品除了旅游中核心的管理和服务以外，还包括旅游景区、旅游中间商以及相关的交通、住宿、餐饮等相关部门提供的其他设施与服务，其更多的是一些辅助性的服务，如图 5.5 所示。

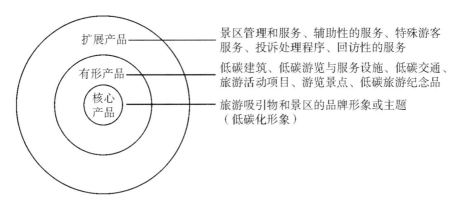

图 5.5 低碳旅游产品构成

5.3.2.2 产品建构

旅游行业一个非常典型的特点就是旅游产品的开发应该以旅游需求为导向，然而不得不说的是旅游企业在向顾客销售产品时，对低碳旅游的引导能起到极大的作用，旅游景点可以开发低碳旅游产品来满足顾客的旅游需求，同时也对顾客的旅游需求产生刺激作用。例如，旅游企业可以通过开发低碳旅游产品来影响顾客的交通出行方式等。

具体来说，旅游企业可以开发以下一些低碳旅游产品以引导顾客的低碳行为：一是低碳旅游交通方式，旅游企业可以使用小型、环保的汽车，发展基于火车或是长途汽车运输和其他低碳产品的旅游方式以引导顾客使用低碳交通方式；二是生态或低碳住宿方式，旅游企业在为顾客选择酒店时应该多选择生态型或者绿色认证的酒店；三是旅游企业选择旅游景区时也应该对各旅游景区进行碳标记；四是旅游企业在不影响旅游活动质量的前提下应尽量选择一些碳排放低、耗能少的旅游活动。

（1）低碳旅游核心产品构建

Swarbrooke（2000）认为，旅游产品的核心产品是旅游吸引物，也就是旅游景区的中心旅游资源，是人们选择去一个旅游地或者景区旅游的真正动机；另外，同样认为旅游产品的核心产品是旅游吸引物的还有我国学者冯淑华（2004），但是不同的是，冯淑华认为旅游景区的旅游吸引物就是景区内最有特色的景观，即景区内具有代表性的观赏物。而事实上，旅游吸引物不应该仅仅是旅游景区的某个景观或者景区特有的资源，还应该包括旅游景区的品牌和整体形象。所以，低碳型旅游景区的核心产品构建也不应该忽略其品牌和形象问题，甚至，低碳型旅游景区的低碳形象是其核心产品的中心部分。对于旅游景区来说，其形象构建需要经历三个阶段，即原生形象—次生形象—复合形象，如图 5.6 所示。游客在旅游之前会有意或者无意地获得一些有关旅游景区的信息，这些信息包括广告、经验以及周围人的口碑效应等，这些会使旅游者在真正进行旅游活动之前对景区和旅游活动产生某种印象，这种印象即是顾客对于景区的原生形象；而当旅游者真正有了旅游动机时，他会主动对旅游景区和旅游活动的相关信息进行搜集，在对搜集到的信息进行整理加工时，会对景区形成第二个阶段的印象，即旅游景区的次生形象；当旅游者决定将旅游活动付诸于实践时，他从去往旅游景区到在景区游览再到离开景区的过程中，对旅游景区的印象则转变为实际经验，即在旅游者心中形成了旅游景区的复合形象。

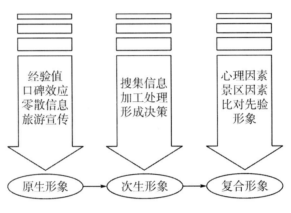

图 5.6　景区形象的形成过程

所以旅游景区对于旅游产品和服务的宣传以及促销是直接影响旅游景区形象的因素之一。对于低碳型旅游景区来说，其必须要将低碳这一新的概念融入景区形象中，或者作为景区的核心形象，这需要旅游景区对其低碳景区的相关理念、产品及服务进行大力宣传，同时进行低碳运用，切实将低碳景区的低碳理念贯彻到景区形象中去，并且将这种低碳形象传播至顾客那里，如图 5.7 所示。另外，景区对旅游景区进行低碳宣传，其宣传手段也应该是低碳的，例如应该减少印刷品宣传，选择互联网、互联网等电子渠道进行低碳宣传。

（2）低碳旅游有形产品构建

对于低碳型旅游产品来说，其有形产品的低碳化主要是指旅游景区中的建筑、游览设施、交通以及纪念品等的低碳化，例如低碳建筑、低碳交通、景区绿化、低碳游览与服务设施、低碳旅游活动和低碳旅游纪念品等。上文分析了低碳旅游的硬件设施方面的问题，下面重点探讨低碳旅游活动项目和低碳旅游纪念品的内容。

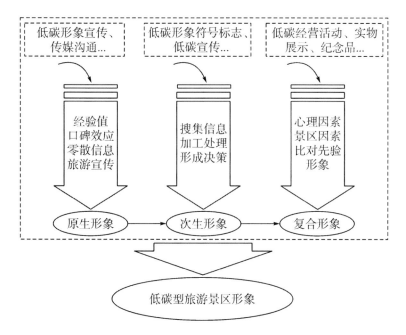

图 5.7　低碳型旅游景区形象的塑造

　　旅游景区的旅游活动项目是旅游有形产品的核心内容之一。所以在低碳旅游产品的有形产品构建中，策划合理并且受欢迎的低碳旅游活动是十分重要的。例如，旅游景区可以建设低碳展览馆，举办低碳知识竞赛和废弃物再利用比赛等竞赛，植树造林、低碳建议征询以及其他低碳旅游活动。一些有特色资源的旅游景区尤其可以通过利用其特有的资源，举办具有特色的低碳旅游活动。

　　旅游纪念品是旅游产品有形产品的组成部分。旅游纪念品的低碳构建可以从两个方面着手，首先是尽量以本地特有的产品或材料为主，减少从外地购入旅游产品在运输中产生的资源消耗和二氧化碳排放；其次就是应该尽量简化旅游纪念品的包装，一是可以节能，二是可以减排，即节省纸张、塑料等包装物，同时也减少包装物制造过程中排放的二氧化碳，另外包装物往往在商品打开包装后就完成其使命成为废品，如果减少旅游产品的包装物，自然会减少废弃物的产生。

　　（3）低碳旅游扩展产品构建

　　低碳型旅游景区的扩展产品涵盖旅游景区管理与服务的低碳化、投诉处理程序的低碳化等各项产品的低碳化。旅游产品的核心是向顾客提供服务。故旅游景区应加强低碳化服务管理，让游客获得良好的低碳旅游体验，并引导他们主动学习低碳生活常识，对游客日常的生活和消费习惯施加一定影响。

5.3.3 产品创新

5.3.3.1 创新方法

旅游新产品是指初次设计生产或者在原产品基础上做出的重大改进，使产品在内容、服务方式、结构、设备性能等方面更科学合理。旅游产品的创新也是相对的。对一般旅游产品进行创新可以通过三个方面实现，分别是主题创新、结构创新以及功能创新（邹统钎，2004），低碳旅游产品的创新亦可如此。低碳旅游产品创新有以下三类。

（1）创新型新产品

创新型新产品是能够满足消费者一种新的需求的全新产品。对于旅游企业和旅游消费者来说，它都是新的，可以是新开发的景点，也可以是新旅游线路，或是新推出的旅游项目。低碳旅游产品的开发，迎合消费者低碳理念，使人们能完全、彻底地回归大自然。

（2）换代型新产品

这种产品是对现有的低碳旅游产品进行较大改革后生成的产品。景区在现有较流行的主题的基础上，依托景区特色资源，根据旅游者低碳消费偏好，进行旅游景区主题的创新，积极引导市场需求变化。

（3）改进型新产品

这种产品是在原有旅游产品的基础上，进行局部形式上改进生成的旅游产品。其可以是配套设施或服务方面的改进，也可能是旅游项目的增减或服务的增减，但旅游产品总体上没有多大改变。

通过以上分析可以看出，低碳旅游产品创新主要是从主题创新、结构创新以及功能创新三个方面来实现。

（1）主题创新

旅游景区的主题是旅游景区核心特色竞争力的集中反映。低碳旅游产品的重大主题之一就是低碳化，具体要求是注重环境保护，为环保承担责任，尽最大努力、最大限度地降低碳排放量。低碳旅游景区为旅游消费者营造一种低碳氛围，景区与游客为达到低碳排放共同努力，同时使景区产品体系更加完善，使其功能不断提升，最终更好地带动产品发展。

（2）结构创新

旅游消费者需求日益多元化是旅游产品结构创新的主要驱动力，结构创新主要是对现有的产品进行完善，并在此基础上努力突破创新。景区在原有产品的基础上，推出多种不同层次、不同档次的产品，丰富和完善低碳旅游产品的结构，从而适应不同游客的差异化需求。

（3）功能创新

低碳旅游产品的结构创新的最主要的途径是对旅游产品进行深层次开发。由于旅游者的消费水平有一定的层次性，所以旅游产品的开发应注意高、中、低档次的结合，从而提高旅游营销的覆盖面。例如开发一条新的低碳旅游线路，在能耗少、排放小的前提下，应体现差异性，以便于不同层次的消费者进行选择。

5.3.3.2　创新途径

对旅游产品的更新主要依靠增加服务项目、模仿竞争者的旅游项目、改进产品质量等方式实现，但归根结底其可以总结为：对新产品的研发和对老产品的更新两方面，低碳旅游产品也可以相同的途径进行创新。

（1）对新产品的研发

新产品是景区对市场进行分析，对本身资源进行定位，然后通过不断设计、实施、反馈的过程形成的。对旅游新产品的研发主要通过如图5.8所示的步骤完成。

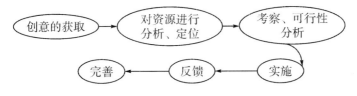

图 5.8　新产品的研发步骤

（2）对老产品的更新

景区在原有旅游产品的基础上，进行局部改进，将不能满足现实需要或不满足低碳要求的部分剔除，加入新的内容，使旅游产品整体上更加完善，它主要通过如图5.9所示的几个步骤实现。

图 5.9　原有产品的研发步骤

5.3.4　产品营销

景区的旅游产品跟一般的产品最大的不同在于景区具有不可移动性。如果没有营销，让固化的景区产生足够的效益，景区吸引力会受到一定程度的影响。在低碳旅游产品的营销中，旅游景区必须引导游客积极践行低碳化的消费方式（这在本研究的5.4部分将会进行详细阐述），而低碳化的消费方式是基于低碳旅游产品营销的。这里分别从"食、宿、行、娱"几个方面的产品对产品营销策略提出建议。

5.3.4.1　低碳餐饮产品

从景区低碳餐饮供应入手，减少供应高碳饮食，将低碳理念融合到饮食习惯中，引导游客树立低碳饮食观念，是旅游景区进行低碳餐饮产品营销的主要方式，这样也倡导旅游消费者选择健康的饮食方式。

一方面，旅游景区在提供餐饮服务时，应贯彻低碳环保的理念。景区应该充分利用本土的特色资源，以低碳化餐饮为导向，利用传统的低能耗的烹饪技艺，向旅游消费者提供绿色、环保和生态的饮食，具体可通过兴建环保美食街以及构建生态餐饮基地等方式实现。

另一方面，旅游景区应努力帮助旅客树立低碳饮食理念。景区在旅游区内或在游客的旅游过程中，推出绿色、生态、健康的食谱，不但能引导人们追求健康饮食，而且能减少碳排放。此外，旅游景区联合旅行社、餐饮业等单位，通过多种形式对低碳餐饮进行宣传，引导旅游者树立低碳饮食理念。

5.3.4.2　低碳住宿产品

低碳住宿是指游客在旅游过程中保持环保生活的好习惯，尽量避免使用一次性用品，节约用水用电。因此，低碳住宿产品的营销应该注意贯彻低碳环保理念，引导旅游者养成良好的低碳住宿习惯。

一方面，旅游景区正确定位低碳住宿，合理设计住宿产品。低碳旅游住宿产品营销应注意结合游客的分布情况以及旅游资源分区。旅游景区应充分了解旅游者住宿需要，以低碳环保为原则，对旅游景区内部及周围酒店、宾馆进行改造，兴建低碳环保住宿建筑，完善配套设施；针对不同类型的景区，采取不同的措施引导旅游者低碳消费。

另一方面，贯彻低碳环保原则，引导游客养成良好住宿习惯。旅游景区、酒店、旅行社采取有效方式，提醒游客注意少用一次性用品、节约用水用电等，还可通过服务指南等方式介绍低碳住宿的重要性，使其对此有更深入的了解和认识；也可以借鉴别的酒店的做法，通过奖励礼品或积分的形式鼓励消费者注意环保节约。

5.3.4.3 低碳交通产品

旅游交通是旅游行业节能减排可行空间最大的一点。旅游交通的低碳化要求游客尽量采用低碳排量的交通工具，比如长途旅游尽量选择火车、轮船等，短途旅游尽可能选择自行车、步行等。不同的交通工具的能耗与碳排放量是不同的，如表 5.8 所示。

表 5.8　不同交通工具能耗与碳排放比较表

能耗与碳排放	电动车	公共交通	摩托车	家用汽车
耗标准煤	0.004 3	0.011	0.027 2	0.054 4
排放 CO_2	0.008 2	0.023	0.057 5	0.115 0

表 5-8 说明了游客选择不同的交通方式所产生的碳排量有很大差异。游客在旅游前应选择低碳环保的交通方式，同时还要多宣传低碳的交通方式。所以，一方面旅游者要尽量选择低碳的交通方式，比如，步行游、自行车游、使用公共交通工具，尽量减少车辆出行，减少碳排放量；另一方面，旅游景区及旅游企业应积极开发低碳环保交通线路；立足交通发展的全局和战略角度，考虑景区交通自身特点，积极推出自行车、电动车等交通工具，尽量减少旅游交通的碳排放量。

5.3.4.4 低碳娱乐购物产品

相关人员针对不同类型的旅游景区，对景区内相关设施、旅游路线、旅游项目和相关管理进行统筹规划，通过设计合理线路、推出特色项目、利用民俗节日活动、建立不同功能区等措施，合理布局旅游景区娱乐、购物区域，用多样化的旅游产品，延长游客的旅游时间。

打造特色购物品牌，尽量简化商品包装，向生态化经营看齐。一方面，旅游景区、旅行社、媒体应积极向旅游者宣传购物对低碳旅游的重要作用；另一方面，商品生产部门应加大营销低碳旅游产品，采购部门应多选择本地生产的商品，也可打造旅游购物街，方便游客购买。

5.4　倡导低碳旅游消费方式

低碳旅游消费是顺应低碳旅游的发展而产生的，就我国而言，是我国旅游业低碳发展的内在需要，同时也是我国低碳旅游的重要组成部分，低碳旅游消费不仅是一种新型的旅游消费观，更是一种新型的旅游消费行为方式，低碳旅游消费的有效实施，将直接推动低碳旅游发展的全面实现。

5.4.1　低碳旅游交通

游客在旅游过程中的交通选择是对客源地与目的地之间往返以及在目的地活动所需的交通设施与相关服务的选择。旅游交通的低碳化是交通在低碳经济环境下、在旅游业中发展的必然前景，其具体实现形式是选择交通工具时尽量做到低能耗、低排放、低污染。

价格、费用、时间、距离、游客个人收入与其旅游经验等是影响旅游者交通选择的主要因素，其中交通速度及可达性是最关键的考虑。为了实现低碳化，相关部门需提倡旅游者避免乘私家车，而搭乘公共交通出行，并倡议旅游者自行车骑游，既节省开支，又减少污染。游客在景区应选碳排放量最少的交通工具，比如公共交通、节能电动车、自行车等。

5.4.2　低碳旅游餐饮

在旅游过程中需要餐饮服务时，游客应选有绿色标签的酒店宾馆；选择食物时，应首选绿色食品、生态食品，不用一次性餐具。在低碳旅游的大环境下，低碳餐饮要求景区以低能耗、低污染、低排放为原则，将低碳理念融入餐饮的原料购买、加工及服务各个环节。

（1）采购低碳化

采购低碳化，即采购的原材料能够符合节能减排、低碳环保的标准。景区可以从以下三个方面分别处理：①食材采购应以当地产品为主，外地产品为辅。本地产品意味着低能耗和低污染，如能在本地买到满意的原材料，就尽量避免异地采购，原料产地离酒店距离越远，运输中排放的二氧化碳量就越高；②食材应以蔬菜、豆类为主，肉类为辅。一般的饮食，特别是肉类，其碳排放量比工业和运输业多；③食材购买应以时令果蔬为主，反季节果蔬为辅。因为后者的碳排放量高于前者，菜农消耗在反季果蔬上的农药、肥料较多，所以购买当季果蔬可选择性地替代反季节产品。

（2）加工低碳化

加工低碳化，是指景区在食品加工过程中应注意多做脂肪少、油脂少的食品，注意生产少盐、少糖、少精加工类等食品，这些不仅对人身体健康有利，而且推动了低碳餐饮的发展。此外，景区应注意节水节能，并采用这方面的技术和设备，避免使用浪费和污染环境的材料，比如感应节能水龙头的应用，可在一定程度上降低能耗、节能减排。

（3）服务低碳化

服务低碳化，是指酒店工作人员在旅游者就餐过程中应尽量做到服务过程的低碳化，包括就餐前、就餐时以及就餐后。这一点对酒店和旅游者的利益都有一定的兼顾，具体实施时应注意：①就餐前，工作人员可引导就餐游客减少食用肉、蛋、奶等高碳食品，尤其是牛肉等，此时可建议客人用其他肉类或蔬菜代替；②就餐时，努力使就餐游客感受到经济实惠和营养配置合理，并且不造成浪费；③就餐后，依据环保标准对餐具等进行处理，如就餐游客有食物剩余，还应提供打包服务。餐饮服务的低碳化还体现在鼓励游客自带水杯、纸巾，可逐步减少提供餐巾纸、一次性筷子和杯子、塑料袋、快餐盒、饮料吸管、瓶装矿泉水、易拉罐、不能回收的酒瓶等物品。

5.4.3 低碳旅游住宿

旅游中的住宿是旅游体验的一个重要组成部分，住宿低碳化是实现旅游低碳化的另一有效手段，它涵盖酒店规划设计、建设装修、设备系统及住宿物品几方面的内容。

（1）规划设计。无论什么建筑物，其规划设计都是一项非常复杂的系统工程，旅游酒店亦是如此，其规划设计需综合考虑各类因素，包括电梯节能、太阳能利用、光线、噪音、垃圾污水等。以下是一些比较有参考价值的设计原则：房间面积适当、空间布局合理；增加采光度，但不增加光污染；加大新能源利用，降低能耗排放。

（2）建设装修。建筑材料是建设装修过程低碳化的一大主要着眼点，它是对规划设计的进一步实施：①采用保温技术与材料，增强建筑物的保温效果；②就地取材，提高本土材料使用比例；③建筑材料尽可能节能、环保、可回收，且外表尽量素装修，减少多余外装饰。

（3）设备系统。设备系统低碳化是酒店住宿低碳化的重要组成部分，因其耗能、运行和维护费用在总的支出中占比例很大，其低碳化主要体现在节水、节能方面，这有助于提高能源利用效率：①节水方面，应加强建设雨水收集回用系统，增加感应节水龙头、无泄漏节能疏水管阀的使用，建议客人选择淋浴而非盆浴等；②节电方面，尽量使用中央空调，减少房间内空调的使用，注意随手熄灯。

（4）住宿物品。景区需从整体上把握住宿物品的低碳化发展，主要注意以下几个方面：①应尽量减少无机化合物易耗品的使用，改用易分解制品；②

选择纯天然的棉制品或亚麻制品作为床单毛巾材料，肥皂用纯植物油脂皂；③根据客人的需要更换床单、毛巾，而不需每天更新；④鼓励旅游者自带简单的日常用品，使用可天然分解的清洁剂和垃圾袋。

5.4.4 低碳旅游娱乐购物

旅游者可以选择生态旅游景区或去郊外旅行，自觉处理垃圾，保护环境，在享受自然风光的同时为低碳旅游做出贡献；去一些放松心情的低碳娱乐场所，享受低碳环保的娱乐方式。旅游者在选择旅游目的地或旅游活动时，应优先选择体育、运动、康体等低碳的旅游体验活动。旅游者在享受健康的同时，也创造了健康的环境，有利于促进低碳旅游的良好发展。

旅游企业及相关部门应当优先发展低碳旅游娱乐设施，减少高耗能、高排放的大规模娱乐设施；根据季节特点以及各种娱乐设施的性能、结构和使用方法的不同，对其进行定期维修以延长其寿命；景区还应当减设烧烤等高耗能的娱乐项目，而增设一些趣味性、消遣性的歌舞、戏曲、杂技等富有地方特色和民族特色的演艺、节庆文化民俗活动；此外，娱乐设施不宜布置在旅游景区内部，以免造成自然环境的破坏，应布置在区外的游人活动集中区附近，例如可以设计具有低碳教育意义的游人解说中心、民俗展览馆、园林、博物馆等供游客参观游览的场所。

游客在购买旅游纪念品、旅游商品时应从节能减排的角度考虑，拒绝一次性塑料购物袋的使用；拒绝过度包装，选择双重用途的包装或者购买适度包装的产品；应自备购物袋或重复使用塑料袋购物，因为塑料的原料主要来自不可再生的煤、石油、天然气等矿物能源，节约塑料袋就是节约能源。

旅游者还要培养节约是美德的观念，戒除以高能耗为代价的"便利消费"嗜好和"一次性"用品的消费嗜好，遏制奢侈消费，倡导低碳的旅游消费观；培养低碳环保的全民意识——每一位旅游者都是"低碳旅游消费"的参与者、贡献者。

5.4.5 碳补偿或碳抵消

碳补偿，即 Carbon Offset，也叫碳中和。碳补偿是现代人为减缓全球变暖所做的努力之一，人们计算自己日常活动直接或间接制造碳补偿的二氧化碳排放量，并计算抵消这些二氧化碳所需的经济成本，然后个人付款给专门企业或机构，由他们通过植树或其他环保项目抵消大气中相应的二氧化碳量。碳补偿是在地球变暖的大环境下，在自我反思的基础上的人们的自我约束，是人类意识到严重后果后的积极行动。碳补偿最早是由环保人士提出的，随后越来越多的人对此形成共识，并将共识转化成实际行动，比如植树造林等，还有的人倡议使用再生能源。温室气体的排放是个全球性问题。碳补偿的理念不论何时何地都会产生长远的、良好的影响。但是发展中国家或转型期国家因消费和原料成本较低所以其减排成本也低。而且，减排项目在基础设施薄弱地区更易推行。碳补偿作为一种行为方式，对于旅游业的低碳化发展以及低碳经济的发展都有积极的意义。

（1）增加森林碳汇。目前关于将森林作为碳汇的看法还存在不少的争议，不仅因为这需要在有林业计划的地区实现，而且因为在森林受火灾危险、虫害和气候变化以及社会其他因素严重影响的地区很难实现。此外，碳补偿空间与生物燃料空间两者之间的竞争，使得我们在这两者之间必须做出一定的选择。同时，由于碳吸收测量方面存在的困难，增加碳汇只是一个短期的解决方案。而且，植树初期树的吸收率低，需要很长时间才能达到所需补偿的碳排放量。

（2）在别处或者在将来投资节能措施。这些措施不仅有助于旅游业致富的实现和可再生能源技术的推广。而且很多碳补偿项目对于可持续发展也有很大的益处。

（3）对碳补偿服务的选择。旅游者需要一个最好的指南，这个指南能够帮助旅游者认清他们该如何选择碳补偿服务。尽管这种选择是透明的，但明确的规范和准则是必须的，旅游者对各种选项均可类比和评价。该准则可能是更高的全球准则和规范的具体化。

5.5 本章小结

旅游的低碳化发展，要求一定要突破狭隘的旅游部门局限，建立有效的合作机制，旅游景区在建立合作机制方面优势显著，因其包含了旅游发展中的各个相关主体。本章首先对低碳旅游发展的经济、社会和环境的综合效益进行总结，分别从硬件、管理、服务和日常维护四个体系入手分析低碳旅游景区的建设问题，研究了低碳旅游产品的结构和建构、创新方法和创新途径，并从餐饮、住宿、交通和娱乐购物四类产品分别介绍低碳旅游产品营销，分别从交通、餐饮、住宿和娱乐购物四方面进行低碳旅游消费方式的倡导，并提出碳补偿或碳抵消的思路，从而构成低碳旅游的实施路径。这一章的研究也为后面构建基于价值让渡系统的低碳旅游景区营销模式和基于这种模式下的对策建议提供了技术支持和实施途径。

6 基于价值让渡系统的低碳旅游景区营销模式构建

发展低碳旅游不仅仅是一种观念，同时也是旅游业的未来发展方向。旅游行业的特点决定了低碳旅游的发展不仅需要政府有关部门、景区以及旅游企业的介入，更有赖于广大旅游者的共同努力。不断强化全民低碳意识，转变旅游行业的奢迷之风，大力提倡环保、简约的出游方式，这才是低碳旅游发展的希望所在。依托旅游业价值让渡系统，以游客让渡价值为核心，构建低碳旅游景区营销模式正是低碳旅游发展的有效手段之一。

6.1 旅游营销模式的发展

从第二章旅游营销的研究综述可以看出，旅游业的快速持续发展将旅游营销的研究不断引向深入，旅游营销学已经逐渐成为一门较为成熟的学科，并不断吸纳新的思想、理论和方法，目前国内外关于旅游营销模式的研究也已经有了一定的积累。

6.1.1 旅游营销模式的界定

随着旅游市场规模的不断发展，景区几乎不可能凭借自身的能力从日趋激烈的竞争中脱颖而出，这就使得旅游行业对营销模式建设的重视程度越来越高。旅游营销模式频频被人们提及，但其具体含义是什么，它与旅游营销渠道又有哪些区别，本节将对这些问题进行分析。

6.1.1.1 旅游营销模式的定义

"模式"一词源于拉丁文 Modus，原本指与手有关的定型化的操作样式，后来从具体的操作过程引申出了抽象的含义"方式"，如我们现在的生产方式、生活方式等。进入 20 世纪，人类丰富各异的行为和活动使得学术界对

"模式"的界定不再局限于"方式"，而将其概括为某一特定方式中的、具体的、定型化的活动结构或形式。美国学者比尔和哈德格雷夫把模式看作理论性的、简化的形式，是对现实的反映。英国人丹尼斯·麦奎尔和瑞典人斯文·温德尔从传播学角度将模式定义为："用图像形式对某一事项或实体进行的一种有意简化的描述。一个模式试图表明任何结构或过程的主要组成部分以及这些部分之间的相互关系。"综上所述，我们不能把"模式"完全等同于具体的事实经验，它具有抽象、简洁、稳定等特点，是一般性理论在具体条件下实际应用的活动结构或活动形式。

菲利普·科特勒在《营销管理》中将"营销"定义为"个人和群体通过创造并同他人交换产品和价值以满足需求和欲望的一种社会和管理过程"。美国市场营销协会（1985）将其定义为"个人和组织对理念（或主意、计策）、货物和劳务的构想、定价、促销和分销的计划与执行过程，以创造达到个人和组织的目标的交换"。从两种定义中我们都可以发现，市场营销的最终目标是"使个人或群体满足需求和欲望"，"交换"是市场营销的核心，交换过程是一个主动、积极寻找机会，满足双方需求和欲望的社会过程和管理过程。交换过程能否顺利进行，取决于营销者创造的产品和价值满足顾客需求的程度和交换过程管理的水平。

由于销售方式不断推陈出新，营销模式建设已是当今整个旅游行业所关注的重心，并在此基础上逐步形成了具有中国特色的旅游流通市场模式，从而在一定程度上改变了人们的消费观念、消费习惯和消费行为，同时也引发了理论界对于"什么是旅游营销模式"的探讨。

迄今为止，学术界未对旅游营销模式的定义达成共识。本研究所涉及的旅游营销模式，是基于价值让渡系统视角，以旅游生产商（这里主要指景区）、旅游中间商（如旅行社）为主，涉及其他涵盖旅游的吃、住、行、游、购、娱六要素并且贯穿旅游活动始终、向游客提供旅游产品和服务的机构和组织，如饭店、交通媒介、旅游纪念品专卖店等承担辅助职能的相关主体，包括了对传统营销策略的组合运用和创新探索。营销与分销在营销学中是两个不同的概念，由于本研究是从旅游产品的分销阶段展开，因而我们也可称之为旅游分销模式，或者旅游渠道模式，但二者的内涵和外延并不完全等同。完整的营销模式是一项复杂的系统工程，它以营销战略为前提，把满足游客需求设定为目标，在实现路径上则以营销组合策略为方法。而较直观的、易可见的主要是形于外的营销策略的运用，即营销组合的体现。本研究的旅游营销模式虽然涉及营销过程中表现最突出、最典型的营销策略，但并不意味着旅游营销模式只包括这些内容，因为营销作为一项系统的工作，需要多个主体、多个环节和多个流程的配合和协作才能有效运行。

6.1.1.2　与旅游营销渠道模式的区别

营销渠道（marketing channel）是指产品或服务由制造商转移到最终消费者所经过的路径，以及在该过程中伴随着所有权转移而发生的资金、信息、服务等的传递过程，如图6.1所示。

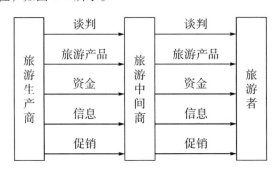

图6.1　旅游营销渠道的流程

旅游营销模式和旅游营销渠道模式是有区别的，前者涵盖的内容更宽泛，它是在后者发展到一定阶段的产物，因此旅游营销模式包含了旅游营销渠道模式的内容，而旅游营销渠道模式只是旅游营销模式的表现形式之一。

二者的相同点有以下几点。

（1）研究内容一致

旅游营销渠道模式研究旅游产品的纵向活动过程：旅游生产商—旅游中间商—旅游者，以及该过程中渠道成员的行为和各种资金、信息的流动。其对渠道成员的行为的探讨集中在旅游生产商与旅游中间商之间的合作协同和相互制约的纵向关系上，对旅游生产商之间、旅游中间商之间的横向联系关注较少，与之对应，各种资源的流向也是纵向的。同旅游营销渠道模式一致的是，旅游营销模式主要研究旅游生产商—旅游中间商—旅游者的互动博弈这一纵向链条，而非把研究的重心置于旅游生产商之间或旅游中间商之间的横向竞争。

（2）主体间关系相似

旅游营销渠道中的各成员在权责的约束下开展分工协作。然而由于渠道成员利益与渠道整体利益有时存在一定的冲突，因此各成员盲目追求自身利益的最大化会对营销效果施加负面影响。出于趋利避害的考虑，渠道成员希望通过博弈带动渠道内部的良性互动和协作，并对权力均衡发挥积极作用，他们也因此而争取包括奖励、强制、专家知识、声誉等在内的权利。旅游营销模式也与之类似，旅游生产商的利益导向使得他们为了在同其他生产商竞争的过程中获取优势，会通过和旅游中间商达成契约来限制他们销售其他景区的旅游产品；在旅游中间商实力提升、拥有更多话语权之后，他们为了进一步扩大自身利益，会增加权利的获取以逐步减少旅游生产商对他们的制约。

（3）分类相对应

首先，旅游营销渠道的类型是根据区域分布和市场特点的差异来进行选择的，既可能是单一的，又可能是复合的，或者是多种模式共存的形式；同样，旅游营销模式也有单一型、复合型以及几种渠道类型的组合。其次，二者在具体的类型上有着较高的一致性。

二者的区别有以下几点。

（1）内容不同

旅游营销模式和旅游营销渠道模式二者的内容有相同的地方，区别是前者涵盖的内容更宽泛，而后者是一个相对狭义的概念。旅游营销渠道模式重点研究渠道成员的权责利分配，以及旅游生产商选择什么样的旅游中间商、以何种方式分销产品。旅游营销模式除了包括旅游营销渠道模式的内容之外，还将营销理念、技术、服务、企业文化、产业政策、制度环境等纳入研究范畴。

（2）生产商的地位不同

旅游营销渠道模式中的旅游生产商在选择渠道时支配权较大，很少受到旅游中间商和游客的约束。他们一般结合景区经营战略、产品特性、目标市场特点、渠道覆盖范围等情况来进行渠道的选择和调整。而旅游营销模式中的旅游生产商虽然仍居主导地位，但他们的渠道选择权难免会受到其他因素的影响，比如与旅游中间商和旅游者的博弈、产业的发展、相关的法律法规、各种技术特别是信息技术的应用等。

（3）稳定性不同

渠道的覆盖范围和组成成员的谈判水平、旅游者决策的改变，都有可能影响旅游营销渠道。所以景区很有必要根据具体情况的变化对渠道进行调整或重新设计，且旅游营销渠道的变化不一定导致旅游营销模式随之变化。与之相反，旅游营销模式形成之后在相当长的时期内能保持相对稳定，在一定条件下会有所调整，但本质不变，且它的变化会导致旅游营销渠道发生变化。

6.1.2 现有旅游营销模式的分类

根据上文对旅游营销模式的界定以及我国旅游营销的发展现状，本研究对各种繁杂的旅游营销模式进行总结，并做以下分类。

6.1.2.1 公共关系营销模式

该营销模式以公共关系营销为核心，主要表现为景区或景点通过策划重大活动或借用重大事件的影响力等手段，激发旅游者的消费热情和购买欲望，最终目的是增加景区的知名度和美誉度，从而使景区及其旅游产品的形象深入人心。公关营销模式可进一步细分为三类：事件营销、影视剧推广和专题活动营销。

（1）事件营销

事件营销就是通过制造具有新闻价值的事件及具体的操作，让该事件得以传播，从而达到广告的效果。事件营销因其具有受众面广、突发性强，信息传播速度快、效果优，以及节省宣传费用等特点，逐渐成为近年来国内外流行的一种公关传播与市场推广手段。它集新闻效应、广告效应、公共关系、客户关系和形象传播于一体，有利于新产品推介和为品牌展示创造机会，从而建立品牌识别和品牌定位。2011年11月21日，中国最具影响力的旅游营销事件评选中，大型生态网络游戏"绿动全球"带动广东旅游、"好客山东品牌营销"、"长三角世博主题体验之旅"、"成都借电影《功夫熊猫》传播城市形象"、"《富春山居图》合璧引发的旅游主题营销"等经典案例获得了10大旅游营销事件奖。这些案例精彩纷呈，充分展示了近年来中国旅游事件营销策略和手段的多样性。

（2）影视剧推广

不少景区加强与热播影视剧的关联并进行推广，使受众在文化认同的同时认可自己的品牌，进而带动旅游者对某些景点或旅游产品的热捧。这方面比较有代表性的有2010年的卖座电影《非诚勿扰2》和2012年的国产电影票房冠军《泰囧》。前者成功推广了三亚的新兴景点热带天堂森林公园、石梅湾、"过江龙"铁索桥以及"面朝大海，春暖花开"的艾美酒店等电影中的重要场景，后者引发了中国游客在2013年年初赴泰国北部古城清迈的出游热潮，在2014年年初的旅游高峰期，前往清迈的游客比去年同期上涨了5倍。通过这些分析我们不难发现，游客对于景区的好评很多时候与他们熟知的某部影视剧直接相关，因为他们观看电视或电影时会接受景区传递的信息，足见景区通过影视营销所打造的核心优势已经得到了广大游客的认同。

（3）专题活动营销

所谓专题活动营销，是指景区为了某一明确目的，围绕某一特定主题而精心策划的活动。专题活动通常围绕景区展开，在景区内进行，具有种类丰富、涉及面广、容易引起媒体重视等特点。如黄山风景区2013年开展"阳春三月，聚'惠'黄山"主题营销活动，分为"妇女节半价游黄山""乘高铁半价游黄山"和"领年卡全年免费游黄山"三个活动。

6.1.2.2 渠道分类模式

按营销渠道进行分类，旅游营销模式可分为景区直销模式和分销服务商营销模式。

（1）景区直销模式

景区直销模式是指景区不借助任何中间商、不经过任何中间环节，直接把旅游产品和服务销售给旅游者。景区直销的执行主体，可能是景区的市场营销部门，也可能是景区控股或参股、具有独立法人资格的旅游公司。景区直销的方式，有直接设立售票点、上门推销、邮寄促销、电话销售、网络销售、会议推广以及设立驻外办事处等。

景区选择直接销售渠道，由于避开了中间商，可以降低成本，在价格上赢得竞争优势；同时，也有利于景区及时了解和掌握旅游者对其产品的购买态度和其他相关市场需求信息，并根据市场需求改进营销组合以适应目标市场需要，方便控制旅游产品的质量和信誉。电话预订和网络销售渠道更是由于突破了出售旅游产品的时空限制，成为营销渠道的新宠。一般而言，景区直销模式适用于接待量有限、产品能重复消费、距离目标市场较近且潜在客户集中在特定区域的中小型景区。

（2）分销服务商营销模式

分销服务商营销模式指景区借助中间商将其产品和服务销售给旅游者，根据契约规定，旅游经销商、代理商和专业机构成为该模式的执行主体。按中间环节的多少，该模式又可分为一级渠道、二级渠道、三级渠道等类型。其中，有两个或两个以上中介机构的营销渠道统称为多级营销渠道。一级营销渠道模式直观表现为：景区—旅游零售商—旅游者，景区请饭店、旅行社代理销售门票就属于这种形式。二级营销渠道模式的直观表现是：景区—旅游批发商—旅游零售商—旅游者，在这种模式下，景区将其产品以大批量预订的形式卖给旅游批发商，旅游批发商设计出包价旅游线路，再以批量形式卖给旅游零售商，最终将旅游产品卖给旅游者。三级营销渠道模式是在二级渠道基础上加上旅游总代理，这是环节最多、流程最长的渠道，也是我国国际旅游市场营销中广泛采用的一种模式。

6.1.2.3 区域分类模式

（1）联合协作营销模式

联合协作营销模式的实质是将旅游目的地作为一个整体进行营销，联合协作的全过程需要旅游景区、旅游企业、旅游目的地政府和部门等相关主体的参与。目前景区营销的联盟形式主要有：景区与景区联盟、景区与旅行社联盟、景区与餐饮业联盟等。

（2）客源地营销模式

旅游客源地是指具有一定人口规模和社会经济能力，能够向旅游目的地提供一定数量旅游者的地区或国家。在客源地营销模式的具体实践上，营销组合策略的制定要以市场调查和目标市场战略为基础并结合客源地的实际情况，营销活动的开展重心应置于游客集中的区域，此外，景区还需要在客源地进行促销活动、广告宣传以及完善分销渠道。

6.1.2.4 现代营销模式

现代营销模式是利用新科技或新观念进行营销的方式，具体包括体验营销、定制式营销、文化营销、品牌营销等模式。

（1）体验营销模式

体验营销是指在旅游营销活动的过程中，发挥感性信息的作用，通过影响旅游者的直觉、情绪和认知，以有形体验与旅游者互动，从而影响游客的决策行为的营销方式。简单而言，体验营销为旅游者创造价值的基础是提供身体和心理的体验。在体验经济环境下，旅游者的收入增加导致购买力提高，与以前相比对价格不那么敏感，更偏好给予他们体验享受的旅游产品，他们也顺理成章地接受了这些产品的高价格。这里把体验营销与其他模式共同归入现代营销模式，是因为目前国内景区大多把体验营销当作产品策略应用于旅游产品设计和景区配套服务。

目前体验营销在主题公园、大型游乐园、影视基地和有特色的自然风景区运用较多，目标顾客多为中高收入旅游者。随着互联网技术的飞速发展，网络影响力的增强，景区营销对网络技术的使用也日益重视，以网络途径扩大市场已成为主流趋势。

（2）定制式旅游营销模式

定制式旅游营销模式是指把每一位旅游者视作独立的、潜在的旅游细分市场，按照各个旅游者的不同需求和偏好，为他们量身打造专属的旅游营销方式。探险旅游就是比较有代表性的定制式旅游模式，例如激流探险、海底探险、登山运动等都属于这类探险旅游。由于探险旅游有一定的危险性，这就要求景区和旅游企业根据游客的探险知识水平、身体条件以及心理状况来设计有特色和有针对性的探险旅游项目。

（3）文化旅游营销模式

文化旅游营销模式通过自然景观和人文景观的结合，从景区切入或依托媒体手段进行推广，宣传景区的卖点，从而增进旅游者对景区的了解，帮助他们获得更多关于景区的文化内涵和历史知识。具体实践上多表现为景区将自身特色与神话、民间传说、历史古迹、民俗风情、革命遗址等联系起来，开展主题文化旅游活动，如举办泼水节、恐龙展览、参观纪念碑进行爱国主义教育宣传等。

（4）品牌旅游营销模式

品牌旅游营销模式，即打造旅游目的地的特色品牌。比如，生态旅游品牌的构建主要分为两种，一是景区的品牌绿色营销，包括对生态旅游理念和绿色消费观念的倡导和宣传、对景区设施设备的建设和服务水平宣传以及对相关旅游产品的设计开发的宣传等；二是行为绿色营销，景区通过推行旅游业从业人员服务行为绿色化，加强环境保护，维持生态平衡。

综上所述，我国目前的旅游营销基本是以景区为主导。本研究通过对营销模式理论的深入探讨，结合旅游业的发展现状，对目前主要的旅游营销模式进行了归类和分析。随着经济社会环境的发展变化，旅游市场规模的扩大以及旅游者价值诉求的多样化，旅游营销模式也不可能是一成不变的。因此我们可以认为，旅游营销模式是受到旅游行业环境和旅游者影响的、宏观因素与微观因素的耦合。

6.2　基于价值让渡系统的低碳旅游景区营销模式

发展低碳旅游形势下的旅游营销摆脱传统的 4P 组合，转向重视游客的旅游体验及价值感受，这是对现代营销理念的革命性突破。在传统的商品和服务经济时代，企业与客户之间的营销关系，集中体现在产品种类、质量高低和市场区位、价格高低等方面的差异；而在新的体验经济时代，商业形态的选择和竞争出现了新的内涵，反映在市场营销上就是：更加重视顾客在营销过程中的感受和体验。由于游客对低碳旅游的感受和体验具有个性化、多样性等特点，因此，低碳旅游景区营销就要从不同的角度去识别并预见当前正在发生的变化，通过调整经营策略和营销方式去适应这种变化，才能获得强劲的吸引力和持续的竞争力，而不是简单地通过涨价增加收入或降价吸引游客。

6.2.1 模式定义

基于价值让渡系统的低碳旅游景区营销模式是从旅游业的价值让渡系统视角出发，以景区为营销主体，以低碳旅游产品为价值传递媒介，以景区整体营销战略为基础，以游客让渡价值最大化为目标，综合运用各种营销策略组合而构建起来的系统工程，如图6.2所示。对比价值让渡系统的概念可以明显地看出，该模式涵盖了旅游价值让渡系统中的价值创造、价值增值、价值交付和价值协同的各个环节。

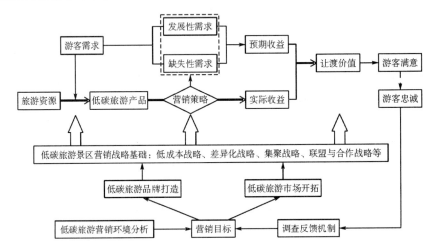

图6.2 基于价值让渡系统的低碳旅游景区营销模式

与一般的旅游营销模式不同，在本研究提出的这种营销模式中，景区除将旅游组织与旅游企业等作为竞争者外，更多的是将他们置于合作者的位置，通过低碳旅游景区形象的打造、低碳旅游产品的开发、低碳旅游市场的开拓等手段，来制定低碳旅游景区的营销战略，并灵活运用景区的竞争优势与竞争战略对营销组合策略进行整合。如图6.2所示，任何一个低碳旅游景区营销想要取得成功，必须将相关的旅游组织和旅游企业纳入营销战略的总体规划内，将整体的营销战略的制定、实施、控制等看成一个完整的、系统的过程来加以管理，以提高这一过程的有效性和效率。低碳旅游景区营销战略的制定，必须以旅游景区所处的竞争环境为基础，寻找低碳旅游景区的优势、劣势和潜在的市场机会，同时将几方主体作为相互合作的整体，确定旅游景区在竞争环境下的营销目标。在打造低碳旅游景区的形象、设计低碳旅游产品方面，景区在进行战略选择时应当以提高低碳旅游景区营销优势为核心，根据景区的实际情况来选择低成本战略、差异化战略、集聚战略或联盟与合作战略。继而在营销战略思想指导下，对低碳旅游景区传统的4P策略（产品、价格、分销、促销）进行整合，使景区实现营销目标。与此同时，景区还要遵循动态营销的原则，通过定期进行的旅游营销环境分析和游客满意度与忠诚度追踪调研，搜集各方面的反馈信息，掌握低碳旅游景区内外部环境的变化情况，分析机遇与威胁及其影响程度和应对办法，并据此对营销战略进行调整。

6.2.2 模式内容分析

通过上述关于基于价值让渡系统的低碳旅游景区营销模式的定义，本研究认为，完整的低碳旅游景区营销模式由以下要素构成：低碳旅游营销模式是对旅游营销渠道模式的深化和发展；低碳旅游营销模式是低碳理念、营销思想、营销组织和营销技术的高度融合；低碳旅游营销模式是低碳旅游产品在渠道领域的一种流通机制；低碳旅游营销模式是对企业价值链、渠道价值链和顾客价值链的有机整合。下面对这四方面的内容进行详细阐释。

（1）低碳旅游营销模式是对旅游营销渠道模式的深化和发展

低碳旅游营销模式涵盖了旅游营销渠道模式的内容，是后者发展到一定阶段的产物。随着市场经济的完善和低碳旅游的发展，旅游者的需求呈现出多样化特征，低碳旅游营销模式不仅包括旅游生产商选择中间商和分销路径的内容，而且在对渠道模式的内涵和外延都进行拓展之后，得以进一步深化。低碳旅游营销模式的内容如图6.3所示。

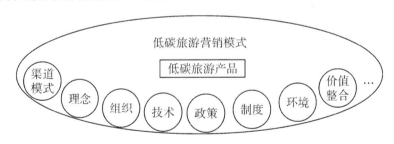

图6.3 低碳旅游营销模式的内容

（2）低碳旅游营销模式是低碳理念、营销思想、营销组织和营销技术的高度融合

低碳旅游营销模式有着所有模式的共同特性，作为多个要素构成的有机整体，它是低碳理念、营销思想、营销组织和营销技术的高度融合，且这四个组成部分紧密联系、相互作用，共同影响着低碳旅游营销模式的发展。因此我们

不能从单一要素出发来评价低碳旅游营销模式的合理性，更不能将市场组织形式的更新或促销推广方式的改变等同于低碳旅游营销模式的变化。构建和发展低碳旅游营销模式，要从低碳理念、营销思想、营销组织和营销技术的角度进行全面考量，从而确保低碳旅游营销模式的完整性和科学性。低碳旅游营销模式的层次模型如图6.4所示。

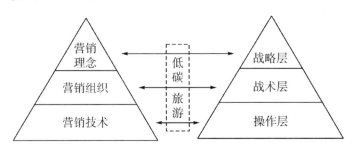

图 6.4　低碳旅游营销模式的层次模型

（3）低碳旅游营销模式是低碳旅游产品在渠道领域的一种流通机制

低碳旅游营销模式的直接表现是低碳旅游产品在营销渠道内，于景区、旅游中间商以及游客之间的流动和传递。这种流通机制与景区、旅游中间商和游客等要素构成的系统相对应，多方主体需要遵循一定的规则来开展活动，在这一过程中，各主体的权责利的分配和在系统中所处的地位也通过主体间的互动博弈逐步确立。简而言之，低碳旅游营销模式是多方主体实力对比的结果，它也一定程度上反映了景区对外部环境变化的应对。低碳旅游营销模式的产业环境构成如图6.5所示。

（4）低碳旅游营销模式是对企业价值链、渠道价值链、顾客价值链的有机整合

从价值链的维度来看，低碳旅游营销模式是价值创造、价值增值、价值交付和价值协同的统一体，它以满足游客需求为核心，在价值转移和传递的全程中将景区、旅游中间商和游客容纳在一起，通过整合企业价值链、渠道价值链、顾客价值链来实现共赢的目标。低碳旅游营销模式的价值周期模型很好地说明了三者的有机整合，如图6.6所示。低碳旅游营销模式依托整个旅游价值链，在旅游价值链和企业价值链中创造价值，在渠道价值链中实现价值增值，通过顾客价值链完成价值交付，最后在多条价值链统一的整体过程中兼顾景区、旅游中间商和游客三方的价值协同。

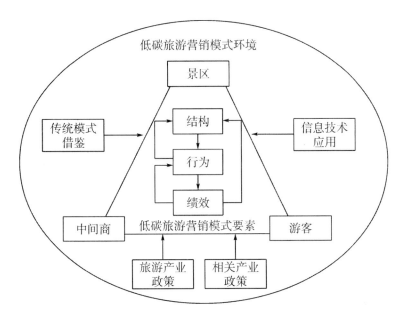

图 6.5 低碳旅游营销模式的产业环境

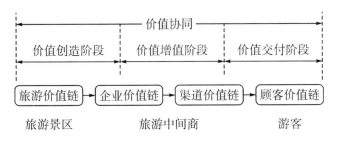

图 6.6 低碳旅游营销模式的价值周期模型

6.2.3 营销层次分析

低碳旅游景区营销涵盖基础层次即吸引力要素、主体层次即促销机制、支持层次即政府职能三个层次内容。景区通过对低碳旅游景区营销的层次性分析，可以为具体营销模式的实施与创新提供依据。

6.2.3.1 吸引力要素

低碳旅游景区的吸引力构成主要包括景区低碳吸引物、景区服务水平、景区旅游文化、景区环境质量和综合要素等。景区只有对这些要素进行整合和优化，才能确保在实践中实现良好的低碳旅游营销效果。而低碳旅游景区吸引力要素的整合要通过开发和设计涵盖低碳旅游景区吸引力要素的旅游产品来实现，并在这个过程中达到经济效益、社会效益和环境效益的高度统一。因此这一要素整合过程需各因素综合作用，而非分别进行，这样才能使吸引力综合要素很好地表现景区低碳旅游营销力。

整合景区吸引力要素首先需从景区旅游产品整体出发，对景区核心产品、企业相关产品和行业相关产品进行整合，这是景区营销的基础。其中，景区吸引物即为核心产品，目前景区吸引物呈现出类型单一、重复性高和参与性差等特点，要改变这种现状需对其特征及其他产品相关情况进行深入细致分析。其次，整合景区相关旅游企业产品，一方面需面向不同的营销市场研究有针对性的旅游产品链，另一方面还要整合相关的营销服务。最后，整合景区的特色文化、地区社会环境等是整合旅游行业产品的主要内容，这要求景区针对游客的不同需求，将企业产品和行业产品整合进行融合，从而构成表现景区特色的旅游产品综合体。图 6.7 为旅游景区吸引力要素整合示意图。

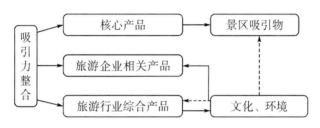

图 6.7　旅游景区吸引力整合层次

6.2.3.2　促销机制

促销机制是旅游景区营销的关键环节，它是在低碳景区旅游产品综合体整合完成的基础上对景区旅游营销的进一步提升。概括而言，景区促销机制涵盖如下内容。

（1）促销筹划机制

目前很多景区促销只是在书面理论或有限数据基础上提出的，并没有对市场进行实际调研和深入分析。这种没有针对性的营销策略既浪费了景区的人力、财力、物力，又达不到应有的效果，所以必须要建立有效的促销筹划机制。这是建立在对目标市场充分了解的基础上的，但因种种因素限制，很多市场调研和分析都浮于表面，没有深入细致分析。

景区建立促销筹划机制可从市场调查体系制定、促销活动策划、可行性分析、促销方案准备、促销活动实施等方面着手进行。其中各项工作较繁琐，且人力、资金等投入数额大，要想取得好的成效必须要统筹规划，分项落实，专人负责。对于要求比较高的市场调查工作如条件允许可外包给专业的市场调查公司，相关的各项准备工作可成立专门的营销部门或团队，由其成员协作进行。

（2）促销手段

随着科技的飞速发展，计算机及网络越来越普及，各种消费信息以更快的速度传递到顾客处。消费者的好奇心和求知欲随着科技发展越来越强，人们不满足于在网络上、书本上获取相关的知识，而是希望亲身到实地旅行，获得直接的体验，因此潜在的游客越来越多。所以，旅游景区要大力发展低碳旅游、促进旅游营销发展，将客源市场的促销工作放在重要位置。虽然科技含量越来越高的促销手段应用广泛，但要使其独树一帜，取得突出的营销效果，就需要采取与不同地区相配套、有针对性的措施，从而完善现有的促销手段并不断创新。例如旅游景区可以结合自身特点，制定可以让潜在旅游者直接参与的促销活动，如旅游大篷车等，游客在参与活动的过程中能获取旅游景区传递的旅游消息，并能满足一部分的旅游需求。

为保证促销活动的有效性、执行性，旅游景区需对其低碳旅游市场营销效果进行评估，这与其他行业的市场营销安排一致。但与一般企业不同的是，旅游景区促销效果的评估更难，因其促销活动涉及的主体更多，相互关系更复杂。为更好进行旅游景区促销效果评估，景区应当将其所在地政府纳入评估机构，并使其在评估工作中起主导作用。因为政府权威的保障，可以使景区在市场调研中获得的游客基本信息、消费数据、停留时间等更具准确性，从而指导旅游景区及时对旅游促销活动进行适当调整。

6.2.3.3 政府职能

由上节分析可以看出，旅游景区所在地政府是景区促销效果评估的主导方。而目前旅游营销理念多以政府、景区、旅游企业联动为主，其中政府占主导地位，然而在实际中这种模式很难实地应用。随着旅游业的飞速发展，政府越来越注重其宏观调控作用的发挥，不断履行其旅游发展综合服务的职责，具体营销工作筹划和实施逐渐由旅游行业组织承担。但实际上，在未来的很长一段时期内，各级旅游管理部门还要承担旅游景区营销宣传的工作，这是由于其大局观、高站位所决定的。只有相关旅游管理部门才能从整体旅游市场营销出发，总揽全局，统筹规划，避免营销受到单地区、单景区或单企业限制，从而打造区域整体旅游形象。

在具体的、以政府为主导的旅游市场营销活动中，经费是首要问题，政府可将各部门的营销经费统一规划，重点突出、步骤分明地进行客源市场的促销活动。其次，政府在进行旅游促销活动前，要重视前期市场宣传，包括在报纸、媒体、网络等重要媒介上进行广告宣传；同时，注意点面结合、突出局部与整体相结合，对旅游市场营销目标区域进行科学分区，并进行有针对性的促销活动。最后，政府应考虑低碳旅游景区及所在地域特色，打造特色主题景区，使其针对性促销真正有吸引力。景区可以通过进一步深入研究、设计开发旅游产品，使景区给予旅游者的整体新鲜感能够得到保持。

6.3　模式应用分析

旅游景区要在激烈的市场环境中保持竞争优势，增加自身吸引力，提高旅游市场的占有份额，就必须要将景区营销放在重要的位置。任何一个旅游景区的营销要取得成功，都必须对景区的营销战略和策略的制定、执行和控制进行系统和有效的管理，以确保目标的实现。上面 6.2 节中对低碳旅游景区营销的层次分析，确定了低碳旅游景区营销模式实施的基本方向，相对应于各层次，本研究在这里对该模式的具体应用进行探讨，包括营销战略的制定，营销策略的整合以及模式的具体实现形式。

6.3.1　营销战略的制定

低碳旅游景区营销战略的制定必须以其所处的市场环境为基础，确定营销目标，与此同时还应当遵循营销动态的原则，对旅游者的满意度和忠诚度、潜在旅游者的了解度进行定期调研，密切关注景区竞争对手的反应与竞争环境的变化，并根据景区内外部环境的改变，对营销战略进行调整。

（1）制定低碳景区差异化形象营销战略

现有低碳景区形象战略上的特点是，低碳景区的形象定位与策划有助于旅游者了解低碳景区和一般景区的差异，是使低碳景区的形象得以推广并获取游客认可的关键。而打造景区低碳旅游的独特形象和文化氛围是低碳景区形象战略的支撑点，因此，低碳景区差异化形象营销战略的制定势在必行。该战略突出了低碳景区与旅游者之间的相互作用和关系，强调景区应当通过向旅游者展示别具一格的低碳形象，增强自身吸引力，进而形成低碳景区的形象价值。这就要求低碳景区在形象的定位与口号设计、对低碳景区的包装以及对低碳景区标志物的设计环节，都要凸显低碳景区独树一帜的魅力，特别是与同类型的旅游目的地形象相比，要具备较高的辨识度，并且所采用的低碳景区形象广告设计与广告载体、低碳景区形象传播的公共关系活动也都应该注重差异性。2012

年9月，我国有19个旅游景区被评为全国首批低碳旅游示范区，其中，古淮河文化生态景区是江苏省最大的婚庆产业园，区内拥有当时国内最大的主题性菜系文化博物馆——淮扬菜文化博物馆，因此该生态景区是旅游者领略体验水文化、淮扬菜文化、独特的婚俗文化、戏剧文化、名人文化的首选低碳目的地，不难看出，由两"最"延伸而来的江苏古淮河文化生态景区形象的推广就是低碳景区对差异化形象营销战略的践行。

（2）制定低碳旅游产品开发的营销战略

①低碳旅游景区名牌战略

低碳旅游产品是低碳景区旅游营销的核心吸引力，景区品牌战略是景区产品开发的主要反映。低碳旅游景区需综合景区文化、人力资源、财力等因素，深入开发景区旅游资源，使旅游产品的设计开发起点、品味都更上一层楼，使其内容更丰富、特色更显著、品质更优良、综合竞争力更强，从而推进高水平低碳景区的创建，打造低碳旅游景区品牌。

四川省宜宾市蜀南竹海风景名胜区始终把保护生态资源作为工作重点，采取各项措施保护环境，取得了资源保护与经济效益双丰收成效。在2012年四川省风景名胜区最美景点评选中，观云台——百龟拜寿荣获"四川省最美景点"称号，蜀南竹海"中国绿"品牌获得经济时报评选的"中国绿色低碳旅游最具发展竞争力第一品牌"称号。

②低碳旅游产品差异化战略

假如旅游景区在产品创新开发和组合应变上能力很强，且其市场营销的目标客源明确，营销活动组织安排有序有效，同时，景区的经济实力很强，那么景区可以采取差异化战略，使其产品品种、品质、价格等与同类旅游景区有明显区别；此外，旅游景区还可以采取一定的科技手段使旅游产品的购买更方便快捷，从而使低碳景区旅游产品因其独特性和优势性胜过同类景区，使竞争者在一定时期内很难替代，进而创造出更高的游客满意度、忠诚度，让旅游者更愿意多次来景区旅游并向周围人群进行宣传。这样，旅游景区就能在激烈的市场竞争环境中立于不败之地。

比如现在国内大量山川、自然风景名胜区，因其有一定的同质性，所以彼此间的竞争相当激烈。所以，旅游景区应联合政府及旅游组织和企业，制定低碳旅游产品差异化战略，设计、开发或组织与其他旅游景区有所区别的特色低碳产品。对于交通便利的景区，其应该将旅游产品的开发重心转移到产品的舒适性上，比如广西桂林、云南昆明等景区；对于有一定海拔、游客运动强度大的景区，其应该注重旅游产品的休闲锻炼功能，同时开发生态旅游产品对环境进行保护，比如四川九寨沟、山东泰山、安徽黄山等自然风景名胜区。其中，九寨沟景区已通过修建徒步旅游栈道，在差异化的低碳旅游产品开发战略方面进行了尝试。

③低成本高效益营销战略

这里的成本指旅游产品的设计开发和营销成本，效益是指低碳旅游景区在经济、社会、生态等方面的综合效益。当低碳旅游景区提供的产品或服务与同类型的景区相同或类似时，旅游景区就需要采取措施降低成本，亦即低成本战略。低成本战略实施的手段包括合理地组合旅游产品，发展规模经济，合理制定产品价格。当价格低于同类旅游产品或服务时，低碳旅游景区就能在竞争中取得优势，保证其营销的利润水平。而低成本战略重在持久，低碳旅游景区必须长期将低成本战略摆在重要位置。

基于旅游资源、基础配套及住宿交通等方面的优势，低碳旅游景区实行低成本战略可以吸引尽可能多的游客，极大地促进景区经济效益；使旅游景区产品在销售上保持较快的增长速度，市场占有率也越来越高，对低碳旅游景区的服务管理水平和成本控制能力提升有很大的帮助作用；除了提高旅游景区的经济效益外，对景区社会效益和生态效益也有很大的促进作用。例如，旅游景区通过对景点所在地的建设，包括园艺、道路美化，公园、广场建设，休闲娱乐中心修建等一系列举措，使景点所在地与旅游景区相互辉映。这样也有助于地区综合品牌形象打造，提高游客停留时间，并使地区综合效益增加。

④低碳旅游产品集聚营销战略

除了充分利用资源设计开发旅游产品外，低碳旅游景区还可以实施低碳旅游产品集聚营销战略，即针对特定目标客源市场、特殊低碳旅游产品进行营销。这需要将旅游客源市场进行细分，选定适合营销战略的目标市场，适时调整其营销战略使其有效服务指定客源市场，或在目标市场实施低成本战略，或实行差异化战略，抑或选择其他营销战略。低碳旅游景区通过市场细分、专项服务，获得营销成功。所以，低碳旅游景区如要实施产品集聚营销战略，必须要拥有或能够开发出适合目标市场的特殊产品，并保持稳定，从而保持该旅游景区在目标市场的吸引力恒定。

我国低碳旅游示范区之一的安徽黄山风景区分别于 2012 年 2 月开展"沐春风—安徽人游黄山"特惠周活动，2012 年 9 月开展"金秋九月、惠风和畅—安徽人游黄山"酬宾周活动，2013 年 1 月开展"喜迎春节—黄山人游黄山"活动，有针对性地对目标市场进行优惠酬宾等主题周销售活动，目的就是针对景区所在地本地人这一特定的旅游市场，研究服务于他们的旅游产品。

（3）通过战略联盟扩大旅游市场的开拓战略

世界经济飞速发展，世界范围内的资本、人力、劳务、信息等生产要素的整合规模越来越大，各国除了竞争关系，彼此间的纵深合作越来越多，景区营销战略联盟应运而生。各低碳旅游景区通过战略联盟，使其各自营销利益达到最大，进而更好地采取合适的营销策略来提升旅游者满意度和忠诚度。

为整合旅游资源，形成竞争合力，2012 年重庆市长寿区旅游局组建长寿七大核心景区战略联盟，打造"长寿古镇文化旅游景区—菩提山风景区—长寿湖风景区—三洞沟、三道拐城市大峡谷风景区—十里钢城景区—沙田柚种植园景区—彝人古镇文化旅游景区"七大核心景区的旅游黄金线路，丰富长江中上游的旅游业态，与忠县石宝寨、梁平双桂堂、万州大瀑布、云阳张飞庙、奉节天坑地缝、巫山红叶等旅游资源，玉带串珠，连点成线，构筑亮点纷呈的差异化旅游路线，以战略联盟的形式，抱团参与旅游业市场竞争，共同提速长寿"旅游休闲胜地"建设。这给低碳旅游景区联盟提供了很好的借鉴。

（4）旅游企业之间的纵向与横向合作营销战略

旅游企业为了抓住市场机遇，获取更高营销利润，实现旅游营销战略的目标，结成战略联盟，进行旅游资源或项目的共同合作开发。这种战略联盟分为水平战略联盟、垂直战略联盟和混合联盟或跨行业联合大企业协议。战略联盟各方主体通过资源共享、优势互补，建立核心营销系统，共谋发展。相比之下，战略联盟还有成本、风险规避、差异性、产品资源集成以及共享公共关系等方面的优势。

2012 年 7 月 24 日，国内 10 余家领先旅游业企业在京联合发表《中国旅游诚信服务宣言》，宣告中国旅游诚信服务联盟正式成立，该联盟陆续开展了一系列诚信服务活动，如发布"旅游企业诚信服务报告"、制定"旅游供应商诚信标准"等。此外，2000 年日本最大的旅行商与美国最大的旅行社结成战略性联盟，引领大型旅游企业间进行国际联盟，证明了激烈竞争下国际旅游企业战略联盟的重要意义。

依托日渐成熟的网络营销，建立低碳旅游度假区的交换系统已经不是空谈。交换系统建立后，度假区即可加强与代理商及其他企业的合作营销。同时，度假区可与风景名胜区和旅游城市进行水平联盟，充分利用区域资源，打造低碳旅游度假。如黑龙江伊春梅花河山庄旅游度假村，作为集野生动物园、高科技园林苗木基地、百菜园、垂钓园、大森林氧吧于一体的国家级低碳旅游示范景区之一，就是凭借位于市中心区与梅花山滑雪场之间的优越地理位置，以及和旅游中间商的高效协同营销，在较短的时间内取得了快速的发展。

6.3.2 营销策略的整合

营销战略制定后，低碳旅游景区还要制定正确的营销策略（4P策略，包括产品、价格、渠道、促销四方面），并进行适当的整合，从而推进景区整体营销目标的实现。作为营销战略的职能层，营销策略是低碳旅游景区营销战略的重要组成部分，受到总体战略影响。低碳旅游景区应准确进行市场定位，针对市场具体需求，考虑市场营销中的各种影响因素，进行4P营销策略整合，发挥营销策略的总体作用。

（1）制定适应环境的低碳旅游产品策略

低碳旅游景区要明确自身的核心竞争力，基于景区特色旅游资源，设计开发出潜力无限的低碳旅游产品，在同行业的竞争中保证竞争优势，其中包括制定具有"集客力"的滚动式旅游产品项目开发策略。低碳旅游景区为提升吸引力，不断开发新产品，给旅游者带来持续的消费满意，即为滚动式产品策略。它包括创新型产品、换代型产品、改进型产品。低碳旅游景区必须时刻关注最新的市场信息，结合自身特点，不断发展新产品。在此过程中，低碳旅游景区不仅要开发自身景区，推出主题独特的旅游产品，还要横向和纵向并行发展。

低碳旅游景区需对市场环境和资源变动进行预判，提供多种可供选择的低碳旅游产品，并组合形成整体性强、竞争力高的旅游产品。适时注意新产品的设计增加以及衰退产品的淘汰，低碳旅游景区才有可能获得利润最大的旅游产品组合。同时，低碳旅游景区必须注意保持产品质量的稳定性，创立名牌产品和拳头产品，通过不断提升质量来扩大知名度。

（2）制定灵活多样的定价策略

低碳旅游景区的定价策略要和它的产品策略保持一致，还要结合低碳旅游市场的实际需求情况，制定合理的、灵活多样的、具有竞争力的定价策略。低碳旅游景区要在发展新顾客和维持原有顾客关系的原则下采用灵活的定价策略，针对部分旅游产品进行适时降价，如对包机、包船旅游给予价格优惠。一些景区则对品牌旅游产品、特色旅游产品、稀缺旅游产品以及生态旅游产品等制定高价销售策略。如黄山、华山、九寨沟等低碳旅游风景区，因其对生态环境保护的要求高，而环境保护是需要补偿的，所以景区不得不接受由于碳减排而额外增加的支出，并将其量化到低碳产品价格的组成部分中，因此这些景区可以考虑采取对旅游者限量进入和提高旅游产品价格的策略。低碳产品的定价也受到目标市场、产品生命周期变化、政策变化和其他变化因素的影响。企业可考虑在不同阶段适时地调整价格策略，采用折扣定价、分段定价、地理定价、政策定价等方式，确保市场的稳定性。

（3）选择具有竞争能力的营销渠道

旅游营销渠道的起点是景区，中间环节是各种旅游代理商、批发商、零售商、其他中介组织和个人，终点是旅游者。低碳旅游景区应当在市场调查和综合权衡比较的基础上，确立自身的营销渠道目标并制定有效的渠道策略，选择实力雄厚、口碑良好以及经验丰富的旅游中间商，以先进的技术手段和现代化网络保证低碳景区旅游产品的多渠道销售，通过优异、高效的管理水平和服务体验使游客满意度与忠诚度得到保障，与此同时适当构建起销售激励机制，激发旅游中间商的积极性和主动性。

（4）广泛利用低碳景区促销手段

低碳景区具有竞争力的促销策略重点是宣传、树立低碳景区和旅游企业的形象，打造低碳景区和旅游企业的口碑效应，以及进行低碳景区、旅游企业、旅游产品的品牌建设，从而增强低碳景区、旅游企业及相关旅游产品对实际游客和潜在游客的吸引力，具体的促销策略主要有以下四个方面：一是开展丰富的旅游主题活动，把节事活动等文化资源作为载体，以多样化的广告促销方式为辅助，宣传低碳旅游景区形象和低碳旅游产品。二是加大低碳景区促销投入力度，整合多种渠道筹集促销费用，比如政府部门、各类旅游组织、民营企业等，这是低碳景区以及相关旅游企业在激烈的竞争中促销成功的关键。三是加强国家政府部门参与低碳景区促销的力度。政府可将低碳景区纳入国家低碳旅游促销计划，进行全国和全世界范围内的广泛宣传与促销，迅速提高低碳景区在国内和国际上的知名度。如 2002 年，由自治区政府领导带队的广西旅游经贸大篷车，有 800 余名参与者在 20 天内跨越我国 9 个省份 13 座城市，历经 12 500 千米，吸引了 200 余家新闻媒体采访报道，发放各种宣传资料 35 万份，最后签订旅游经贸合同 340 份，接团人数超过 10 万人次，实现了促销目标。旅游大篷车作为目前比较成功易行的客源市场促销方式，在操作层面上对我国的低碳景区促销策略的运用有一定的借鉴和参考意义。四是结合低碳景区、旅游企业、低碳旅游产品的实际情况，综合地、有选择地、有侧重点地运用广告、人员推销、营业推广、公共关系营销等多种促销手段和方式。

6.3.3 模式的具体实现形式

（1）政府主导模式

低碳旅游景区营销活动开展的全过程，需要政府部门的介入，并通过相应的规则来制约各方主体的行为，营造出协商一致、协同合作、有序的系统氛围。此处政府主导型模式是指根据景区的实际情况，发挥政府在资源配置上的主导作用，而不是仅依靠客源市场和景区市场，从而取得更好的整体营销结果。政府主导可以打破地区行政区划的限制，从体制、管理层解决营销问题，形成旅游景区低碳可持续发展的长久动力。但这里的政府主导模式只是相对而言，它与市场主导的营销模式有所区别，并非指政府部门独断专行，或包办一切营销筹划、执行活动，而是依靠政府行政力量的权威性，使低碳旅游营销中的各种问题能够快速解决。所以可以说，政府主导模式在低碳旅游景区营销活动中一直存在，只是推行力度、作用领域会随旅游的发展而变化。

虽然政府主导模式有积极的一面，但也有消极的一面，它在低碳旅游景区市场营销中存在一系列潜在问题，比如政府人员旅游业经验不足、办事效率不高、主观工作意愿不强等。所以低碳旅游景区在营销发展过程中要引入其他主体，从而对政府主导模式的不足进行补充。

（2）政府、行业联动模式

低碳旅游景区营销系统是一个非常复杂的系统，其中涉及很多的主体，仅靠政府发挥作用还难以保证景区市场营销取得成功。政府和行业是景区营销系统中的两大利益方，这两大主体的联动可以带动旅游行业参与到营销中来。旅游行业的专业性，可以保证政府信息获取更准确，决断更有针对性，措施手段更有效，从而保证景区营销系统的整体运行良好。

旅游业行业大、市场大的特点决定了旅游行业的开放性，尽管目前相关行业组织发展还比较落后，但单纯依靠政府主导很难引导旅游业的发展方向。此外，旅游业的大行业特点也导致了旅游业对政府调控的依赖，旅游业发展的相关宏观决策，比如区域规划、建设布局等，均需政府进行调控。只有政府部门和旅游行业联动，才能更好地对市场营销行为进行规范，对营销系统中的复杂关系进行协调，从而促进整个低碳旅游景区营销系统和谐发展。

（3）政府启动、企业运作模式

随着旅游业的快速发展，相关旅游企业在旅游营销中的地位越来越重要，其在整个营销活动中发挥的作用也越来越大。因为旅游企业有其特有的独立性和自主性，作为营销系统中除政府、行业组织外的主体，受到越来越多的重视。这里提出的政府启动、企业运作模式是指这样一种低碳旅游景区营销运作模式，在此模式中，政府组织或牵头，旅游企业通过联合、缴纳税款等方式参与整体市场营销。

在政府启动、企业运作模式中，政府将一部分操作自主权下放给企业，旅游企业在营销中有更大的自主性，进而发挥更重要的作用。尽管现阶段景区形象营销和市场开发等工作主要由政府部门承担，但旅游企业在两者合作过程中，立足自身利益，谋求更好发展，对于政府部门在营销中操作难度较大的工程项目，旅游企业可以承担，从而分担政府在低碳旅游景区市场营销中的大量工作。

6.4　低碳保障体系

低碳旅游景区营销是一项系统的、关联性极强的工程，需要国家及地方的相关政策支持，这是低碳旅游景区市场营销的内在要求。低碳型旅游景区营销模式的研究是目前比较新的研究方向，而相应的，健全的政策、法制环境与合理的行业标准对于保障这种景区营销模式的顺利实施意义非凡。

6.4.1　相关政策体系

低碳旅游的相关政策体系主要由三方面构成：政府层面的低碳旅游政策体系、旅游企业层面的低碳旅游政策体系和社会公众层面的低碳旅游政策体系。每个体系中的具体条例都是为低碳旅游发展提供准则，并指导低碳旅游景区营销活动的。现实中，低碳旅游政策体系的全面建设亟待进一步完善。

6.4.1.1　政府层面

政府层面的低碳旅游政策体系的内容如图6.8所示，对该体系的建设应遵循五个基本原则。

（1）对相关法律法规的制定要密切结合低碳旅游的发展趋势，推进低碳经济和低碳旅游的立法程序，从而保证低碳旅游景区的建设顺利进行。要进一步加快制度法规的建立和完善进程，比如图6.8中的四个方面的法律法规。

（2）把握低碳旅游市场的发展要求，以投融资等经济政策为保障，约束相关主体的行为，并激励各利益方加强旅游景区的低碳化建设。

（3）通过合理的低碳旅游规划政策指导低碳旅游工作的展开，使旅游从业机构和个人做到有的放矢，清晰认识发展低碳旅游的目标和方向。

（4）修改旅游管理政策、制度中阻碍低碳旅游实践的条目，完善应对突发问题的实施细则。明确旅游行业各相关主体的工作职能，加强低碳旅游行业的规范化管理。

（5）发挥政府的低碳旅游教育职能，把低碳旅游的内涵、本质，以及对人类可持续发展的积极意义传达给旅游业的相关主体，在意识形态方面获得全面支持。

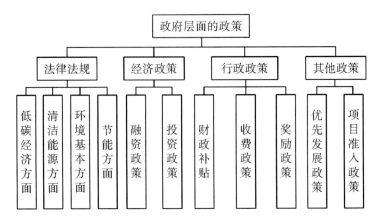

图 6.8　政府层面的低碳旅游政策体系

6.4.1.2　企业层面

旅游企业层面的低碳旅游政策体系的内容如图 6.9 所示，包括科技、环保、人力、旅游认证等几个方面。

（1）制定低碳旅游相关的各种科技政策，倡导旅游景区或企业自助研发或吸收引进低碳相关技术，比如碳捕捉与封存技术（CCS）、新型能源技术、节能减排技术、垃圾循环利用技术等。旅游景区与企业应突破区域局限，与发达国家和地区进行深入的技术合作，共享优秀资源，共同推进低碳技术发展，进而促进低碳旅游业及整个低碳经济的进程。

（2）在原有的环保工作基础上，继续完善相关政策体系和制度保障，探索旅游环境法规方面的可行性，加强环境污染税收，把低碳旅游景区与旅游企业的综合效益以及整体环境效益放在一起通盘考虑，引导旅游企业的低碳旅游实践活动丰富化。

（3）对低碳型旅游企业制定有针对性的、多方面的扶持政策，通过对其进行一定的支持从而保证其在旅游行业市场营销中的优势；对旅游企业在低碳旅游中的低碳活动予以一定的补偿，从而鼓励其进行低碳实践，进而促进低碳旅游业的发展。

（4）对旅游景区的低碳化发展程度进行评级，建立低碳景区认证制度，并强化低碳旅游产品和项目的审查机制，从而提高旅游企业进入低碳景区的要求，强制在企业中发展低碳旅游模式，推动旅游业可持续发展。

（5）建立旅游企业人力管理制度框架，加强工作人员低碳知识和技能的培训,提高他们保护环境、践行低碳的思想意识,构建低碳人才的培养机制。

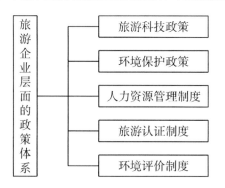

图 6.9   旅游企业层面的低碳旅游政策体系

6.4.1.3   社会层面

社会层面的低碳旅游政策体系建设如图 6.10 所示,包含低碳旅游参与政策、低碳旅游消费政策以及低碳旅游宣传政策三方面。

图 6.10   社会层面的低碳旅游政策体系

(1)为营造良好的低碳旅游社会环境,政府部门需要制定规范低碳旅游参与的相关政策。这些措施有利于引导全民低碳旅游参与行为,激发其积极创造性,营造良好社会氛围;通过吸纳社会各领域旅游者的意见和建议,发挥公众的监督创造作用。

(2)在良好的社会氛围中,有关低碳旅游宣传的政策制定对全民低碳认知改进有巨大的推动作用,有效的宣传教育对于广大旅游者的环保意识责任感的加强有重要意义。

(3)为倡导低碳旅游消费,低碳旅游消费政策的制定十分必要。这些政策可以通过对游客的低碳旅游实践活动进行奖励或补偿,从而鼓励旅游者在旅游过程中的活动及消费趋向低碳化。

除在政府、企业和社会层面制定各种政策外,旅游景区也应根据自身发展现状制定相应的政策体系,以保证景区低碳化营销的顺利进行。低碳型旅游景区的政策体系的内容包括监督管理政策、人力资源管理政策、低碳旅游宣传政策、景区低碳化维护政策、游客的约束—激励政策、景区低碳自检政策等。

6.4.1.4 行业标准

各种旅游行业协会是连接政府与旅游景区及旅游企业等的桥梁,相应行业标准的建立对规范旅游业低碳发展和促进低碳旅游景区营销都有很大的推动作用。根据现有行业标准,低碳旅游行业标准体系涵盖景区、饭店、交通、旅行社等几方面内容。

依托行业协会,建立行业标准,可从以下工作入手。

(1)确定旅游行业协会的工作目标,细化行业协会的职责。在低碳旅游发展大方向下,旅游行业协会的职能是通过创新管理、规范市场,为旅游景区和旅游企业营销创造良好的外部环境,帮助他们加快低碳化发展。

(2)统筹规划旅游行业协会。建立完善的管理制度和长效的"约束—激励"机制,一方面对旅游景区和旅游企业进行规范约束,另一方面通过公共机制对相应的低碳实践进行激励或惩罚,从而指导旅游业低碳发展。

(3)加强旅游行业从业人员培养,重视提高从业人员整体素质水平,以阶梯式比例进行培养,不断优化结构,形成一支低碳专业素质高、技术技能强的人才队伍。

6.4.2 政策保障措施

基于价值让渡系统的低碳旅游营销模式的运行涉及多方面主体的博弈、联动,以上各种层面的政策的落实也需要各种措施的保障。这里从组织领导体系、投入保障体系和社会环境体系三个方面制定促进低碳营销的保障措施:积极发挥政府宏观调控职能,引导和扶持低碳旅游项目建设;从资金、技术和人才多方面支持低碳旅游营销发展;进一步树立企业、公众和媒体的低碳旅游意识,从而营造有利的社会氛围。

6.4.2.1 政府职能

低碳旅游发展对政府提出了新要求。政府对低碳旅游的组织实施,需要把总体规划和具体指导相结合;通过确定地区的发展方向,合理协调各项建设的综合布局和全面安排,对区域进行总体规划,将旅游业低碳发展放在重要位置,并通过制定相关政策条例,引导各方为发展低碳旅游共同努力。

政府要把自身放在服务者的位置,为低碳旅游发展搭建平台,为公众树立低碳消费理念营造环境;同时,办好社会公共服务,推动低碳旅游顺利发展。从宣传教育、制度保障和监督机制等方面采取积极主动的措施,相互配合,不断增强政府的服务意识，转变政府服务理念，提高公共服务信息化水平。

为确保工作的组织实施对低碳旅游的发展行之有效，政府必须实施绩效考核。运用特定的标准和指标，采取科学的方法，对服务低碳旅游发展的政府各级管理人员及相关企业完成指定任务的工作实绩和由此带来的诸多效果做出价值判断。绩效考核就是对政府部门与人员完成目标情况的考评，其应作为奖惩的依据。

6.4.2.2　资金保障

发展低碳旅游，资金投入是基础。政府应把低碳旅游发展资金列入预算，建立以政府投入为引导，企业投入为主体，金融信贷为支撑，社会投入为补充的多元化低碳旅游的投入保障机制；加大对发展低碳旅游的资金支持力度，对低碳旅游项目，节能减排技术研发，新材料应用的部门、企业和景区进行一定的财政补贴，建立低碳旅游发展示范试点等。

政府可以组织引导各类金融机构对促进低碳旅游发展的重点项目给予优先支持，为积极进行低碳化建设的旅游景区提供低息或无息贷款；在充分发挥市场机制在资源配置中的作用的前提下，积极推进低碳旅游发展的市场化、产业化进程，对引进低碳技术的旅游景区提供一定的资金补助。

此外，政府对自助研究节能减排技术的旅游景区予以奖励，这对新技术、新专利的出现也有很大的促进作用，而新技术、新专利必然对旅游景区的长久发展产生重大贡献。由于国家对低碳有硬性规定，旅游景区要么自助研发要么从别的景区或企业引进技术，这对推动我国总体低碳经济的发展也有重要意义。

6.4.2.3　科技保障

政府和相关机构应当学习丹麦、瑞典、日本、美国等国家建设低碳社会、低碳城市和低碳社区的实践模式和成功经验，通过引进先进的技术、材料、设备和管理方式将低碳旅游产品的开发纳入国家科技规划，并最终转化成低碳科技成果，从技术层面为旅游景区的低碳化发展打好基础。

科学技术是低碳旅游的核心力量，因此景区要结合自身需要，加快引进国内外先进的低碳生产技术的速度；同时，加大对低碳经济技术的研发与推广的投入力度，扶持景区根据自身的技术基础，改造甚至创新出先进的低碳技术。政府通过制定相关政策条例，完善科技服务机制，鼓励企业、景区引进低碳先进科技，并充分发挥其作用，为发展低碳旅游服务；更重要的是要鼓励景区在引进技术的基础上进行创新，实现真正以科技推动本区旅游发展的目标；构建高等教育与科学研究有机结合的知识创新体系，建立以企业为主体、大学和科研院所共同参与的技术创新体系。加强重点实验室、重点学科和科研基地等创新平台和载体的建设。

旅游景区和旅游企业在旅游营销中要借助现代化工具，如信息化平台等，从而加快低碳旅游营销信息化进程；充分利用短信、会员管理、网上商城、电话中心等工具，搭建信息化营销平台；尤其是借助现代信息网络，建立网络营销或电子商务平台。旅游景区和旅游企业经由信息化平台，能够更加方便、更加快捷、更加高效地进行网络营销，这也有利于景区开展网络市场调研，旅游产品、活动和景区形象的宣传推广，进行网络直销和网络营销集成等。所谓网络营销集成，就是旅游景区借助信息手段与各类旅游供应商、旅游企业、旅游中间商、其他合作伙伴以及旅游消费者等密切联系、协同合作，在互联网上收集信息、实时沟通，以游客需求为核心完成产品设计、开发、营销和服务的全过程，并在这个过程中有效管理客户关系。客户关系管理系统的内容包括客户数据采集、营销过程自动化、销售过程自动化和个性化服务等。景区和旅游企业利用客户关系管理系统收集、跟踪游客信息并进行综合分析，在对游客需求有了整体把握的基础上，提高了营销决策的有效性，进而保证营销活动的执行符合低碳经济和低碳旅游的要求。

6.4.2.4 人才保障

旅游景区和旅游企业通过吸纳与培养一批掌握低碳旅游知识与技术的人才，充分发挥先进技术的作用，为低碳旅游发展做出贡献；可以从人才培养、吸引和使用三个方面加大人才投入总量，优化人才投入结构，整合人才投入资源，规范人才投入管理。政府可实施鼓励社会力量加大人才投入的财税政策，建立健全涉及政府、社会、用人单位和个人的多元化人才投入机制，完善科技成果转化后股权激励等多层次人才吸引奖励机制；通过加大培训投入，增强科研人员研究低碳技术的水平；通过增加引进人才投入，引进一批具有低碳旅游知识的人才；通过加强工资福利投入和奖励投入，充分调动科研人员的工作积极性。

政府应实施人才工程，为低碳旅游发展提供人才和智力支持，建立健全长效的人才激励机制，充分发挥人才在推动低碳旅游发展的主力军作用。一是加快培育景区和企业人才队伍，提高旅游从业人员素质；二是强化景区和企业人才培训，鼓励和支持通过委托培养、选派深造、联合办理、远程教育等方式组织员工参加学习，接受再教育，不断更新知识。

6.5 本章小结

本章通过对旅游营销模式的发展情况进行总结，并对现有营销模式进行分类，进而提出本研究的基于价值让渡系统的低碳旅游景区营销模式，并对该模式进行定义阐释、内容分析。基于价值让渡系统的低碳旅游景区营销模式是从旅游业的价值让渡系统视角，以景区为营销主体，以低碳旅游产品为价值传递媒介，以景区整体营销战略为基础，综合运用各种营销策略组合以达到游客让渡价值最大化目的的系统工程。本章在低碳旅游景区层次分析的基础上，提出该模式的具体应用分析，包括营销战略制定、营销策略组合以及具体实现形式。本章提出的基于价值让渡系统的低碳旅游景区营销模式对于低碳旅游景区的营销实践有着极其重要的借鉴意义，旅游景区可以根据各自的类型特征和目标市场的范围等实际情况选择景区开发方式和营销方式，从而进一步提高低碳旅游景区市场营销活动的综合效益。

7 价值让渡系统对低碳旅游景区营销的影响机制

旅游营销是旅游业发展的一个重要方面，它将目的地作为一个有机整体进行营销，与单纯的旅游企业营销相比，旅游营销更加注重目的地的整体形象及其旅游产品，因其涉及众多的利益相关者，所以具有更大的困难性。随着低碳旅游的深入发展和旅游市场竞争的日益激烈，低碳旅游营销受到了越来越多的关注，我国大多数地区不仅在思想上认识到了低碳旅游营销的必要性，而且将其付诸实际的营销行动中。

顾客让渡价值直接影响旅游营销的效果，顾客价值直接驱动顾客满意度，对顾客忠诚产生影响，进而影响顾客的消费行为意向。顾客忠诚可反应为顾客行为、意识以及情感三方面的忠诚，其中，顾客的行为忠诚主要表现为重复消费；顾客的意识忠诚是他们可能在未来会有购买产品或服务的意愿；顾客的情感忠诚是指他们认可产品或服务以及选择以正面的宣传方式向身边的人施加影响，主要表现为顾客的口碑效应。因此，顾客忠诚对顾客的未来消费行为有决定作用，也可以说顾客忠诚是正向的消费者行为意向。因而现代营销越来越将顾客让渡价值置于核心地位。本研究在调查、访谈的基础上，应用一定的分析方法通过游客让渡价值对低碳旅游营销现状进行分析，从而探索游客让渡价值对营销效果的影响作用，同时通过游客让渡价值的研究了解游客在旅游开发和营销中都看重哪些因素。由于游客让渡价值、满意度、游客忠诚等都不是可以直接观察的概念，因而采用游客调查法获取资料。

7.1 研究方法

本章的主要方法工具为结构方程模型（Structural Equation Modeling，SEM）。SEM是一种利用可获取的观察指标，验证研究者事先假设的理论概念及它们之间定量关系的数学方法，思想起源于 20 世纪 20 年代 Sewll Wright 提出的路径分析概念。结构方程模型是当代行为与社会科学领域量化研究的重要统计方法，融合了传统多变量统计分析中的"因子分析"与"线性模型的回归分析"统计技术，能够对各种因果模型进行有效的识别、估计与验证。结构方程模型具有以下特点：一是理论先验性，即假设因果模型必须建立在一定的理论上，它能够检验某一理论模型的适切性，是一种验证性而非探索性的统计方法（邱皓政，2005）。SEM 将测量（Measurement）和分析（Analysis）整合为一，是能够同时处理测量和分析问题的计量研究技术；可以评价多维的和相互关联的关系，能够发现这些关系中原本没有觉察到的概念关系并在评价过程中解释测量误差。

结构方程模型又称协方差结构模型、联立方程模型、因果关系模型等，是一种非常通用的、线性的、借助于理论进行假设检验的统计建模技术，它能够处理检验观测变量与潜变量之间、潜变量与潜变量之间的统计关系。结构方程模型一经提出就获得各学科专家的关注，尤其在统计学和社会学领域得到广泛的应用。随着社会学研究的深入发展，相关研究工作随之日趋复杂化，人们应用传统的统计方法已很难完成相应的研究，所以渐渐将目光转向结构方程模型。而且，借助于现代计算机的高级技术，巨大而繁杂的计算量已经不能再对结构方程模型的广泛应用产生局限，并且相关理论研究和应用软件的设计发展，促使心理学、管理学、行为学等学科门类在近十多年来也大量使用这种先进的模型。可以说，结构方程模型融合了多个领域的统计分析方法，是目前的一个前沿研究课题。美国密歇根大学商学院的 Fornen 教授是该研究的知名专家，他对结构方程模型有着高度的评价，称其为"第二代多元统计方法"。

SEM 应用分为模型的构建、拟合、评价和修正。①模型估计前，研究者借助理论依据，或参考以往的成果，进行初始理论模型的构建，对规定的测量变量与潜变量的关系以及潜变量与潜变量之间的关系进行假设；②模型构建后，对模型的主要参数进行估计计算，常见的方法主要有最大似然法和广义最小二乘法两种；③取得主要参数的估计值后，需要检验假设模型与实验数据的拟合程度，这需要对多个拟合指数进行判断，从而对模型的解合适与否、基本模型的假设关系合理与否进行评价；④假如数据与模型无法较好拟合，研究者则需通过对模型的参数进行修正，进而修正模型，重新设定假设关系。

结构方程模型能够以测量数据构建概念结构模型，而且能够处理变量的复杂相关关系，因而对复杂模型的解释效果比较好，所以受到越来越多的专家学者的重视。鉴于结构方程模型的这种强大功能和特点，本研究的实证分析借助结构方程模型来完成。本研究利用 Small Water 公司的 AMOS（Analysis of Moment Structure）软件，又称矩阵结构分析软件，来实现结构方程模型的分析过程。AMOS 软件由 James Arbuckle 设计，可以进行路径分析、回归分析和协方差结构分析等，与较为常见的 EQS、LISREL 和 Mplus 等软件一样，此外它的可视化模块使其较容易操作。

7.2 研究模型与假设

7.2.1 研究模型

本研究在营销界相对稳定的顾客价值—满意—忠诚关系的理论基础上，以游客忠诚作为旅游营销效果的反映。旅游营销的效果是旅游景区竞争力的重要体现，但我们无法直接找到其本身并从某一个方面去进行测度与观察，这样，旅游收入、满意度与忠诚度等就充当了营销成效的观察向标。人们越来越倾向于以影响游客满意度与忠诚度的因素来描述营销因素，旅游收入则无法担当此任，特别是对低碳旅游。就旅游营销而言，由市场"说话"最有说服力。作为一个旅游者，他的核心利益与核心关切是什么？没有别的，正是旅游者让渡价值，即旅游者从旅游中获得的价值收益除去其付出的成本。旅游者让渡价值之所以可以作为核心要素来看待，是因为其对于游客来说是满意度的最主要来源，而满意度又影响着游客忠诚度，特别是游客的推介意愿。显然，从旅游者让渡价值到游客满意度，再到游客忠诚度，这样就形成一个因果反应链，即必须有满意的心理状态，才可能产生推介或忠诚的意愿或行为，但满意必须是核心利益——旅游者让渡价值得到保证时才可能发生。

本章的研究目的是了解价值让渡系统对低碳旅游景区营销的影响机制，它借助于游客让渡价值与游客满意、游客忠诚的相关关系研究来进行考察。以往有关顾客价值的理论与研究成果，可为本章建构概念模型提供理论基础：游客总体让渡价值受游客收益的正向影响与顾客成本的负向影响，而总体让渡价值与游客满意相关，进而影响游客忠诚。第二章研究回顾部分已对以往的顾客价值相关研究进行了总结，从最早感知价值到近来让渡价值的提出，对顾客价值的研究视角从企业盈利视角逐渐转移到从消费者视角，将顾客感知作为研究让渡价值的基点。参考现有文献研究结论，并结合旅游营销的特点，游客让渡价值由环境价值、功能价值、服务价值、教育价值、品牌价值、情感价值、特色价值和感知成本八个维度构成，其中环境价值、功能价值、服务价值、教育价值、品牌价值、情感价值、特色价值七个指标反映游客的感知收益。据此，本章提出的研究概念模型如图 7.1 所示。

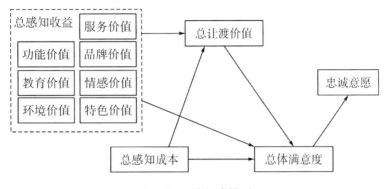

图 7.1　研究概念模型

7.2.2　研究假设

（1）关于感知收益、感知成本与总体让渡价值关系的研究假设

由第二章中关于顾客让渡价值的分析可知，游客总体让渡价值是游客感知收益与其感知成本相比较的结果，即其通过低碳旅游活动所感受到的收益与其所付出的成本的对比。文献研究结果表明，感知收益对顾客总体让渡价值有正向的直接影响关系（Dodds and Monroe, 1985；Monroe and Krishnan, 1985；Oh, 1999；Tam, 2004），而感知成本对游客让渡价值有负向的直接影响关系（Oh, 1999；Tam, 2004），故可提出假设 l 和假设 2。

H1：游客的感知收益对总体让渡价值有正向的直接影响关系，可细分为：

H1a：游客的环境价值与总体让渡价值是直接正相关关系；

H1b：游客的功能价值与总体让渡价值是直接正相关关系；

H1c：游客的服务价值与总体让渡价值是直接正相关关系；

H1d：游客的教育价值与总体让渡价值是直接正相关关系；

H1e：游客的品牌价值与总体让渡价值是直接正相关关系；

H1f：游客的情感价值与总体让渡价值是直接正相关关系；

H1g：游客的特色价值与总体让渡价值是直接正相关关系；

H2：游客的感知成本与总体让渡价值是直接的负相关关系。

（2）关于感知收益、感知成本与总体满意度关系的研究假设

现有的相关研究已经证明了服务质量对顾客满意有直接且正向的影响（Oh, 1999；Tam, 2004），而且，也证明了价格因素对顾客满意有负向影响。

本研究概念模型中感知收益的服务价值维度中多项项目均与服务质量有关，而且感知成本维度中也包含了价格因素，所以可提出假设3和假设4。

H3：游客的感知收益对总体满意度有正向的直接影响关系，具体分为：

H3a：游客的环境价值与总体满意度是直接正相关关系；

H3b：游客的功能价值与总体满意度是直接正相关关系；

H3c：游客的服务价值与总体满意度是直接正相关关系；

H3d：游客的教育价值与总体满意度是直接正相关关系；

H3e：游客的品牌价值与总体满意度是直接正相关关系；

H3f：游客的情感价值与总体满意度是直接正相关关系；

H3g：游客的特色价值与总体满意度是直接正相关关系；

H4：游客的感知成本与总体满意度是直接的负相关关系。

（3）关于游客总体让渡价值与总体满意度关系的研究假设

现有实证研究表明，感知价值对顾客满意有直接且正向的影响，而且感知价值通过顾客满意，对顾客忠诚意向也有间接的影响（Cronin et al., 2000; Oh, 1999; McDougall and Leve, 2000; Fomell, 1996）。感知价值对顾客满意度的形成影响很大，根据其相互关系提出假设5。

H5：游客的总体让渡价值与游客满意度是显著的正相关关系。

（4）关于游客满意度与游客忠诚关系的研究假设

大量实证研究说明了一个观点，顾客满意对顾客的重复购买意向有积极的影响作用（Fornell, 1992; Oliver & Swan, 1989; Taylor & Baker, 1994）。同时，对景区游客的访谈结果也显示，游客满意度越高，游客会更多地进行口碑宣传，更多地重复购买以及积极地向他人推荐。由此可得出如下假设6。

H6：游客满意度与游客忠诚度是显著的正相关关系。

（5）关于游客让渡价值、游客满意度作为中介变量的研究假设

大量实证研究表明，就全体产业而言，服务质量对顾客满意有正向影响关系；顾客满意对忠诚意向有正向影响关系；服务质量通过服务价值与顾客满意对忠诚意向有间接影响效果；服务价值通过顾客满意对忠诚意向有间接效果；感知成本通过顾客满意或服务价值对忠诚意向产生影响，可以认为，总体感知价值和游客满意度是感知收益、感知成本与顾客忠诚意愿间的关键性中介变量（Chang & Wildt, 1994; Ostrom & Iacobucci, 1995; Patterson & Spreng, 1997; Sirhhi et al., 1998; Sweeney et al., 1999; Cronin et al., 2000; Brady et al., 2001）。因此可提出如下假设7和假设8。

H7：游客让渡价值、游客满意度是影响游客感知收益与游客忠诚之间关

系的中介变量；

H8：游客让渡价值、游客满意度是影响游客感知成本与游客忠诚之间关系的中介变量。

鉴于以上所做的各变量之间的相关关系的假设是本章后面几节进行分析的基础，为更清楚地进行对比检验，这里将所有假设汇总，如表7.1所示，并构建假设模型如图7.2所示。

表 7.1　研究假设汇总表

标号	研究假设
H1	游客的感知收益对总体让渡价值有正向的直接影响关系
	H1a：游客的环境价值与总体让渡价值是直接正相关关系
	H1b：游客的功能价值与总体让渡价值是直接正相关关系
	H1c：游客的服务价值与总体让渡价值是直接正相关关系
	H1d：游客的教育价值与总体让渡价值是直接正相关关系
	H1e：游客的品牌价值与总体让渡价值是直接正相关关系
	H1f：游客的情感价值与总体让渡价值是直接正相关关系
	H1g：游客的特色价值与总体让渡价值是直接正相关关系
H2	游客的感知成本与总体让渡价值是直接的负相关关系
H3	游客的感知收益对总体满意度有正向的直接影响关系
	H3a：游客的环境价值与总体满意度是直接正相关关系
	H3b：游客的功能价值与总体满意度是直接正相关关系
	H3c：游客的服务价值与总体满意度是直接正相关关系
	H3d：游客的教育价值与总体满意度是直接正相关关系
	H3e：游客的品牌价值与总体满意度是直接正相关关系
	H3f：游客的情感价值与总体满意度是直接正相关关系
	H3g：游客的特色价值与总体满意度是直接正相关关系
H4	游客的感知成本与总体满意度是直接的负相关关系

表7.1(续)

标号	研究假设
H5	游客的总体让渡价值与游客满意度是显著的正相关关系
H6	游客满意度与游客忠诚度是显著的正相关关系
H7	游客让渡价值、游客满意度是影响游客感知收益与游客忠诚之间关系的中介变量
H8	游客让渡价值、游客满意度是影响游客感知成本与游客忠诚之间关系的中介变量

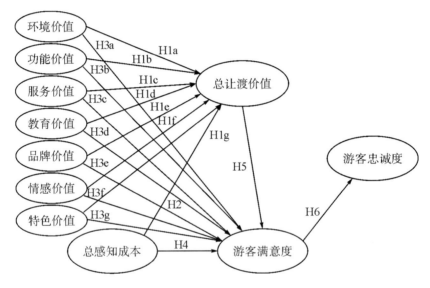

图 7.2   研究假设模型

7.3   问卷设计与确定

7.3.1   量表题项设计

本部分采用问卷调查方式获取相关数据，问卷内容分为三大部分：第一部分了解被调查者对低碳旅游的认知，包括景区低碳建设、低碳消费等的认可程度。第二部分用于测量游客在旅游过程中的成本、收益及满意度、忠诚意向等感知评价，依据假设模型中的 5 个变量进行设计。指标评价采用五点 Likert 量表测量，1~5 分别对应"很不认同——很认同"。第三部分是被调查者的基本信息，包括性别、年龄、职业、学历及收入状况等。同时我们对景区管理部门以及地方政府和相关部门工作人员进行调研访谈，以了解目前景区、政府及管理单位在低碳旅游景区建设和低碳旅游营销发展方面的成绩与不足。

这里重点介绍问卷第二部分的量表设计思路。第二章文献综述部分已对学者们在顾客价值研究方面的代表性成果进行了详细回顾，从初期学者们提出顾客感知价值到近期让渡价值概念的提出，他们对顾客价值研究逐渐转移到从消费者视角，以顾客感知作为研究让渡价值维度构成的出发点。本章的量表设计参考了先前较成熟的关于顾客价值的相关研究，其中有代表性的研究成果包括 Gale（1994）, Parasuraman、Zeithaml & Berry（1988）, Sweendy & Soutar（2001）, 董大海（2003）, 朱睿（2006）等的研究。

本研究设计的各变量指标如表 7.2 所示，其中表格第四列是各变量对应指标设计的参考来源。本研究是从游客价值让渡系统视角对低碳旅游景区营销模式进行研究，因此与以往研究不同的是，量表中游客让渡价值的评价指标反映的是游客对低碳旅游相关问题的观点看法，所以它是对现有文献中顾客价值维度及相应指标构成的归纳整理，并加入了低碳旅游相关理论观点，以期更好地调查在低碳旅游景区营销环境下旅游者在低碳旅游中被让渡的价值。

表 7.2　各变量的题项

变量	ID	题项	来源
环境价值	EN1	旅游设施没有对环境造成太大的破坏	Lai（1995）； Crdric His-Jui（2009）； 徐伟，景奉杰（2008）； Creusen（2005）
	EN2	景区的自然风光很美	
	EN3	景区森林植被和动物种类丰富	
	EN4	景区空气清新、水质污染较小	
	EN5	景区边坡滚石现象较少	
	EN6	景区环境卫生整洁	
功能价值	FV1	各类引导标志、标牌醒目，指示明确	Sweeney（2001）； Vesna（2010）； Jooyeon（2010）； 张成杰（2006）
	FV2	垃圾桶、厕所、休憩设施等布局合理	
	FV3	游客服务中心能提供充分的旅游信息	
	FV4	景区安全设施能满足游客的需求	
	FV5	景区交通设施安排合理	

表7.2(续)

变量	ID	题项	来源
服务价值	SV1	服务人员能提供及时有效的服务	Akama & Kieti（2003）；Parasuraman et al.（1998）；Maryam（2003）；Frochot（1999）；朱睿（2006）
	SV2	服务人员对游客友善、热情、尊重	
	SV3	游客咨询、投诉能及时受理、合理解决	
	SV4	景区导游能提供专业的解说	
教育价值	JV1	这次旅游使我获得了新的低碳知识	孟庆良等（2005）；Williams（2000）；Choong-Ki Lee（2007）；Hanny（2008）；Joe（2009）
	JV2	今后我会积极参加低碳旅游实践	
	JV3	这次旅游使我的低碳消费意识得到了提升	
品牌价值	BV1	我周围的很多人都知道该景区	李树民等（2002）；黄玮玮（2006）；尹红（2004）
	BV2	来之前我早就听说过该景区	
	BV3	我经常能从报纸、杂志、电视、网络等渠道看到该景区的相关信息	
	BV4	我周围的很多人都认为该景区是个低碳旅游的好地方	
情感价值	QV1	此次旅游让我得到了身心的放松、自由	Sheth et al.（1991）；Otto（1997）；Duman（2002）；Crdric（2009）；Mathwick（2001）
	QV2	此次旅游让我的心情非常愉快	
	QV3	此次旅游活动让我感觉很新鲜	
特色价值	EV1	当地的土特产品或纪念品具有吸引力	Vesna（2010）；张成杰（2006）
	EV2	服务人员着装与当地环境特色相协调并易于识别	
	EV3	餐饮服务展现地方特色	
	EV4	景区具有适宜不同人群的娱乐活动项目	
	EV5	住宿设施体现当地特色并与环境相协调	
感知成本	CO1	总体而言，此次旅游花费很大	Duman（2002）；Kotler（2001）；Mathwick（2001）；Choong-Ki Lee（2007）
	CO2	总体而言，此次旅游耗时很长	
	CO3	总体而言，此次旅游精力耗费很大	
让渡价值	DV1	此次旅游我获得了很大的价值	Monroe & Krishnan（1985）；Dodds & Monroe（1985）；Kotler（1994）；Oh（1999）；Tam（2004）
	DV2	此次旅游付出的金钱、时间与精力是值得的	
	DV3	相比于付出，我的收获很大	

表7.2(续)

变量	ID	题项	来源
游客满意	TS1	总体而言，我对此次旅游经历感到非常满意	Oliver（1980）；Pizam（1978）
	TS2	此次旅游大大超出了我的预期	
	TS3	此次旅游优于我以前的旅游经历	
游客忠诚	TL1	在将来我愿意再次来此旅游	Jacoby & Chestnut（1978）；Ajzen & Fishbein（1977）；Dick & Basu（1994）；Jang（2007）
	TL2	我会向亲戚或朋友推荐该景区	
	TL3	我会对外积极的宣传该景区	

注：表中代码分别为：SV—服务价值；FV—功能价值；BV—品牌价值；JV—教育价值；QV—情感价值；EN—环境价值；EV—特色价值；CO—感知成本；DV—游客让渡价值；TS—游客满意度；TL—游客忠诚度。

根据 7.2 节中的概念模型，游客的让渡价值表现为环境价值、功能价值、服务价值、教育价值、品牌价值、情感价值、特色价值和感知成本八个维度。其中，环境价值反映的是游客对景区低碳服务设施和整体环境的感知；功能价值是指旅游景区为游客提供的指引、服务设施、信息、求知等方面的功能需要；服务价值体现景区服务人员对游客提供服务的情况，服务价值对游客来讲是其对得到的服务情况的感知认识；教育价值反映了游客在旅游中所获得的知识性收益，包括低碳知识、行为素质以及相应的未来相关低碳实践；品牌价值反映了低碳旅游景区的知名度，也是现代旅游营销的一种常用手段；情感价值反映了游客在整个低碳旅游中的心理情感状态，包括身心放松、心情愉悦、冒险刺激等方面的感受；特色价值反映的是景区在土特产品或纪念品、服务人员着装、餐饮、娱乐活动项目、住宿方面的特色；感知成本反映的是游客对旅游过程中所花费的金钱、时间、精神体力成本的感知。对于游客让渡价值，由第二章中分析可知，它是游客总的感知收益与总的感知成本的差值，即游客对于总体收益相对于总体付出的感知评价。

对于游客满意度，它由三个指标来反映，能较好地保证对满意度的准确测量。一是总体满意度，一般认为，总体满意度影响游客的推介意愿，这也是符合生活常识的，即很难做到所有方面都能令游客满意。二是游客与自己的预期比较后的落差，游客根据自己掌握的信息，对景区及旅游过程有一个或高或低的预期，一般游客都会有一个较好的预期，否则旅游行为难以发生，这个落差大小就成为衡量满意度的另一指标。三是游客认为的此次旅游物有所值的程度，这里面包含了游客对本次旅游收益与以往旅游收益对比的判断，是游客对景区特色品味的认知，作为一个低碳化景区，特色、品味是区别于其他一般景区，从而保证吸引游客的关键。

对于游客忠诚意愿，也叫忠诚度，是由游客重游意愿与推介意愿构成。因为，每个人的时间和金钱都是有限的，除非特别需要，其一般很难做到对某一景区的多次重游，特别是对非本地景区，较多的研究亦支持了这一判断。推介意愿之所以如此重要，是因为（除非重游）人们对旅游对象总是缺乏真实可靠的信息，没有经验，对于外界一切信息天然地保持怀疑，希望依靠自己熟悉的人的亲身经历来帮助决策，特别是对于非极品的、知名度尚且不是很高的旅游景区。即使对极品景区，旅游者必然还会有诸多问题需要了解，也存在选择问题（并非非此不游的刚性需求），故而亦存在推介问题。

控制变量年龄、家庭结构、学历及月收入的具体衡量方法分别为：年龄按照"不满18岁、18~25岁、26~35岁、36~55岁、大于56岁"划分为5个尺度；学历按照"初中及以下、高中/职高、大专、本科、研究生及以上"划分为5个尺度；月收入按照"1 000元及以下、1 001~3 000元、3 001~5 000元、5 001~10 000元、10 000元以上"划分为5个尺度。

7.3.2 预测试与问卷确定

在正式调研之前，为使问卷更加合理有效，课题组首先向本校旅游专业三位旅游专家老师征求了意见，他们认为量表题项对游客旅游中价值获取的覆盖较为全面。归纳总结专家的观点，并对专家意见进行了部分取舍，对语言描述不够准确或不恰当的项目进行了修正，合并部分项目，同时新添加了部分项目，例如社会价值维度，本研究将其删除，不作为感知收益的一个维度。本研究量表的基本框架经过这一调整阶段便已经形成。

在正式调研之前本研究对初始问卷进行了预测试：课题组2011年4月在重庆巫山小三峡、云阳张飞庙景区进行了预调查，共发放问卷170份，回收有效问卷159份，有效问卷率为93.5%，并吸收了他们对量表的内容提出的合理意见。课题组对预测试数据进行探索性因子分析，结果显示：KMO值为0.861，效果较好；Bartlett's球形检验值0.000，小于0.05，达到显著性水平。题项提取出11个特征值大于1的因子，其中"到此景区旅游让我结识新朋友""旅游活动的安排能考虑到游客的便利性""到此景区旅游能让我暂时忘记烦恼"三个项目在十一大项因子的每一小项因子上负荷的绝对值都小于0.5，本研究认为这些项目效度不足，故将这些项目删除。本研究对调整后的量表利用预测试数据进行信度检验，结果显示：量表总体信度Cronbach's α 值为0.966，大于 0.7 的标准要求；提取出 11 个因子的 Cronbach's α 值分别为 0.854、0.804、0.895、0.833、0.865、0.846、0.944、0.926、0.920、0.927 及 0.873，均大于 0.80，说明预测试提取出的 11 个因子具有非常好的内部一致性，各题项的总相关系数 CITC 值都在 0.6 以上，各项指标若删除对 Cronbach's α 的变化影响作用都不明显，在与相关专家和老师讨论后，认为量表题项设计较合理，都予以保留，表 7.2 为经过预测试调整后的量表题项。课题组在对问卷个别题项的表述稍做修改后，确定正式问卷。

7.3.3 分析思路与方法

下面的章节先利用调查数据对游客让渡价值、游客满意度和游客忠诚度进行因子分析，然后检验模型假设并对相关数据结果进行分析。本章主要利用 AMOS17.0 和 SPSS17.0 数据分析工具，以问卷实地调研为数据收集方式，以结构方程模型为分析手段。本章的统计分析方法，包括描述性统计分析、探索性因子分析、验证性因子分析、方差分析、结构方程模型分析等。描述性统计分析反映的是被调查样本的人口统计特征。探索性因子分析的作用是检验结构变量的理论设定维度是否可行，而结构变量的维度分析准确与否还需验证性因子分析来考察。结构方程分析用于检验潜在变量的相互作用机制，即游客让渡价值和游客忠诚意向即营销效果之间的关系，从而考察前面提出的假设正确与否。

7.4 实地调研与数据收集

7.4.1 旅游地概况

被誉为"童话世界"的九寨沟景区位于中国四川阿坝藏族羌族自治州境内的九寨沟县，纵深 40 余千米，因景区内有荷叶、树正、则渣洼等 9 个藏族村寨而得名。海拔 2 000~3 100 米，总面积约 620 平方千米，超过一半的面积覆盖着原始森林。九寨沟于 1992 年被列入《世界自然遗产名录》，1997 年被纳入世界人与生物圈保护区。九寨沟因其自然风光独特，动植物资源丰富，被誉为"人间仙境"。

九寨沟旅游飞速发展，游客数量年年攀升，如图 7.3 所示，受 2003 年"非典"事件的影响，游客量有所降低；而在 2008 年汶川地震的波及下，九寨沟景区游客量跌落至近十年的最低点。近年内，九寨沟景区在恢复自身旅游经济的同时，致力于采用创新式低碳旅游营销方式，提升景区及周边区域的核心竞争力和吸引力，以不断提高景区游客满意度。截至 2011 年 7 月 10 日，九寨沟景区已接待游客 100.3 万人次，比 2010 年同期增长近 35 万人次，增长率 54.5%，旅游发展势头强劲。

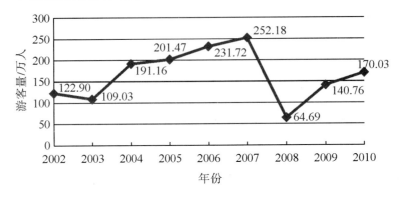

图 7.3 2002—2010 年九寨沟景区游客量

多年来，九寨沟管理局紧紧围绕"严格保护、科学管理、合理开发、永续利用"的工作方针，积极实施以"开发为保护、保护促开发"的经营管理模式，在环保、建设等方面在全国景区中创造了多个第一，虽然未冠以"低碳"之名，但深具"低碳"之实。2012 年 9 月 16 日，由中华环保联合会和中国旅游景区协会举办的全国低碳旅游发展大会暨全国低碳旅游示范区授牌仪式在北京举行，九寨沟景区被中华环保联合会和中国旅游景区协会等单位评为 19 家首批全国低碳旅游示范区之一。

7.4.2 数据收集

大量参阅文献资料后，经过多次调整修正调查问卷，课题组于 2011 年 7 月至 2011 年 8 月期间开展了正式问卷调研。此次问卷调查的对象为到九寨沟景区旅游的游客，调查在九寨沟景区里进行。为保证问卷的调查质量，课题组为填写问卷的游客准备了精美的纪念品，现场对游客关于调查问卷的疑问进行解答，并现场收回填写好的问卷。

本次共发放调查问卷 840 份，回收 792 份，回收率 94.3%，其中有效问卷 769 份，有效率为 97.1%。无效问卷的确定标准为：问卷填写不完整，即没有答完全部项目；一个项目有两个或两个以上答案者（多选题除外）；答题过于随意者，即全部或部分问卷中只选择同一个选项，或者前后相关联的问题答案明显相矛盾。被调查游客的样本情况如表 7.3—7.9 所示。

总体上看，被调查的旅游者中男性游客所占比例比女性游客略大，分别占比54.3%和45.7%。这一现象的原因在于男性公务外出机会以及自由空闲时间比女性更多，而且男性更有异向型心理，且其体魄较强健。

表7.3 不同性别的样本人群

		频次	百分比/%	有效百分比/%	累计百分比/%
有效	男	406	52.8	54.3	54.3
	女	342	44.5	45.7	100.0
	小计	748	97.3	100.0	
缺失	系统	21	2.7		
总计		769	100.0		

年龄是游客消费取向不同的一个重要影响因素，不同年龄段的人因为其社会背景、经济条件各不相同，所以他们对旅游的需求水平也不尽相同。从表7.4的统计结果可以看出，19~25岁的游客比例为27%，26~35岁的游客所占比例为39.6%，36~55岁的游客占比例20.4%，56岁以上和18岁以下的游客总共才占13%的比例，这说明九寨沟景区旅游所处海拔较高，前来旅游的游客以中青年为主。

表7.4 不同年龄阶段的样本人群

		频次	百分比/%	有效百分比/%	累计百分比/%
有效	18岁以下	78	10.2	10.2	10.2
	19~25岁	206	26.8	27.0	37.2
	26~35岁	302	39.3	39.6	76.8
	36~55岁	156	20.3	20.4	97.2
	56岁以上	21	2.7	2.8	100.0
	小计	763	99.3	100.0	
缺失	系统	6	0.7		
总计		769	100.0		

受教育程度不同，游客需求也不同，本次调查中，来九寨沟的游客以大专、本科学历为主，分别占25.3%和44.7%，两者占了总体人数的70%。这说明调查游客的受教育水平普遍不低，他们之中大多受过较好的教育，对新兴事物接受能

力较强，这为低碳旅游的成功宣传奠定了良好的基础。

表 7.5　不同教育程度的样本人群

		频次	百分比/%	有效百分比/%	累计百分比/%
有效	初中及以下	25	3.3	3.3	3.3
	高中、中专及职高	89	11.6	11.8	15.1
	大专	191	24.9	25.3	40.4
	本科	339	44.1	44.7	85.1
	研究生及以上	113	14.7	14.9	100.0
	小计	758	98.6	100.0	
缺失	系统	11	1.4		
总计		769	100.0		

在 747 份有效问卷中，1 001~3 000 元月收入水平的层次居多，其游客数量占有效样本量的 39.6%，其次为 3 001~5 000 元水平的游客，其占总有效样本量的 29.2%，其次是 1 000 元及以下和 5 001~10 000 元两个层次，分别占有效样本量的 12.6%和 11.6%，这说明九寨沟游客以中等收入阶层为主。我们通过对中等收入阶层群体的调查与分析发现，影响这一群体消费行为的观念主要有：关注自我发展观念、乐于接受新事物的观念、工作与娱乐相结合的观念、独立生活与合作消费的观念。着重从影响这一群体消费行为的消费观念、自我观念和生活方式三个心理特点加以分析，可为旅游经营者深入认识消费者提供一个新的视角。

表 7.6　不同月收入程度的样本人群

		频次	百分比/%	有效百分比/%	累计百分比/%
有效	1 000 元及以下	94	12.2	12.6	12.6
	1 001~3 000 元	296	38.5	39.6	50.7
	3 001~5 000 元	218	28.3	29.2	81.4
	5 001~10 000 元	87	11.3	11.6	93.0
	1 万元以上	52	6.8	7.0	100.0
	小计	747	97.1	100.0	
缺失	系统	22	2.9		
总计		769	100.0		

游客职业不同，他们的收入水平、空闲时间和文化水平也不相同，从而导致他们对旅游的需求和偏好也不相同。从表7.7的统计结果可以看出：在职业分布上，公职人员（公务员和事业单位工作人员）和企业人员所占比例最大，分别占有效样本总体的30.6%和27.1%；其次为学生和个人及私营企业主，分别占15.6%和10.2%，离退休人员和其他分别为8.0%和8.6%，所占比例最小。在被调查的旅游者中，企业职工和事业单位人员因为出差或者福利性旅游机会较多，所以他们的出游率较高；而学生群体因年轻力壮，且求知欲、探险欲较强，所以出游欲望很强，虽然本身经济实力不足，但是家庭经济的支持也让他们这一群体成为旅游者大群体的重要构成。相对地，因收入水平以及体力精力的限制，离退人员等出游率较低。

表 7.7 不同职业的样本人群

		频次	百分比/%	有效百分比/%	累计百分比/%
有效	公职人员	234	30.4	30.6	30.6
	企业人员	207	26.9	27.1	57.6
	个体及私营业主	78	10.1	10.2	67.8
	离退休人员	61	7.9	8.0	75.8
	学生	119	15.5	15.6	91.4
	其他	66	8.6	8.6	100.0
	小计	765	99.5	100.0	
缺失	系统	4	0.5		
总计		769	100.0		

根据表7.8中关于旅游者出游方式的统计结果可以看出，被调查游客出游方式的分布状况分别为：自助旅游占17.6%，参团旅游占59.2%，单位组织占21.3%，其他占2.0%。由此可见九寨沟旅游营销应以旅行社等中间商营销为主，旅游营销应注重与品牌形象好的中间商的合作。

表 7.8　不同出游方式的样本人群

		频次	百分比/%	有效百分比/%	累计百分比/%
有效	自助旅游	134	17.4	17.6	17.6
	参团旅游	451	58.6	59.2	76.8
	单位组织	162	21.1	21.3	98.1
	其他	15	2.0	2.0	100.0
	小计	762	99.1	100.0	
缺失	系统	7	0.9		
总计		769	100.0		

通过对 757 份有效问卷进行统计分析，从旅游者获取景区信息渠道方式来看，电视、广播占 20.0%，报纸、杂志、书籍占 12.8%，互联网占 29.7%，亲朋好友占 26.2%，宣传册占 4.4%，其他占 6.9%。由此可见，由于网络的便利性，其吸引了越来越多的人从网上搜集信息，景区旅游营销除了继续关注传统媒体外，更应注意网络媒体信息渠道与跨媒体联动。

表 7.9　不同景区信息获取渠道的样本人群

		频次	百分比/%	有效百分比/%	累计百分比/%
有效	电视、广播	151	19.7	20.0	20.0
	报纸、杂志、书籍	97	12.6	12.8	32.8
	互联网	225	29.3	29.7	62.5
	亲朋好友	198	25.8	26.2	88.7
	宣传册	33	4.3	4.4	93.1
	其他	52	6.8	6.9	100.0
	小计	757	98.5	100.0	
缺失	系统	12	1.5		
总计		769	100.0		

7.4.3　统计分析

本研究采用 SPSS17.0 统计软件，主要用均值和标准差来对量表题项进行描述统计，分析结果如表 7.10 所示。

表 7.10 题项的描述性统计

变量	ID	题项	均值	标准差
环境价值	EN1	旅游设施没有对环境造成太大的破坏	3.44	0.908
	EN2	景区的自然风光很美	4.12	0.894
	EN3	景区森林植被和动物种类丰富	3.56	0.874
	EN4	景区空气清新、水质污染较小	3.77	0.815
	EN5	景区边坡滚石现象较少	3.50	0.886
	EN6	景区环境卫生整洁	3.80	0.964
功能价值	FV1	各类引导标志、标牌醒目，指示明确	3.71	0.772
	FV2	垃圾桶、厕所、休憩设施等布局合理	3.59	0.906
	FV3	游客服务中心能提供充分的旅游信息	4.20	1.076
	FV4	景区安全设施能满足游客的需求	3.26	1.187
	FV5	景区交通设施安排合理	3.98	1.093
服务价值	SV1	服务人员能提供及时有效的服务	3.76	1.004
	SV2	服务人员对游客友善、热情、尊重	3.42	0.981
	SV3	游客咨询、投诉能及时受理、合理解决	3.97	0.992
	SV4	景区导游能提供专业的解说	3.95	0.949
教育价值	JV1	这次旅游使我获得了新的低碳知识	4.15	0.872
	JV2	今后我会积极参加低碳旅游实践	4.03	0.963
	JV3	这次旅游使我的低碳消费意识得到了提升	4.34	1.051
品牌价值	BV1	我周围的很多人都知道该景区	3.95	1.128
	BV2	来之前我早就听说过该景区	3.77	1.154
	BV3	我经常能从报纸、杂志、电视、网络等渠道看到该景区的相关信息	4.27	0.840
	BV4	我周围的很多人都认为该景区是个低碳旅游的好地方	4.26	1.061
情感价值	QV1	此次旅游让我得到了身心的放松、自由	3.66	0.779
	QV2	此次旅游让我的心情非常愉快	3.55	0.857
	QV3	此次旅游活动让我感觉很新鲜	4.21	1.093

表7.10(续)

变量	ID	题项	均值	标准差
特色价值	EV1	当地的土特产品或纪念品具有吸引力	3.96	1.082
	EV2	服务人员着装与当地环境特色相协调并易于识别	4.05	0.993
	EV3	餐饮服务展现地方特色	4.30	1.120
	EV4	景区具有适宜不同人群的娱乐活动项目	4.28	1.153
	EV5	住宿设施体现当地特色并与环境相协调	3.61	0.869
感知成本	CO1	总体而言，此次旅游花费很大	3.47	0.907
	CO2	总体而言，此次旅游耗时很长	3.59	0.952
	CO3	总体而言，此次旅游精力耗费很大	3.45	1.101
让渡价值	DV1	此次旅游我获得了很大的价值	4.15	0.797
	DV2	此次旅游付出的金钱、时间与精力是值得的	4.11	1.015
	DV3	相比于付出，我的收获很大	4.14	0.896
游客满意	TS1	总体而言，我对此次旅游经历感到非常满意	4.16	0.922
	TS2	此次旅游大大超出了我的预期	4.17	0.967
	TS3	此次旅游优于我以前的旅游经历	4.24	0.984
游客忠诚	TL1	在将来我愿意再次来此旅游	3.98	1.223
	TL2	我会向亲戚或朋友推荐该景区	4.22	1.035
	TL3	我会对外积极的宣传该景区	4.13	1.117

下面进行单因素方差分析，从而考察不同的游客对低碳旅游让渡值八大因子的实际感知、整体满意度和游客忠诚意向存在差异与否。方差分析的结果总结如下。

（1）性别。分析表明，游客让渡价值的八大因子的显著性概率 P 均大于0.05，由此可以看出游客让渡价值在游客性别上的差异不显著。

（2）年龄。通过分析可知，让渡价值的八大因子中服务、品牌和情感价值在游客的年龄上差异显著，不同年龄段的游客在三方面的感知差异较大。进一步分析可知，36~55岁的游客在服务和品牌方面的感知收益价值要大于25岁以下的游客；26~35岁的游客在情感方面的感知收益价值强于36~55岁年龄段的游客；26~35岁年龄段的游客在景区服务方面的感知收益价值要高于

55 岁以上的游客。

（3）受教育程度。分析表明，不同受教育程度的游客对品牌价值和感知成本两个因子的差异性并不显著，但对其他的六大因子都存在明显的差异。总体而言，游客的受教育水平越高，他们旅游过程中所感受到的让渡价值越低。

（4）月收入。研究显示，不同月收入水平的游客对景区服务的感知收益价值差异较显著。经过多重比较可知，月收入 4 000 元以下的游客旅游过程中的感知收益显著高于月收入 4 000 元以上的游客。

（5）职业。分析结果表明，不同职业的游客对景区特色价值和情感价值两个因子的差异表现较明显。深入研究可知，个体及私营人员及离退休人员对景区特色的感知收益明显比公务员、事业单位人员、企业职工和其他人员高；学生和离退休人员在情感方面的感知收益要比公务员、企事业单位职工和其他人员等显著的高。

通过以上的不同人口统计学特征的游客对总体让渡价值的八大因子方差分析结果可以看出：八大因子除在游客性别上无明显差异外，在其他的特征上，如年龄、职业、受教育程度、月收入等，各因子的部分项目差异性显著。概括而言，游客因年龄不同，生活阅历不同，心理需求也不同，进行旅游活动的想法也有所不同，所以他们对服务和情感方面的感知收益有很大差异；游客因受教育程度以及所从事的职业不同，从而导致他们的知识储备和信息渠道存在差异，他们对旅游景区的认同和期待也存在差异，所以他们在旅游过程中的感受有明显不同，受教育水平高的游客，因其心理需求相对较高所以致使其感知收益较低，而从事不同职业的人因其生活圈子不同，生活阅历存在差异，导致他们对景区特色认同存在差异，他们在情感上的感知收益也存在不同；不同收入水平的游客因为其消费能力和消费水平有差异，所以他们对旅游过程中的服务品质和感受到的满意度不同，总体而言，较低收入水平的游客在服务、功能以及情感等方面的感知收益相对较高。

以上方差分析中的差异存在，对低碳旅游景区的建设有很好的借鉴参考价值，低碳旅游景区拥有十分丰富的旅游资源，其在建设时要综合考虑潜在顾客的年龄、心理需求及消费能力，对旅游产品进行组合，改善配套服务，制定变通的定价策略，调整游客对旅游的价格感知，以使不同的旅游者的需求都能得到满足。其在进行不同的营销宣传时，应针对所有可能的旅游消费者的不同心理需求进行适当调整。例如，针对中老年旅游者，其可将景区的安全性重点突出宣传，以具体的安全设施、安全体例及其他保障来消除他们对旅游过程中安全性的担忧；针对收入水平较低的旅游者群体，其可重点介绍景区并非专为高端服务，到景区旅游、亲身感受，是其获得不同生活经历的重要途径。

7.4.4 访谈结论分析

通过对九寨沟游客低碳认知的调查，我们可以看出，即使九寨沟景区实施低碳建设对旅游体验产生一定影响，超过九成的被调查游客还是提倡发展低碳旅游。对景区管理局、地方政府和相关部门的访谈也显示出，就目前的九寨沟低碳发展状况，景区低碳旅游还存在着一系列的问题。

（1）低碳旅游概念的全面普及有一定难度，游客与当地居民低碳意识不足。尽管管理部门已经出台了一系列的环境保护与和低碳控制相关的制度和措施，但是因为九寨地区地理位置原因，经济发展平均水平相对较低，人们对生态保护重视不够，所以其低碳意识相对薄弱。

（2）景区所在地区经济发展水平与基础建设较滞后。前面对低碳经济与低碳旅游的相互关系进行过分析，即两者互相依存，具体来说，是先有低碳经济，后有低碳旅游。所以，低碳旅游大力推广之前，先要发展景区所在地的低碳经济，这对九寨沟发展低碳旅游有重大的影响作用，但该地区经济水平与实力基础与东部地区比较相对落后，这是九寨沟景区发展低碳旅游的一大障碍。

（3）景区亟须加强低碳旅游相关设施建设。景区完善的配套设施是旅游景区推广低碳旅游的重要依托，但从目前九寨沟的设施建设情况来看，还有待加强，比如餐饮、住宿及污染处理等设施建设。景区配套设施的建设是景区发展低碳旅游的先头部队。

在此访谈基础上，我们从景区低碳旅游建设实践的角度提出以下建议。

（1）加大低碳旅游宣传力度，倡导低碳消费

低碳概念与环保意识的薄弱是九寨沟低碳旅游推广的障碍之一。处理好这一问题，对旅游者和当地居民的低碳环保意识提高有很好的促进作用，它需要地方政府、旅游景区和企业以及各类媒体加强宣传低碳旅游，使旅游者和居民将低碳旅游付诸实践，同时将低碳旅游变成一种旅游时尚。

（2）创新与发展低碳旅游的衣食住行方式

衣食住行各要素贯穿旅游活动的全过程，是低碳旅游活动的重要构成部分，也是推行低碳旅游的关键环节。大量统计数据表明，衣食住行的能量需求总量占旅游业总需求量的一半，所以，在这几方面降低能耗，对九寨沟低碳旅游业的节能贡献作用很大。旅游消费方式不同，景区环境基础不同，餐饮住宿水平不同，排放的碳量都有明显不同。

（3）大力发展经济，特别是低碳经济

低碳旅游推行的一大制约因素就是经济因素，换而言之，九寨地区的经济发展水平对该地区低碳旅游的推广造成了一定的阻碍。这需要当地政府联合其他相关部门，依托特色旅游资源，发展地区特色产业，广泛吸收外来资金，并从区域全局出发，兼顾总体规划，大力推动地区经济发展，特别是低碳经济。

7.5　量表信度与效度分析

为了确定观测变量指标是否能够真正客观全面、有效地衡量各项潜变量因子，我们在实证研究时还必须通过一系列统计检验，来判别最终的衡量效果。下面首先对观测变量指标衡量潜变量因子的总体情况进行预分析，即探索性因子分析，然后再对观测变量指标衡量潜变量因子的可靠性与有效性分别再进行具体深入的分析，这也是两个衡量量表质量的重要方面。评价潜变量因子衡量的可靠性和有效性主要借助信度和效度这两个重要统计指标的分析来进行。

7.5.1　探索性因子分析

探索性因子分析（Exploratory Factor Analysis，EFA）是因子分析的一种特殊方法，也是对观测变量指标衡量潜变量因子的基本情况进行预分析的一种非常重要的统计分析方法，尤其是当观测变量指标与潜变量因子之间的关系不明确，而又缺乏足够的理论依据的情况时，更有必要应用探索性因子方法进行预分析。

这一部分对问卷的因子分析主要借助主成分分析法，利用正交旋转方式，即方差最大旋转进行因子旋转处理，特征值大于 1 是提取因子的标准。在进行探索性因子分析之前，我们首先需要进行 KMO 样本充足度测度与巴特莱球体测度（Bartlett's test of Sphericity）检验，验证样本数据是否能够做探索性因子分析。KMO 样本充足度测度是用来检验量表中所有变量之间的简单相关系数平方和与这些变量之间偏相关系数平方和之差的。一般认为，KMO 在 0.9 以上为非常适合，0.8 ~ 0.9 为很适合；0.7 ~ 0.8 为适合；0.6 ~ 0.7 为勉强；0.5 ~ 0.6 为不太适合；0.5 以下为不适合。巴特莱特球体检验是用来检验相关系数矩阵是否为单位阵，Bartlett 统计值显著性概率小于等于 0.01 时，可作因子分析。以下是各变量的探索性因子分析结果。

7.5.1.1　游客让渡价值

我们首先对游客感知收益的七个因子 27 个指标和感知成本的 3 个指标进

行样本充足度测度与巴特莱球体测度，检验其是否适合做因子分析，检验结果如表7.11所示。

表 7.11　KMO 测度和巴特莱特球体检验结果

KMO 样本测度		0.939
近似卡方分配	近似卡方值	8 819.649
	自由度 df	720
	显著性概率 Sig	0.000

从表 7.11 可以看到 KMO 值为 0.939，大于 0.9 的标准，说明这组数据非常适合做因子分析。表 7.11 中的 Bartlett's 检测的卡方值的显著性概率是 0.000，小于 1%，表明相关系数矩阵不是单位矩阵，数据具有相关性，也表明样本数据适合做因子分析。因子分析的总方差解释结果如表 7.12 所示。在进行探索性因子分析后，潜变量因子负载表如表 7.13 所示。表 7.13 的分析结果显示，八大因子每个因子都通过了因子分析的检验。

表 7.12　总方差解释表

因子	旋转后的因子负载平方和		
	特征值	解释变异百分比	累计解释变异百分比
1	4.324	9.455	9.455
2	4.931	9.924	19.379
3	5.601	11.643	31.022
4	3.462	7.671	38.693
5	4.304	8.411	47.104
6	3.273	6.348	53.342
7	4.059	8.502	61.954
8	3.988	7.338	69.292

表 7.13　旋转后的因子负载矩阵

	因子							
	1	2	3	4	5	6	7	8
EN1	0.857							

表7.13(续)

	因子							
	1	2	3	4	5	6	7	8
EN6	0.816							
EN2	0.794							
EN4	0.788							
EN3	0.745							
EN5	0.675							
FV1		0.826						
FV5		0.769						
FV4		0.696						
FV2		0.652						
FV3		0.613						
SV2			0.823					
SV1			0.797					
SV4			0.735					
SV3			0.691					
JV1				0.776				
JV3				0.711				
JV2				0.648				
BV2					0.872			
BV1					0.844			
BV4					0.751			
BV3					0.667			
QV1						0.866		
QV2						0.827		
QV3						0.673		
EV1							0.717	
EV2							0.692	

表7.13(续)

	因子							
	1	2	3	4	5	6	7	8
EV4							0.654	
EV3							0.620	
EV5							0.581	
CO3								0.832
CO2								0.781
CO1								0.736

由表 7.13 中数据结果可以看出,探索性因子分析的结果得到八个因子,八个因子解释了总共数据信息的 69.292%,表明这些因子体现了大部分原有指标信息。同时,各因子特征值都大于 1,而且各指标在其相应因子上的载荷分布在区间 [0.581,0.872] 内,都大于 0.5 的标准值,表明各指标相关性较明显。综合以上分析可知:结构变量——游客让渡价值,涵盖环境价值、功能价值、服务价值、教育价值、品牌价值、情感价值、特色价值和感知成本八个维度。

7.5.1.2 总体让渡价值

对游客总体让渡价值的 3 个指标进行 K 样本充足度测度与巴特莱球体测度检验,检验结果如表 7.14 所示:KMO 值 0.856,大于 0.8 标准,且 Bartlett's 检验的卡方统计值的显著性概率为 0.000,小于 1%,说明样本数据集中度好,数据相关性显著,总体表明该组数据适合做因子分析。

表 7.14 KMO 测度和巴特莱特球体检验结果

KMO 样本测度		0.856
近似卡方分配	近似卡方值	1 429.336
	自由度 df	11
	显著性概率 Sig	0.000

标准化指标经正交旋转后的载荷矩阵如表 7.15 所示，探索性因子分析的结果得到一个因子，概括了全部信息的 80.473%；同时，如表 7.16 所示，各指标载荷均大于 0.85，反映出各指标间相关性较明显。

表 7.15　总解释变异（游客让渡价值）

	初始特征根			旋转后的因子负载		
	对应特征根	方差贡献率	累积方差贡献率	对应特征根	方差贡献率	累积方差贡献率
1	2.399	80.858	80.858	2.367	80.473	80.473
2	0.399	12.245	92.103			
3	0.240	6.897	100.000			

表 7.16　游客让渡价值因子负载表

游客让渡价值	因子
	1
DV2	0.932
DV1	0.904
DV3	0.885

7.5.1.3　游客满意度

对游客满意度 3 个指标进行样本充足度测度与巴特莱球体测度检验，检验结果如表 7.17 所示：KMO 值 0.874，大于 0.8 标准，此外，Bartlett's 卡方值的显著性概率为 0.000，小于 0.01，表明样本数据较集中，样本间相关性明显存在，综合可知该组样本数据适合做因子分析。

表 7.17　KMO 测度和巴特莱特球体检验结果

KMO 样本测度		0.874
近似卡方分配	近似卡方值	2 290.716
	自由度 df	8
	显著性概率 Sig	0.000

标准化指标经正交旋转后的载荷矩阵如表 7.18 所示，探索性因子分析的结果得到一个因子，该因子概括了全部信息的 81.025%；同时，如表 7.19 所示，各指标载荷均大于 0.8，反映出各指标间相关性明显存在。

表 7.18　总解释变异（游客满意度）

	初始特征根			旋转后的因子负载		
	对应 特征根	方差 贡献率	累积方差 贡献率	对应 特征根	方差 贡献率	累积方差 贡献率
1	2.485	78.452	78.452	2.790	81.025	81.025
2	0.380	14.424	92.876			
3	0.282	8.124	100.000			

表 7.19　游客满意度因子负载表

游客满意度	因子
	1
TS1	0.862
TS3	0.860
TS2	0.846

7.5.1.4　游客忠诚意愿

对游客忠诚度的 3 个指标进行样本充足度测度与巴特莱球体测度检验，检验结果如表 7.20 所示：KMO 值 0.932，大于 0.9，同时，Bartlett's 卡方值的显著性概率是 0.000，小于 0.01，表明样本数据较集中，样本数据间相关性明显存在，综合可知该组样本数据适合做因子分析。

表 7.20　KMO 测度和巴特莱特球体检验结果

KMO 样本测度		0.932
近似卡方分配	近似卡方值	1 247.128
	自由度 df	4
	显著性概率 Sig	0.000

标准化指标经正交旋转处理后的载荷矩阵如表 7.21 所示，该组数据探索性因子分析的结果得到一个因子，概括全部信息的 79.714%，同时，如表 7.22 所示，各指标载荷均大于 0.85，表明各指标之间的相关性比较明显。

表 7.21　总解释变异（游客忠诚意愿）

	初始特征根			旋转后的因子负载		
	对应特征根	方差贡献率	累积方差贡献率	对应特征根	方差贡献率	累积方差贡献率
1	2.397	79.307	79.307	2.340	79.714	79.714
2	0.424	14.528	93.835			
3	0.249	6.165	100.000			

表 7.22　游客忠诚意愿因子负载表

游客忠诚意愿	因子
	1
TL1	0.907
TL2	0.893
TL3	866

7.5.2 验证性因子分析

验证性因子分析（Confirmatory Factor Analysis，CFA）的作用是检验潜在变量是否可以由各个测量变量构成。要进行验证性因子分析，我们首先要看模型的整体拟合指标。模型评价的核心是模型的拟合性，通过一系列模型拟合指数来评估 SEM 模型是否与样本数据拟合以及拟合程度如何。根据大多数研究采用的模型拟合指标的基本情况，本研究选择以下指标评价结构模型的拟合性：拟合优度的卡方检验（χ^2/df）、拟合优度指数（GFI）、调整拟合优度指数（AGFI）、比较拟合指数（CFI）、规范拟合指数（NFI）和近似误差均方根（RMSEA）、简效规范适配指标（PNFI）、增值适配指标（IFI）、非规准适配指标（TLI）。卡方度自由比 χ^2/df 通常作为评价模型适配度是否契合的指标。一般认为，卡方度自由比值小于 1，模型过度适配；而卡方度自由比值大于 3，则表示假设模型无法反映真实观察数据。因此，χ^2/df 在 1 至 3 之间表示假设模型（hypothetical model）与样本数据（sample data）的契合度可以接受。RMSEA 通常被视为最重要的适配指标信息，一般而言，当 RMSEA 的数值高于 0.10 时，模型适配度欠佳；RMSEA 数值在 0.08 至 0.10 之间表明模型具有普通适配性；RMSEA 数值在 0.05 至 0.08 之间表明模型具有合理适配性；RMSEA 数值小于 0.05 表明模型的适配度非常好（Browne & Cudeck，1993）。GFI 为样本数据的观察矩阵与理论构建复制矩阵之差的平方和与观察的方差的比值（余民宁，2006），GFI 值越大说明假设模型与数据的拟合程度越高。在调整拟合优度指数 AGFI 值的估计公式中，要同时考虑到估计的参数数目和观察变量数，因此它可以利用假设模型的自由度与模型变量个数的比率来修正 GFI 指标。AGFI 值通常小于 GFI 值，一般认为，AGFI 值大于 0.90，说明模型与数据适配良好（Hu & Bentler，1999）。CFI 属于比较性适配指标，它表明在测量从最限制模型到最饱和模型时，非集中参数的改善情形（余民宁，2006；Bentler & Bonett，1980）。NFI 是 Bentler 和 Bonett（1980）构建的指标，反映了模型的相对适合度，取值范围在 0 至 1 之间，越接近 1，表示模型拟合得越好。

7.5.2.1 游客让渡价值

本研究采用 AMOS 17.0 软件进行分析，对研究模型和实际数据进行适配检验，模型拟合指数如表 7.23 所示。检验结果表明：拟合优度的卡方检验值为 2.509，小于参考值要求 3；RMSEA 值 0.053，小于参考值要求 0.08；GFI 值 0.912，大于参考值 0.9；CFI 值 0.947，大于参考值 0.9；TLI 值 0.925，大于参考值 0.9；PNFI 值 0.855，大于建议标准 0.5；NFI 值 0.908，大于参考值 0.9；AGFI 值 0.872，大于建议标准 0.8；IFI 值 0.916，大于参考要求 0.9。检验结果说明：各项指标适配达到要求，数据与验证性因子分析模型的拟合程度良好。游客让渡价值的验证性因子分析模型如图 7.4 所示。

表 7.23　模型适配检验结果

适配度指标	指标值	适配标准
χ^2/df	2.509	<3
GFI	0.912	>0.9
AGFI	0.872	>0.8
CFI	0.947	>0.9
TLI	0.925	>0.9
IFI	0.916	>0.9
NFI	0.908	>0.9
PNFI	0.855	>0.5
RMSEA	0.053	<0.08

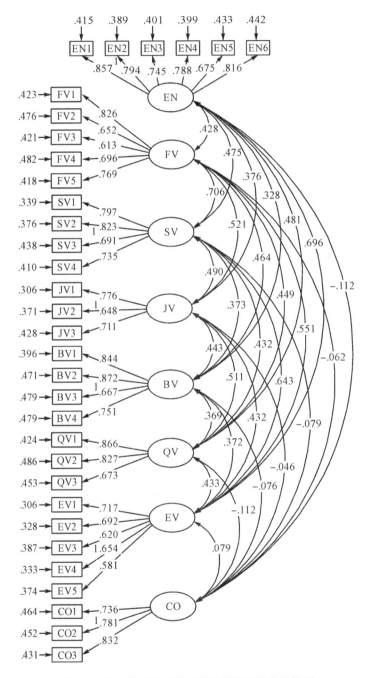

图 7.4 游客让渡价值维度的验证性因子分析模型

7.5.2.2 总体让渡价值、满意度和忠诚度

通过前面探索性因子分析结果可以看出，游客总体让渡价值、满意度和忠诚度是单维结构，所以三个变量在进行验证性因子分析时，各自的结构方程模型都是饱和的，各项模型均完美拟合。从图 7.5、7.6 和 7.7 中，可以看到三个变量模型的部分参数，不难发现，各题项与变量显著相关。

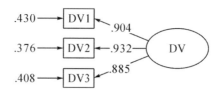

图 7.5 总体让渡价值验证性因子分析模型

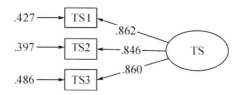

图 7.6 游客满意度验证性因子分析模型

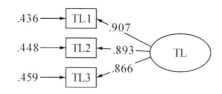

图 7.7 游客忠诚度验证性因子分析模型

7.5.3 量表信度检验

信度检验的作用是分析潜在变量被观测变量解释的程度，进而对量表的一致性和稳定性进行验证。这里利用 Cronbach's α 值进行检验，样本数据的分析结果如表7.24所示。明显可以看出，各题项对总项的相关系数均大于0.6，大多数均超过较高的 0.7 标准，量表总体和各变量 Cronbach's α 值都在区间 [0.829，0.954] 内，证明量表总体内部一致性较好，信度较高。

表 7.24 样本数据的信度分析

题项		分项对总项的相关系数 CITC	删除该题项后的 Cronbach's α 系数	Cronbach's α 系数
量表总体： 样本总量 = 769 总题项数 = 39				0.954
环境价值	EN1	0.842	0.890	0.916
	EN2	0.774	0.895	
	EN3	0.735	0.900	
	EN4	0.797	0.900	
	EN5	0.680	0.895	
	EN6	0.773	0.902	
功能价值	FV1	0.839	0.792	0.875
	FV2	0.769	0.762	
	FV3	0.824	0.773	
	FV4	0.732	0.776	
	FV5	0.784	0.802	
服务价值	SV1	0.763	0.899	0.881
	SV2	0.791	0.894	
	SV3	0.722	0.893	
	SV4	0.768	0.889	
教育价值	JV1	0.786	0.692	0.829
	JV2	0.824	0.662	
	JV3	0.794	0.706	
品牌价值	BV1	0.747	0.775	0.852
	BV2	0.819	0.741	
	BV3	0.688	0.780	
	BV4	0.785	0.802	
情感价值	QV1	0.828	0.633	0.841
	QV2	0.772	0.697	
	QV3	0.686	0.822	
特色价值	EV1	0.797	0.727	0.922
	EV2	0.733	0.722	
	EV3	0.749	0.719	
	EV4	0.676	0.716	
	EV5	0.708	0.731	
感知成本	CO1	0.804	0.740	0.868
	CO2	0.752	0.647	
	CO3	0.786	0.788	

表7.24(续)

题项		分项对总项的 相关系数 CITC	删除该题项后的 Cronbach's α 系数	Cronbach's α 系数
让渡 价值	DV1	0.791	0.812	0.901
	DV2	0.824	0.756	
	DV3	0.757	0.821	
游客 满意	TS1	0.813	0.689	0.869
	TS2	0.765	0.725	
	TS3	0.788	0.792	
游客 忠诚	TL1	0.738	0.840	0.928
	TL2	0.802	0.818	
	TL3	0.791	0.857	

7.5.4　量表效度检验

最常用的效度可以分为两类：内容效度与结构效度。本研究量表是通过文献参考、专家访谈以及游客调研形成的，在正式调查之前根据试调查的情况对问卷进行了修正，因此量表内容效度较高，但我们还需对其结构效度进行检测。结构效度检验的作用是考察系列变量评价的问题特性，结构效度检验需要研究者对研究对象的本质及各方面的相互关系进行理论分析，然后根据理论分析结论对变量关系进行假设，量表测量的即是理论分析与假设设定的对应关系。结构效度分为收敛效度与区别效度，其中前者是指变量与其所解释的变量间的相关性。在做探索性因子分析时，KMO 值均在 [0.858，0.939] 区间内，很适合做因子分析，并提出了有效区分的让渡价值维度，量表各题项在各自对应的维度上收敛较好，所以说，量表满足收敛效度的要求。

结构效度的另一个分类——区别效度，是指变量与其他不被其解释的变量间的不相关性。区别效度的判定是通过对各维度间的相关系数及内部一致性系数进行比较。一般认为，如果相关系数都比对应的内部一致性系数小，则认为量表具有良好的区别效度。表 7.25 给出了本研究相关变量维度间的相关系数，11 个变量都在 0.01 的显著水平上相关，相关程度较高。与表 7.24 中各维度的 α 系数进行对比，不难发现，所有相关系数都比对应维度的 α 系数小，表明量表的区别效度得到满足。

基于以上探索性因子分析、验证性因子分析、信度和效度分析结果可以看出，本研究量表的信度和效度都较高。

表 7.25 相关矩阵及平均抽取方差分析

	EN	FV	SV	JV	BV	QV	EV	CO	DV	TS	TL
EN	.916										
FV	0.428**	.875									
SV	0.475**	0.706**	.881								
JV	0.376**	0.521**	0.490**	.857							
BV	0.328**	0.464**	0.373**	0.443**	.852						
QV	0.481**	0.449**	0.432**	0.511**	0.369**	.841					
EV	0.696**	0.551**	0.643**	0.432**	372**	0.433**	.922				
CO	-0.112**	-0.062**	-0.079**	-0.046**	-0.076**	0.079**	-0.089**	.868			
DV	0.363**	0.445**	0.451**	0.542**	0.378**	0.444**	0.357**	-0.263**	.901		
TS	0.443**	0.616**	0.626**	0.606**	0.449**	0.501**	0.493**	-0.188**	0.754**	.869	
TL	0.359**	0.484**	0.464**	0.531**	0.445**	0.426**	0.398**	-0.198**	0.622**	0.678**	.928

注：** 表示在 0.01 的显著性水平上相关。

7.6 结构方程模型分析

结构方程模型分析主要包括测量模型分析与结构模型分析，其中前者已经通过前文的信度和效度检验部分完成，这里将对结构模型进行分析，并对理论假设进行检验。依据 7.2 节构建的概念模型和理论假设模型，这里给出在 AMOS 17.0 软件中所绘制成的可识别的整体初始结构方程模型的路径图，如图 7.8 所示。以下将对初始结构方程模型依次进行模型路径、理论假设和中介效应检验。

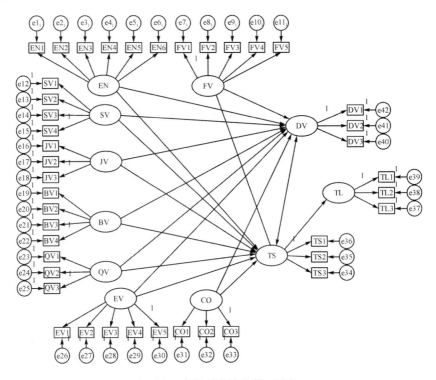

图 7.8　初始结构方程模型路径

7.6.1　模型路径分析

模型的检验与结果评价是 SEM 评价的重要阶段，也是一个较复杂的过程，不同的研究者往往根据建立的初始模型的具体情况出发，采用不同的拟合策略。上节对模型的总体拟合情况做了一个全面的分析，下面将对模型的路径进行分析，从而检验变量的假设关系。

在结构方程建模中，临界比例（Critical Ratio，C. R.），一般叫临界比值，是判定回归系数显著与否的标准，如果临界比值的绝对值不小于 1.96，则认为在显著性水平 0.05 下差异显著（侯杰泰 等，2004）。利用 AMOS 17.0 软件运算得到结构模型路径系数如表 7.26 所示。

表 7.26　标准化回归系数和显著性检验

假设路径		回归系数	标准化回归系数	C. R.	p
H1a	环境→让渡	0.480	0.433	8.235	0.000
H1b	功能→让渡	0.412	0.343	2.257	0.003
H1c	服务→让渡	0.636	0.467	5.210	0.000
H1d	教育→让渡	0.378	0.377	3.031	0.008
H1e	品牌→让渡	0.432	0.327	5.726	0.000
H1f	情感→让渡	0.305	0.297	3.675	0.000
H1g	特色→让渡	0.399	0.348	7.926	0.000
H2	成本→让渡	−0.157	−0.117	−3.641	0.008
H3a	环境→满意	0.617	0.431	6.193	0.001
H3b	功能→满意	0.504	0.438	1.977	0.032
H3c	服务→满意	0.353	0.243	4.986	0.000
H3d	教育→满意	0.318	0.219	5.213	0.000
H3e	品牌→满意	0.396	0.388	2.999	0.003
H3f	情感→满意	0.305	0.297	3.675	0.021
H3g	特色→满意	0.583	0.446	8.018	0.000
H4	成本→满意	−0.366	−0.221	−2.334	0.002
H5	让渡→满意	0.736	0.671	19.141	0.000
H6	满意→忠诚	0.830	0.598	17.794	0.000

在表 7.26 最终结构方程模型交互验证中，结构方程模型中潜变量的路径系数相应的临界比绝对值均大于 1.96 的参考值，在 $p < 0.05$ 的水平上具有统计显著性。

7.6.2　理论假设检验

依据表 7.26 所列的临界比值及 p 值，对前面提出的 6 大项共 18 小项理论假设进行检验，检验结果如表 7.27 所示。

表 7.27　假设检验结果

假设路径		C. R.	p	假设检验
H1a	环境→让渡	8.235	0.000	支持
H1b	功能→让渡	2.257	0.003	支持
H1c	服务→让渡	5.210	0.000	支持
H1d	教育→让渡	3.031	0.008	支持
H1e	品牌→让渡	5.726	0.000	支持
H1f	情感→让渡	5.307	0.000	支持
H1g	特色→让渡	7.926	0.000	支持
H2	成本→让渡	−3.641	0.008	支持
H3a	环境→满意	6.193	0.001	支持
H3b	功能→满意	1.427	0.032	支持
H3c	服务→满意	4.986	0.000	支持
H3d	教育→满意	5.213	0.000	支持
H3e	品牌→满意	2.999	0.003	支持
H3f	情感→满意	1.675	0.021	支持
H3g	特色→满意	8.018	0.000	支持
H4	成本→满意	−2.334	0.002	支持
H5	让渡→满意	19.141	0.000	支持
H6	满意→忠诚	17.794	0.000	支持

从检验结果来看，所有假设都得到了证实与支持。其中，功能价值对游客满意、情感价值对游客满意都具有显著影响，其 C. R. 值分别为 1.427，1.675，说明假设 H3b、H3f 都在 0.05 的显著性水平上得到支持；功能价值对游客让渡价值、教育价值对游客让渡价值、成本价值对游客让渡价值、品牌价值对游客满意、成本价值对游客满意具有显著影响，C. R 值分别为 2.257，3.031，3.641，2.999，2.334，假设 H1b、H1d、H2、H3e、H4 在 0.01 的显著

性水平上得到支持；其他假设均在 0.001 的显著水平上得到支持。

7.6.3 中介效应检验

本研究在 7.2.2 理论假设部分提出游客总体让渡价值、游客满意度分别是游客感知收益、游客感知成本与游客忠诚意愿之间的中介变量的假设，但两者的中介效应显著与否，光靠路径分析不能检验，所以我们必须在结构方程模型路径分析的基础上，对中介效应进行再检验。游客总体让渡价值的中介作用检验结果如表 7.28 所示，游客总体满意度的中介作用检验结果如表 7.29 所示。

表 7.28 游客总让渡价值的中介作用检验结果

变量	总让渡价值		游客忠诚度		游客忠诚度		中介作用
	β	t	β	t	β	t	
环境价值	0.373	5.215	0.354	4.359	0.177	5.863	
功能价值	0.265	9.328	0.269	9.465	0.166	6.147	
服务价值	0.252	9.052	0.264	9.714	0.176	6.673	
教育价值	0.376	13.416	0.339	11.691	0.184	6.107	
品牌价值	0.216	7.314	0.251	9.801	0.193	7.206	
情感价值	0.233	9.044	0.227	8.452	0.138	5.244	
特色价值	0.086	3.039	0.160	5.644	0.120	4.597	
感知成本	-0.232	-8.650	-0.188	-7.415	-0.118	-4.218	
总让渡价值	—		—		0.414	8.968	部分中介
校正 R^2	0.452		0.436		0.508		
F 值	75.365		71.804***		81.147		

在表 7.28 前两个回归方程中，游客让渡价值 8 因子的回归系数均达到显著性水平，将总体让渡价值加入第三个回归方程，系数依然达到显著性水平，不过相比较前两个方程，第三个方程中的回归系数减少很明显，其中，环境价值的回归系数由 0.354 减小到 0.177，功能价值的回归系数由 0.269 减小到 0.166，服务价值的回归系数由 0.264 减小到 0.176，教育价值的回归系数由 0.339 减小到 0.184，品牌价值的回归系数由 0.251 减小到 0.193，情感价值的回归系数由 0.227 减小到 0.138，特色价值的回归系数由 0.160 减小到 0.120，感知成本的回归系数由 -0.188 增加到 -0.118。此外，将游客总体让渡价值加

入回归方程后，回归方程决定性系数增加了7.2%。所以说，游客总体让渡价值在感知收益、感知成本对游客忠诚的作用中起到了部分中介作用，模型假设H7因此得到支持。

表7.29　游客总体满意度的中介作用检验结果

变量	总体满意度		游客忠诚度		游客忠诚度		中介作用
	β	t	β	t	β	t	
环境价值	0.341	6.145	0.354	4.359	0.181	4.982	
功能价值	0.362	16.104	0.269	9.465	0.088	3.245	
服务价值	0.399	17.567	0.264	9.714	0.127	2.580	
教育价值	0.355	14.896	0.339	11.691	0.152	5.291	
品牌价值	0.224	9.421	0.251	9.801	0.160	6.229	
情感价值	0.243	10.167	0.227	8.452	0.121	4.351	
特色价值	0.182	8.042	0.160	5.644	0.073	3.688	
感知成本	-0.169	-7.259	-0.188	-7.415	-0.123	-4.188	
总体满意度	—	—	—	—	0.528	10.664	部分中介
校正 R^2	0.596		0.436		0.524		
F 值	98.354		71.804***		92.517		

注：*** 表示 0.001 的显著水平。

通过表7.29的数据可以看出，在前两个回归方程中，让渡价值8因子的回归系数均达到显著性水平，将总体让渡价值加入第三个回归方程，8因子的回归系数依然显著，不过回归系数明显减小，其中环境价值的回归系数由0.354减小到0.181，功能价值的回归系数由0.269减小到0.088，服务价值的回归系数由0.264减小到0.127，教育价值的回归系数由0.339减小到0.152，品牌价值的回归系数由0.251减小到0.160，情感价值的回归系数由0.227减小到0.121，特色价值的回归系数由0.160减小到0.073，感知成本的回归系数由-0.188增加到-0.123。此外，回归方程中加入游客总体满意度，其决定性系数增加了8.8%。所以说，游客总体满意度在感知收益、感知成本对游客忠诚意愿的作用过程中起到了部分中介作用，模型假设H8因此得到支持。

综合以上模型假设检验结果，根据假设而提出的因果模型如图7.9所示。

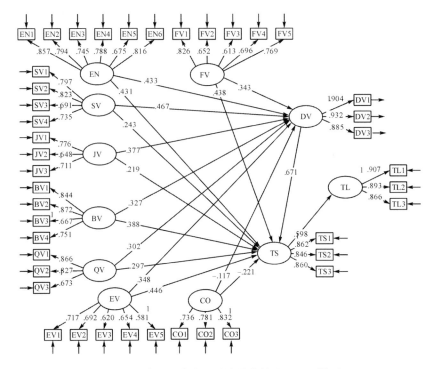

图 7.9　游客让渡价值对旅游营销作用机制模型

7.6.4　检验结果分析

本节通过对结构方程模型中各变量进行关系分析及假设检验，探讨了游客让渡价值（包括八个维度）对游客满意度、游客忠诚度，即低碳旅游营销的影响作用机制，将游客忠诚作为低碳旅游景区营销效果的反映，进一步对旅游景区低碳旅游营销给出几点建议。

（1）重点提升游客的服务价值和功能价值。在游客让渡价值的感知收益的七个维度中，环境价值、功能价值和服务价值是影响游客感知收益作用最大的三个要素，景区经营者可将提升游客让渡价值的重点放在这三个维度上。由于九寨沟景区在生态保护、环境治理方面做了非常多的工作，所以其工作重点要转向提升游客的功能价值和服务价值两方面，这就要求景区管理者将旅游产品设计、服务设施改善、工作人员服务提升等工作摆在重要位置。

（2）统筹兼顾好旅游发展与环境保护。旅游开发一方面促进旅游产业和地区经济发展，但另一方面可能对环境造成很大的破坏。由于九寨沟在环境保护方面工作做得较好，很多游客更重视功能价值、服务价值方面的收益。随着低碳知识的普及、低碳意识的增强以及低碳旅游不断深入人心，即使是非自然景观区，旅游者对环境价值的重视程度也会不断的提高，因此旅游景区要统筹兼顾，协调好旅游发展与环境保护的关系。以下几方面的工作不仅是旅游者教育价值提高的有效手段，也能为旅游者心理上、行为上接受并践行低碳旅游提供帮助：①应用美学与系统学理论，搞好旅游景区的低碳规划；②对旅游者加强环境保护宣传教育，提高其环保的自觉性；③旅游营销过程中对低碳旅游者提供一定的低碳补偿。

（3）适时改善游客感知成本。游客感知成本对游客满意和游客忠诚有明显的负面作用，与感知收益的七个因素做比较，感知成本的影响效果稍弱一些。随着景区对游客的收益的重视，它的各个因素都在不断改进，但感知收益的不断改进必然需要更多的投入，这给旅游景区造成的负担越来越重。如果感知收益各要素改进需要投入的成本与降低游客感知成本的代价接近甚至还要大时，景区就需要转移改善游客让渡价值的方向，比如采取相关措施降低产品与服务价格，减少游客进入景区的时间，节省游客旅游中的精神和体力消耗。

7.7 本章小结

本章利用结构方程模型方法研究了旅游业价值让渡系统对低碳旅游景区营销的影响作用机制。通过分析游客让渡价值——游客满意度——游客忠诚度的相互关系，本章提出了游客让渡价值与游客满意度及忠诚意愿之间关系的假设模型，并通过形成初始问卷、修正预调查数据形成最终问卷，然后运用调查问卷进行实地调查，使用 SPSS 17.0 和 AMOS 17.0 软件对收集的数据进行科学分析。本章在统计分析的基础上对调查数据及访谈结果从低碳旅游景区建设角度给出相应结论建议；在探索性因子分析的基础上对量表的信度和效度进行检验，从而考察量表的可靠性和有效性，进一步地，又对结构方程模型进行适配性分析和假设检验。研究揭示了游客让渡价值对游客满意度及忠诚意愿的作用机制，这些研究结论将为实际营销管理决策提供理论指导。

8 结语

低碳旅游景区营销模式是一个以游客让渡价值最大化为目标，涵盖了价值的创造、增值、交付以及协同在内的营销系统，该系统内的多方主体以一种竞争、合作的关系并存，系统依托旅游景区低碳化建设，以低碳旅游产品为价值传递媒介。本研究基于价值让渡系统和低碳旅游理论，利用多种研究方法，提出基于价值让渡系统的低碳旅游景区营销模式，并借助结构方程模型的方法从游客让渡价值角度对低碳旅游景区营销进行分析，为实际旅游管理和营销改进提供借鉴，具有重要的理论价值和现实意义。

8.1 主要工作

针对旅游业的价值让渡系统、竞争合作运行机制、低碳旅游景区营销模式等核心问题，本研究综合运用各种研究方法，主要做了以下工作。

（1）旅游业中的价值让渡系统界定。本研究在分析波特的价值系统概念的基础上，引出价值让渡系统的概念，并将其与价值系统、顾客让渡价值进行对比，对其系统特征进行分析；将价值让渡系统应用于旅游业，给出旅游业价值让渡系统的定义，并详细研究了其内、外部价值让渡系统的构成角色，以及内、外部系统的提升策略；分别从三方主体、构建原则、运作机制和实施目标四方面对旅游价值让渡系统的整体特性及运行方式进行分析。

（2）旅游业价值让渡系统的合作竞争运行机制。价值让渡系统中各方主体除了基于自身利益天然存在的竞争关系，他们更多的是合作协同的关系。旅游价值链是价值让渡系统中让渡价值创造的根据，价值创造始于消费者需求，旅游营销应集中于提升品牌影响。渠道价值链是价值增值的途径，营销渠道的设计更多的是合作商的选择，由于营销渠道的多样性，经销商需提供完备的销售服务体系。顾客价值链是价值交付的依据，必须构建合理的顾客价值链并实现科学管理，ABUP 游客满意策略是旅游营销管理的依据。景区与旅游中间商通过战略协同、业务协同、信息协同和知识协同实现让渡价值协同。

（3）低碳旅游实施的框架和路径体系。低碳旅游是低碳经济的旅游响应模式，是生态文明的旅游实现，是可持续发展的新路径，其实施有着经济、社会和环境三个方面的综合效益。旅游景区是旅游吸引力来源和旅游消费动力，是旅游业的核心要素，旅游景区的低碳发展是实现旅游业低碳发展的关键，可从硬件设施、管理体系、服务体系和日常维护等方面开始建设。低碳旅游产品是旅游地和相关主体通过开发、利用旅游资源，提供给旅游者的具有低碳性、低耗能性和低污染性等特征的有形产品与无形服务的总和，从其产品构成层次对其组成要素和构建措施着手产品创新。倡导低碳旅游消费方式是从消费者的思维方式和消费习惯方面改进低碳旅游营销、实践低碳旅游的重要手段。

（4）基于价值让渡系统的低碳旅游景区营销模式构建。本研究从旅游营销模式的定义、界定、分类分析入手，对比旅游营销渠道，介绍旅游营销模式的发展情况，提出基于价值让渡系统的低碳旅游景区营销模式构建思想；在旅游业价值让渡系统思想的基础上，对基于价值让渡系统的低碳旅游景区营销模式进行定义，并对模式的内容进行分析；从旅游景区的市场营销层次性分析入手，对低碳旅游景区营销模式的实施进行创新，并对其应用进行具体分析介绍；从相关政策体系和政策保障措施两个方面，构建完善的基于价值让渡系统的低碳旅游景区营销模式的低碳保障体系。

（5）价值让渡系统对低碳旅游景区营销的影响机制研究。本研究从游客让渡价值角度入手，以游客忠诚度为营销效果体现，对低碳旅游景区营销效果进行评价，以期探寻价值让渡系统对低碳旅游景区营销的作用机制，并通过实证有针对性地提出营销模式改进建议。本研究在理论分析和前人工作总结的基础上，构建价值让渡系统对低碳旅游景区营销作用机制的概念模型，并提出研究假设；在问卷设计、实地调查之后，通过探索性因子分析、验证性因子分析、量表信度和效度检验，对结构方程模型与研究假设进行检验，并从检验结果对低碳旅游景区营销实践给出建议，为实际营销管理决策提供理论指导。

8.2　研究创新

本研究的创新点主要包括以下四个方面：

（1）将顾客价值让渡系统概念引入旅游行业，并定义旅游业价值让渡系统的具体含义，分析其系统构成和系统特性，进一步发展顾客价值理论体系。

（2）从系统的角度分析旅游营销的价值让渡系统运行机制，突破以往单独从制造商或经销商角度对营销模式进行考量的桎梏，根据旅游行业及其价值转移过程的特殊性，提出其竞争基础上的合作协同运行模式，从而促进营销理论发展。

（3）在价值让渡系统的基础上，根据现有旅游营销模式发展情况，提出低碳旅游景区营销模式构建思想，创新旅游营销模式，并从多角度构建完善的基于价值让渡系统的低碳旅游景区营销模式的保障支持体系。

（4）从游客让渡价值角度，利用结构方程模型方法，分析低碳旅游景区营销效果，探索旅游价值让渡系统对低碳旅游景区营销的影响作用机制，在实证分析的基础上对现有旅游营销模式的改进提供参考。

8.3　后续展望

由于受时间、条件等诸多因素限制，以及本人能力水平有限，本研究没有更全面、更系统地对价值让渡系统和低碳旅游营销进行足够深入、细致的论述。综合整篇文章及以上对各种方法的总结，本研究的不足之处体现在如下三个方面：

（1）在现实旅游消费环境中，由于影响游客收益的因素十分复杂，并且这些因素变动性比较大，研究者难以严格控制其他因素，因此在游客让渡价值的观测指标选择上有一定的局限，由此可能导致结论受到一定限制。

（2）由于工作量、时间、人员等所限，加之要大量涉及专家访谈、问卷调研，本研究只是基于九寨沟一个旅游景区，为此样本选择具有一定的局限性，但即使如此，调研、评价亦是任务繁重，这是比较遗憾的事。

（3）旅游业中的价值让渡系统概念研究不足，使得旅游者收益没能达到应有的重要性。同时，结构方程模型指数惩罚模型的复杂性，使得本研究在模型中无法体现出旅游者收益的多层次性来，从而难以区分哪种收益对旅游者更重要。

关于旅游营销效果的评价分析，是一项复杂且具有挑战性的工作。通过本论研究，笔者深深感到这一研究只是刚刚入门，还有许多问题有待进一步深入解决。

（1）本研究虽然探讨了旅游业中游客让渡价值的影响因素，也进一步研究了游客价值让渡系统对旅游营销的作用机理问题，但影响游客让渡价值的因素十分复杂，以后需进一步研究旅游者收益多层次的观察测量指标，进一步分解、细化指标体系。

（2）未来研究可以把本研究的结构模型应用到其他类型的旅游景区，进一步检验该模型中结构变量之间的关系，以此考察本研究反映的研究结论在不同类型旅游目的地营销中存在的不同，从而提高该模型对其他旅游目的地的普适性，拓展研究结论的应用范围。

对于以上研究的不足之处和后续工作，笔者将在今后的工作、生活中继续努力学习，不断提高学术水平，抽出更多的时间去进行具体管理问题的方法研究，为具体管理问题的研究方法体系完善，进而为管理实践做出更多贡献。

参考文献

[1] ANDERSON E, EUGENE W, SULLIVAN M W. The antecedents and consequences of customer satisfaction for firms[J]. Marketing Science,1993,(12): 125-143.

[2] ANDERSON E, FORNELL W C, LEHMANN D R. Customer satisfaction, market share, and profitability: Findings from Sweden [J]. Journal of Marketing, 1994, (58): 53-66.

[3] ANDERSON J C, JAIN C, CHINTAGUNTA P K. Customer Value Assessment in Business Markets [J]. Journal of Business-to-Business Marketing, 1993, (1): 3-29.

[4] ANDREASSEN T W. Customer loyalty and complex services [J]. International Journal of Service Industry Management, 1998, 9 (1): 178-194.

[5] BECKEN S, SIMMONSB D G, FRAMPTON C. Energy use associated with different travel choices [J]. Tourism Management, 2003, (24): 267-277.

[6] BECKEN S. Harmonising climate change adaptation and mitigation: The case of tourist resorts in Fiji [J]. Global Environmental Change, 2005, (15): 381-393.

[7] BERRITTELLA M, BIGANO A. A general equilibrium analysis of climate change impacts on tourism [J]. Tourism Management, 2006, (27): 913-924.

[8] BITNER M J, HUBBART A. Encounter satisfaction versus overall satisfaction versus quality In R BITNER M J, HUBBERT A R. Service quality: New directions in theory and practice [C]. Thousand Oaks: SAGE Publications, 1994, 72-94.

[9] BITNER M J. Servicescapes: The impact of physical surroundings on and employees [J]. Journal of Marketing, 1990, 56 (5): 57-71.

[10] BODE S, HAPKE J, ZISLER S. Need and options for regenerative energy supply in holiday facilities [J]. Tourism Management, 2003, 24 (3): 257-266.

[11] BOJANIC D C. Consumer perceptions of price, value and satisfaction in the hotel industry: An exploratory study [J]. Journal of Hospitality and Leisure Mar-

keting, 1996, 4 (1): 5-22.

[12] BOLTON R N, DREW J H. A multistage model of customers' assessments of service quality and value [J]. Journal of Consumer Research, 1991, 17 (3): 375-384.

[13] BOLTON R N, LEMON K N A. Dynamic model of customers' usage of services: usage as an antecedent and consequence of satisfaction [J]. Journal of Marketing Research, 1999, 36 (5): 171-186.

[14] BOO E. The ecotourism boom: planning for development and management [R]. Washington, 1992: 11-16.

[15] BOULDING W, KALRA A, STAELIN R. A dynamic process model of service quality: from expectations to behavioral intentions [J]. Journal of Marketing Research, 1993, 30 (2): 7-27.

[16] BUTLER R. Tourism in the future: Cycles, waves or wheels? [J]. Futures, 2009, 41 (6): 346-352.

[17] CEBALLOS L H. The future of ecotourism[J]. Mexico Journal, 1987, 1: 13-14.

[18] CHANG T Z, WILDT A R. Price, product information, and purchase intention: An empirical study [J]. Journal of the Academy of Marketing Science, 1994, 22 (1): 16-27.

[19] CHANGBO S, JINGJING P. Construction of low-carbon tourist attractions based on low-carbon economy [J]. Energy Procedia, 2011, (5): 759-762.

[20] Chen C. Researches on application of the renewable energy technologies in the development of low-carbon rural tourism [J]. Energy Procedia, 2011, (5): 1722-1726.

[21] CHENG Q, SU B, TAN J. Developing an evaluation index system for low-carbon tourist attractions in China – A case study examining the Xixi wetland [J]. Tourism Management, 2013, (36): 314-320.

[22] CRONIN J J, BRADY M K, BRAND R R. A cross-sectional test of the effect and conceptualization of service value [J]. Journal of Services Marketing, 1997, 11 (6): 375-391.

[23] CRONIN J J, BRADY M K, HULT G T M. Assessing the effects of quality, value and customer satisfaction on consumer behavioral intentions in service environments [J]. Journal of Retailing, 2000, 76 (2): 193-218.

[24] CRONIN J J, TAYLOR S A. Measuring service quality: a reexamination and extension [J]. Journal of Marketing, 1992, 56: 55-68.

[25] DALTON M, O'NEILL B, PRSKAWETZ A, et al. Population aging and future

carbon emissions in the United States [J]. Energy Economics, 2008, (30): 642-675.

[26] DAVISON L, RYLEY T. Tourism destination preferences of low-cost airline users in the Last Midlands [J]. Journal of Transport Geography, 2010, (18): 458-465.

[27] DICKINSON J E, ROBBINS D. Holiday travel discourses and climate change [J]. Journal of Transport Geography, 2010, (18): 482-489.

[28] DODDS W B, MONROE K B, GREWAL D. The effects of price, brand and store information on buyers' product evaluations [J]. Journal of Marketing Research, 1991, 28 (8): 307-319.

[29] DODDS W B, MONROE K B. The effect of brand and price information on subjective product evaluations [J]. Advances in Consumer Research, 1985, (12): 85-90.

[30] ENNEW C T, BINKS M R. Impact of participative service relationships on quality, satisfaction, and retention: an exploratory study [J]. Journal of Business Research, 1999, 46 (2): 121-132.

[31] FENNELL D A, EAGLES P. Ecotourism in Costa Rica: A Conceptual Framework [J]. Journal of Park and Recreation Administration, 1989, 8 (1): 23-24.

[32] FILIMONAU V, DICKINSON J, ROBBINS D, et al. The role of 'indirect' greenhouse gas emissions in tourism: Assessing the hidden carbon impacts from a holiday package tour [J]. Transportation Research Part A: Policy and Practice, 2013, 54: 78-91.

[33] FILION F L. The role of national tourism associations in the preserving of the environment in Africa [J]. Journal of Travel Research, 1992, (4): 7-12.

[34] FLINT D J, WOODRUFF R B, GARDIAL S F. Exploring the Phenomenon of Customers' Desired Value Change in a Business-to-Business Context [J]. Journal of Marketing, 2002, (66): 102-117.

[35] FORNELL C, JOHNSON M D, ANDERSON E W. The American satisfaction index: Nature, purpose and findings [J]. Journal of Marketing, 1996, 60 (10): 7-18.

[36] FORTUNY M, SOLER R, CANOVAS C, et al. Technical approach for a sustainable tourism development, Case study in the Balearic Islands [J]. Journal of Cleaner Production, 2008, 16 (7): 860-869.

[37] GALE B T. Managing customer value [M]. New York: Free Press, 1994.

[38] GÖSSLING S, GARROD B, AALL C, et al. Food management in tourism: reducing tourism's carbon 'foodprint' [J]. Tourism Management, 2011, 32 (3): 534-543.

[39] GOSSLING S, HANSSON C B. Ecological footprint analysis as a tool to assess tourism Sustainability [J]. Ecological Economics, 2002, (43): 199-211.

[40] GOSSLING S. Carbon neutral destinations: a conceptual analysis [J]. Journal of Sustainable Tourism, 2009, 17 (1): 17-37.

[41] GOTLIEB J B, GREWAL D, BROWN S W. Consumer satisfaction and perceived quality: Complementary or divergent [J]. Journal of Applied Psychology, 1994, 79 (6): 875-885.

[42] HAEMOON O. Service quality, customer satisfaction, and customer value: a holistic perspective [J]. International Journal of Hospitality Management, 1999, 18 (1): 67-82.

[43] HALLOWELL R. The relationships of customer satisfaction, customer loyalty, and profitability: an empirical study [J]. International Journal of Service Industry Management, 1996, 7 (4): 27-42.

[44] HAMILTON J M, MADDISON D J. Climate change and international tourism: A simulation study [J].. Global Environmental Change, 2005, (15): 253-266.

[45] HOWARD B, LEONARD E, GOODSTEIN D. Measuring customer value: gaining the strategic advantage [J]. Organizational Dynamics, 1996, (24): 63-77.

[46] HU Y, RITCHIE J R B. Measuring destination attractiveness: a contextual approach [J]. Journal of Travel Research 1993, 32 (2): 25-34.

[47] HUANG C, DENG H. The model of developing low-carbon tourism in the context of leisure economy [J]. Energy Procedia, 2011, 5: 1974-1978.

[48] HUDSON S, RITCHIE J R B. Film tourism and destination marketing [J]. Journal of Vacation Marketing, 2005, 12 (3): 256-268.

[49] HUNT J D. Rural tourism: new focus on a traditional industry [J]. Western Wildlands, 1992, 18 (3): 2-3.

[50] INGRAM C D, DURST P B. Marketing nature-oriented tourism for rural development and wildlands management in developing countries: a bibliography [J]. Annals of Tourism Research, 1988, 15 (2): 299.

[51] JEANKE W, VAN DER HAAR, RON G M K, et al. Creating Value that Cannot Be Copied [J]. Industrial marketing Management, 2001, (30): 627-636.

[52] JEFFRIES D. Defining the tourism product: its significance in tourism marketing [J]. Tourist Review, 1971, 26 (1): 2-5.

[53] JOHNSTON D, LOWE R, BELL M. An Exploration of the Technical Feasibility of Achieving Carbon Emission Reductions in Excess of 60% Within the UK Housing Stock by the Year 2050 [J]. Energy Policy, 2005, (33): 1643-1659.

[54] KELLY J, WILLIAMS P W. Modelling Tourism Destination Energy Consumption and Greenhouse Gas Emissions: Whistler, British Columbia, Canada [J]. Journal of Sustainable Tourism, 2007, 15 (1): 67-90.

[55] KOJI S, YOSHITAKA T, KEI G, et al. Developing a long-term local society design methodology towards a low-carbon economy: an application to Shiga prefecture in Japan [J]. Energy Policy, 2007, (35): 4688-4703.

[56] KOTLER P. Marketing management: analysis, planning, implementation, and control [M]. ninth edition Prentice Hall International, Inc, 1999.

[57] KUO N, CHEN P. Quantifying energy use, carbon dioxide emission, and other environmental loads from island tourism based on a life cycle assessment approach [J]. Journal of Cleaner Production, 2009, (17): 1324-1330.

[58] LEE J W, BRAHMASRENE T. Investigating the influence of tourism on economic growth and carbon emissions: evidence from panel analysis of the European Union [J]. Tourism Management, 2013, 38: 69-76.

[59] LIN T P. Carbon dioxide emissions from transport in Taiwan' national parks [J]. Tourism Management 2010, (31): 285-290.

[60] LIU H Y, WU S D. An assessment on the planning and construction of an island renewable energy system-A case study of Kinmen Island [J]. Renewable Energy, 2010, 35 (12): 2723-2731.

[61] LIU J, FENG T, YANG X. The energy requirements and carbon dioxide emissions of tourism industry of Western China: A case of Chengdu city [J]. Renewable and Sustainable Energy Reviews, 2011, 15 (6): 2887-2894.

[62] LUMSDON L M, MCGRATH P. Developing a conceptual framework for slow travel: a grounded theory approach [J]. Journal of Sustainable Tourism, 2011, 19 (3): 265-279.

[63] LUO J, ZHANG M. Route choice of low-carbon industry for global climate change: an issue of China tourism reform [J]. Energy Procedia, 2011, 5: 2283-2288.

[64] MAIR J. Exploring air travellers' voluntary carbon-offsetting behaviour

[J]. Journal of Sustainable Tourism, 2011, 19 (2): 215-230.

[65] MARK B O. Towards a more desirable form of ecotourism [J]. Tourism Management, 1995, (1): 3-8.

[66] MARTIN-CEJAS R R, SAINCHEZ P P R. Ecological footprint analysis of road transport related to tourism activity: The case for Lanzarote Island [J]. Tourism Management, 2010, (31): 98-103.

[67] MAYORA K, RICHARD S J. The impact of the UK aviation tax on carbon dioxide emissions and visitor numbers [J]. Transport Policy, 2007, (14): 507-513.

[68] MAZZARINO M. The economics of the greenhouse effect: evaluating the climate change impact due to the transport sector in Italy [J]. Energy Policy, 2000, (28): 957-966.

[69] MILLER M. The rise of costal and marine tourism [J]. Ocean & costal Management, 1993, 20 (3): 181-199.

[70] MO L, YAO L, XU J. A class of differential dynamic system model for low carbon tourism and its application to LSD [J]. World Journal of Modelling and Simulation, 2010, 6 (3): 177-188.

[71] MONORE K B, KRISHNAN R. The effect of price on subjective product evaluation [C]. In: Jacoby J, and Olson J C, Eds., Perceived Quality: How Consumers View Stores and Merchandise, 1985, Lexington Books, Lexington, 209-232.

[72] MONROE K B. Pricing-making Profitable Decisions [M]. New York: McGraw Hill, 1991.

[73] NAYLOR G. How consumers determine value: A new look at inputs and process [D]. Unpublished doctoral dissertation, The University of Arizona, Tucson, AZ, 1996.

[74] OLIVER R L. A cognitive model of the antecedents and consequences of satisfaction decisions [J]. Journal of Marketing Research, 1980, 17, 460-469.

[75] OLIVER R L. Value as Excellence in the Consumption Experience [M]. London and New York: Routledge, 1999.

[76] PALMER A, BEJOU D. Tourism destination marketing alliances [J]. Annals of Tourism Research, 1995, 22 (3): 616-629.

[77] PALMER T, RIERA A. Tourism and environmental taxes with special reference to the " Balearic ecotax" [J]. Tourism Management, 2003 (24): 665-674.

[78] PARASURAMAN A, ZEITHAML V, BERRY L. A conceptual model of

quality and its implications for future research [J]. Journal of Marketing, 1985, 49 (3): 41-50.

[79] PARASURAMAN A, ZEITHAML V, BERRY L. Refinement and reassessment of the SERVQUAL scale [J]. Journal of Retailing, 1991, 67 (4): 420-450.

[80] PARASURAMAN A, ZEITHAML V, BERRY L. Servqual: A multiple-item scale for measuring consumer perceptions of service quality [J]. Journal of Retailing, 1988, 64 (1): 12-40.

[81] PATTERSON P G, SPRENG R A. Modeling the relationship between perceived value, satisfaction and repurchase intentions in a business – to – business, service context: an empirical examination [J]. The International Journal of Service Industry Management, 1997, 8 (5): 415-432.

[82] PATTERSON T M. Beyond " more is better": Ecological footprint accounting for tourism and consumption in Val di Merse [J]. Ecological Economics, 2007 (62): 747-756.

[83] PEETERS P, DUBOIS G. Tourism travel under climate change mitigation constraints [J]. Transport Geography, 2009, 09 (003): 1-11.

[84] PETRICK J F, MORAIS D D, NORMAN W C. An examination of the determinants of entertainment vacationers' intentions to revisit [J]. Journal of Travel Research, 2001, 40 (8): 41-48.

[85] PULIAFITO S E, PULIAFITO J, GRAND M C. Modeling population dynamics and economic growth as competing species: An application to CO_2 global emissions [J]. Ecological Economics, 2008, (65): 602-615.

[86] RALF B. Sustainable tourism: Research and reality [J]. Annals of Tourism Research, 2012, 39 (2): 528-546.

[87] RAMANATHAN R. A multi-factor efficiency perspective to the relationships among world GDP, energy consumption and carbon dioxide emissions [J]. Technological Forecasting & Social Change, 2006, (73): 483-494.

[88] RAVALD A, GRONROOS C. The Value Concept and Relationship Marketing [J]. European Journal of Marketing, 1996, (30): 19-30.

[89] READ M. Socio-economic and environmental cost – benefit analysis for tourism products – A prototype tool to make holidays more sustainable [J]. Tourism Management Perspectives, 2013, 8: 114-125.

[90] REHAN R, NEHDI M. Carbon dioxide emissions and climate change:

policy implications for the cement industry [J]. Environmental Science & Policy, 2005, (8): 105-114.

[91] RICHARD S J. The impact of a carbon tax on international tourism [J]. Transportation Research (Part D), 2007, (12): 129-142.

[92] RICHARD S J. The impact of a carbon tax on international tourism [J]. Transportation Research Part D: Transport and Environment, 2007, 12 (2): 129-142.

[93] RITCHIE J R. A framework for an industry supported destination marketing information system [J]. Tourism Management, 2002 (23): 439-454.

[94] RUST T R, OLIVER L R. Service quality: Insight and managerial implications from the frontier [M]. Sage Publications, 1994.

[95] RYEL R, GRASSE T. Marketing ecotourism: attracting the elusive ecotourist, in T Whelan (ed) Nature Tourism: Managing for the Environment [M]. Washington, D C.: Island Press 1991.

[96] SCHEYVENS R. Ecotourism and the empowerment of local communities [J]. Tourism Management, 1999, (02): 245-249.

[97] SCHMALLEGGER D, CARSON D. Blogs in tourism: changing approaches to information exchange [J]. Journal of Vacation Marketing, 2008, 14 (2): 99-110.

[98] SCOTT D, JONES B. Implications of climate and environmental change for nature-based tourism in the Canadian Rocky Mountains: A case study of Waterton Lakes National Park [J]. Tourism Management, 2007 (28): 570-579.

[99] SHELDON P. Tourism Information Technology [M]. CAB, Oxford, 1997.

[100] SIROHI N, MCLAUGHLIN E D, WITTINK D R. A model of consumer perceptions and store loyalty intentions for a supermarket retailer [J]. Journal of Retailing, 1998, 74 (2): 223-245.

[101] SMITH I J, RODGER C J. Carbon emission offsets for aviation-generated emissions due to international travel to and from New Zealand [J]. Energy Policy, 2009, (37): 3438-3447.

[102] SÖDERHOLMA P, HILDINGSSONB R, JOHANSSONC B, et al. Governing the transition to low-carbon futures: A critical survey of energy scenarios for 2050 [J]. Futures, 2011, (10): 1105-1116.

[103] SOYTAS U, SARI R, EWING B T. Energy consumption, income, and carbon

emissions in the United States [J]. Ecological Economics, 2007, (62): 482-489.

[104] SOYTAS U, SARI R. Energy consumption, economic growth, and carbon emissions: Challenges faced by an EU candidate member [J]. Ecological Economics, 2009, (68): 1667-1675.

[105] SPRENG R A, MACKENZIE S B, OLSHAVSKY R W. A reexamination of the determinants of consumer satisfaction [J]. Journal of Marketing, 1996, 60: 15-32.

[106] STRETESKY P B, LYNCH M J. A cross - national study of the association between per capita carbon dioxide emissions and exports to the United States [J]. Social Science Research, 2009, (38): 239-250.

[107] SWEENEY J C, SOUTAR G N, JOHNSON L W. The role of perceived risk in the quality-value relationship: a study in a retail environment [J]. Journal of Retailing, 1999, 75 (1): 77-105.

[108] SWEENEY J. C, SOUTAR G N. Consumer perceived value: The development of a multiple item scale [J]. Journal of Retailing, 2001, (77): 203-220.

[109] TANG Z, SHI C B, LIU Z. Sustainable Development of Tourism Industry in China under the Low-carbon Economy [J]. Energy Procedia, 2011, 5: 1303-1307.

[110] TAYLOR S A, BAKER T L. An assessment of the relationship between service quality and customer satisfaction in the formation of consumers' purchase intentions [J]. Journal of Retailing, 1994, 70 (2): 163-178.

[111] TREFFERS T, FAAIJ A P C, SPARKMAN J, et al. Exploring the Possibilities for Setting up Sustainable Energy Systems for the Long Term: Two Visions for the Dutch Energy System in 2050 [J]. Energy Policy, 2005, (33): 1723-1743.

[112] U. K Energy White Paper 2003. Our Energy Future: Creating a Low-carbon Economy [R]. London, 2003.

[113] VIOLA F M, PAIVA S L D, SAVI M A. Analysis of the global warming dynamics from temperature time series [J]. Ecological Modelling, 2010, (16): 1964-1978.

[114] WAKEFIELD K L, BARNES J H. Retailing hedonic consumption: A model of sales promotion of leisure service [J]. Journal of Retailing, 1996, 72 (4): 409-428.

[115] WEARING S, NEIL J. Ecotourism: impacts, potentials and possibilities [M]. Butterworth & Heinemann, 1999

[116] WOBET K W. Information supply in tourism management by marketing

decision support systems [J]. Tourism Management, 2003, 24 (3): 241-255.

[117] WOODRUFF R B. Customer value: the next source for competitive advantage [J]. Journal of the Academy of Marketing Science, 1997, (25): 139-153.

[118] WORLD TOURIST ORGANIZATION (WTO). What tourism managers need to know: a practical guide to the development and use of indicators of sustainable tourism [R]. Madrid, 1996, 20-45.

[119] YAW F. Cleaner technologies for sustainable tourism: Caribbean case studies [J]. Journal of Cleaner Production, 2005, 13 (2): 117-134.

[120] ZEITHAML V. Consumer Perception of price, quality and value: a means-end model and synthesis of evidence [J]. Journal of Marketing, 1988, (52): 2-22.

[121] ZHANG Q, LIU H. Study on Design and Research of Tourist Souvenirs on the Background of Low-carbon Economy [J]. Energy Procedia, 2011, 5: 2416-2420.

[122] 安同江, 车慧颖. 低碳旅游理念及海岛低碳旅游发展模式探析 [J]. 重庆工商大学学报 (自然科学版), 2012, 29 (12): 106-111.

[123] 白瑜. 浅谈顾客让渡价值与顾客满意的关系 [J]. 科学之友 (B版), 2008, (7): 81-82.

[124] 鲍勃·麦克彻, 希拉里·迪克罗. 文化旅游与文化遗产管理 [M]. 朱路平译. 天津: 南开大学出版社, 2006: 109-113.

[125] 波林·谢尔登. 旅游目的地信息系统 [J]. 旅游学刊, 1995, (4): 26-29.

[126] 卜庆娟. 基于让渡价值的顾客满意度比较模型的案例研究 [J]. 数理统计与管理, 2009, 28 (1): 46-58.

[127] 布哈利斯. 目的地开发的市场问题 [J]. 旅游学刊, 2000, (4): 71-73.

[128] 蔡萌, 汪宁明. 基于低碳视角的旅游城市转型研究 [J]. 人文地理, 2010, 5 (25): 32-35; 74.

[129] 蔡萌, 汪宇明. 低碳旅游: 一种新的旅游发展方式 [J]. 旅游学刊, 2010, (1): 13-17.

[130] 蔡萌. 低碳旅游的理论与实践 [D]. 华东师范大学, 2012.

[131] 曹焕男, 秦志明, 李洪梅. 基于体育旅游的我国旅游业营销创新问题的研究 [J]. 中国商贸, 2011, (32): 188-189.

[132] 曹会林. 浅议低碳旅游与旅游企业的低碳举措 [J]. 价值工程, 2010, 29 (4): 31.

[133] 柴海燕. 旅游目的地网络口碑传播研究 [D]. 武汉大学, 2011.

[134] 陈国生, 唐婧, 刘伟辉. 低碳旅游生态循环经济系统构架研究: 以湖南为例 [C]. 中国可持续发展研究会, 2010.

[135] 陈敬芝. 论旅游景区的差异化营销策略选择与组合 [J]. 企业经济, 2012, 31 (9): 138-141.

[136] 陈丕积. 旅游市场信息不对称及政府行为 [J]. 旅游学刊. 2000, (2): 27-30.

[137] 陈倩. 信息时代下对旅游目的地营销的思考 [J]. 特区经济, 2012, (11): 125-127.

[138] 陈晴琦. 基于情境分析的顾客让渡价值最大化研究 [J]. 商场现代化, 2012, (31): 56.

[139] 陈玉. 中国低碳旅游景区建设研究 [J]. 企业研究, 2011, (20): 5-6.

[140] 陈玉英. 旅游目的地游客感知与满意度实证分析: 开封市旅游目的地案例研究 [J]. 河南大学学报 (自然科学版), 2006, (4): 62-66.

[141] 陈筑. 我国体育旅游景区营销策略的创新 [J]. 中国商贸, 2011, (20): 153-154.

[142] 成伟光. 大篷车促销: 中国旅游市场营销创新的成功实践: 大篷车营销实现从实践到理论的飞跃 [J]. 旅游学刊, 2002, (6): 36-41.

[143] 程程, 邓小威, 明庆忠. 3D 虚拟景区: 旅游景区营销新模式 [J]. 中共云南省委党校学报, 2012, 13 (3): 124-126.

[144] 程国民, 贾晓楠. 低碳经济背景下的旅游业转型研究 [J]. 合作经济与科技, 2011, (17): 14-17.

[145] 程建. 基于顾客让渡价值的异地品牌消费经济价值分析 [J]. 上海商学院学报, 2012, 13 (2): 16-19.

[146] 池雄标. 论政府旅游营销行为的理论依据 [J]. 旅游学刊, 2003, (3): 58-61.

[147] 崔凤军. 旅游宣传促销绩效评估方法与案例 [M]. 中国旅游出版社, 2006.

[148] 戴斌, 李仲广, 唐晓云, 杨宏浩, 何琼峰. 游客满意度测评体系的构建及实证研究 [J]. 旅游学刊, 2012, 27 (7): 74-80.

[149] 戴斌. 旅游目的地的营销战略初步研究 [J]. 旅游研究与实践, 1996, (4): 59-62.

[150] 戴卫东, 马帅. 旅游景区营销竞争力综合评价研究 [J]. 企业活力, 2012, (1): 37-41.

[151] 邓李娜, 宋保平, 孙新. 旅游景区营销渠道系统的优化与管理 [J]. 江西农业学报, 2008, 20 (12): 138-140.

[152] 丁陈娟. 低碳旅游理念及北部湾低碳旅游发展模式研究 [J]. 旅游纵览 (下半月), 2013, (2): 102-103.

[153] 丁枢. 低碳旅游及其实现路径 [J]. 环境保护, 2011, (12): 42-44.

[154] 丁雪峰. 旅游目的地前发展的制约因素与对策 [J]. 旅游学刊, 1994, (4): 77-79.

[155] 丁越南. 顾客让渡价值理论模型及其修正 [J]. 商业时代, 2009, (15): 25+112.

[156] 董大海. 基于顾客价值构建竞争优势的理论与方法研究 [D]. 大连理工大学博士学位论文, 2003.

[157] 窦银娣, 李伯华. 旅游风景区低碳旅游的实现模式研究 [J]. 生态经济 (学术版), 2012, (2): 201-205.

[158] 范钧. 顾客参与对顾客满意和顾客公民行为的影响研究 [J]. 商业经济与管理, 2011, (1): 68-75.

[159] 方佳敏. 我国低碳旅游与低碳经济的和谐探索 [J]. 中国商贸, 2011, (35): 173-174.

[160] 冯强, 程兴火. 生态旅游景区游客感知价值研究综述 [J]. 生态经济, 2009, (9): 105-108.

[161] 冯若梅等. 旅游业营销 [M]. 企业出版社, 1999.

[162] 冯淑华. 景区运营管理 [M]. 广州: 华南理工大学出版社, 2004.

[163] 冯学钢. 安徽省"两湖一山"旅游区联动发展机制与对策研究 [J]. 人文地理, 2003, (1): 19-23.

[164] 符全胜. 旅游目的地游客满意理论研究综述 [J]. 地理与地理信息科学, 2005, (5): 90-94.

[165] 付允, 马永欢, 刘怡君等. 低碳经济的发展模式研究 [J]. 中国人口·资源与环境, 2008, (3): 22-27.

[166] 高峰. 旅游网络营销渠道策略分析[J]. 人民论坛, 2010, (14): 148-149.

[167] 高静, 章勇刚. 旅游目的地品牌化若干基本问题的探讨 [J]. 北京第二外国语学院学报 (旅游版), 2007, (9): 73-78.

[168] 高亚芳, 邓文君. 旅游目的地内部营销理论的机理与实现 [J]. 求索, 2009, (2): 81-83.

[169] 葛学峰. 旅游目的地选择意向影响因素研究 [D]. 大连理工大学, 2012.

[170] 龚绍方. 旅游景区"过度营销"的五大危害 [J]. 企业活力, 2008, (8): 25-27.

[171] 关海波. 旅游景区低碳发展模式探索 [J]. 经济论坛, 2012, (11): 116-118, 129.

[172] 管勇. 基于顾客让渡价值理论的节日体育旅游营销策略研究 [J]. 南京体育学院学报 (社会科学版), 2009, 23, (6): 36-40.

[173] 郭安禧, 黄福才, 黎微. 重游意向最关键驱动因素的实证研究: 感知价值、感知吸引力、游客满意和游客信任的比较 [J]. 江西财经大学学报, 2013, (1): 38-46.

[174] 郭鲁芳. 旅游目的地成功实施整合营销传播的关键因素 [J]. 旅游学刊, 2006, (8): 5-6.

[175] 郭鲁芳. 浅谈旅游市场营销的任务 [J]. 旅游学刊, 1994, (4): 5-7.

[176] 郭人豪. 高寒湿地低碳旅游开发模式研究: 以黄河九曲第一湾景区为例 [J]. 技术与市场, 2013, 20, (1): 89-91.

[177] 郭胜, 周永博. 低碳旅游及其社会营销策略 [N]. 中国旅游报, 2012-01-04 (11).

[178] 郭文. 低碳景区营造的意义及构建方式 [N]. 中国旅游报, 2010-01-25 (7).

[179] 郭燕, 赵立勤, 谢力宁. 基于服务利润链理论的旅游景区游客满意度提升策略探讨 [J]. 企业活力, 2007, (6): 42-43.

[180] 韩晓莉. 旅游文化营销策略探讨 [J]. 中国商贸, 2011, (29): 173-174.

[181] 郝金连, 杨晓荣. 北岳恒山低碳旅游发展研究 [J]. 山西师范大学学报 (自然科学版), 2012, 26 (4): 115-118.

[182] 何方, 刘晓哲, 何灵. 基于顾客让渡价值模型的超市零售业营销策略探索 [J]. 中国商贸, 2012, (28): 85-86.

[183] 何家理. 西部生态环境建设的三个相关问题探讨 [J]. 生态经济, 2005, (8): 32-36.

[184] 何建英. 都市型旅游目的地国内游客满意度研究 [D]. 天津: 南开大学, 2012.

[185] 何莲. 我国中部地区旅游合作的问题分析与对策思考 [J]. 企业技术开发, 2012, 31 (31): 85-86.

[186] 侯杰泰等. 结构方程模型及其应用 [M]. 北京: 教育科学出版社, 2004.

[187] 侯文亮，梁留科，司冬歌. 低碳旅游基本概念体系研究 [J]. 安阳师范学院学报，2010，(2)：86-89.

[188] 侯晓丽，胡正旭. 低碳背景下旅游公共服务有效供给机制刍议 [J]. 商业时代，2011，(25)：116-119.

[189] 胡道华，赵黎明. 基于旅游体验过程的游客感知评价 [J]. 湘潭大学学报（哲学社会科学版），2011，35 (2)：80-84.

[190] 胡抚生. 旅游目的地形象对游客推荐意愿、支付意愿的影响研究 [D]. 浙江大学，2009.

[191] 胡利民. 政府主导型低碳旅游发展战略论析 [J]. 经济研究导刊，2012，(11)：130-132.

[192] 胡婷婷. 江西低碳旅游发展的动力机制研究 [J]. 老区建设，2012，(22)：16-17.

[193] 胡婷婷. 江西低碳旅游发展对策研究 [J]. 旅游纵览（下半月），2012，(22)：143-144.

[194] 胡宇. 政府在旅游目的地营销中的积极作用 [J]. 现代商业，2012，(33)：48.

[195] 黄宝辉，王琼英. 基于"SCP"模型的政府旅游营销行为优化研究 [J]. 三峡大学学报（人文社会科学版），2010，32 (2)：25-28.

[196] 黄洁. 基于品牌价值来源分析的旅游目的地品牌营销对策研究 [J]. 中国外资，2012，(12)：150-151.

[197] 黄晶，吕维霞，刘宇青. 旅游目的地供应链管理对游客满意度的影响因子分析 [J]. 旅游论坛，2010，3 (4)：401-406.

[198] 黄婷婷. 旅游市场营销存在的问题及对策分析 [J]. 学周刊，2012，(30)：17.

[199] 黄文胜. 论低碳旅游与低碳旅游景区的创建 [J]. 生态经济，2009，(11)：100-102.

[200] 霍洛. 论旅游业：二十一世纪旅游教程 [M]. 中国大百科全书出版社，1997.

[201] 贾云峰. 从网络到网络的旅游微博营销新趋势 [N]. 中国旅游报，2013-01-21 (010).

[202] 江波，郑红花. 基于旅游目的地八要素的服务质量评价模型构建研究 [J]. 商业研究，2007，(8)：148-153.

[203] 江林. 顾客关系管理 [M]. 北京：首都经济贸易出版社，2005：197.

[204] 蒋丽华. 长尾理论视角下的旅游业发展策略分析 [J]. 商场现代化，2012，(3)：53-54.

[205] 蒋丽华. 长尾理论与非热门景区的开发研究 [J]. 现代商业，2012，(7)：74-75.

[206] 蒋苓. 低碳旅游景区评价指标体系研究 [J]. 资源与产业，2012，14 (5)：140-146.

[207] 蒋婷. 体验视角下顾客间互动对再惠顾意愿的影响研究 [D]. 济南：山东大学，2012.

[208] 金乐琴，刘瑞. 低碳经济与中国经济发展模式转型 [J]. 经济问题探索，2009，(11)：47-51.

[209] 金涌，王垚，胡山鹰，朱兵. 低碳经济：理念·实践·创新 [J]. 中国工程科学，2008，(9)：4-13.

[210] 克里斯托弗·费雷文文，尹小健节译. 低碳能源：世界能源革命新战略 [J]. 江西社会科学，2009，(7)：45-52.

[211] 匡林. 目的地营销：统领中国旅游市场工作的主线索 [J]. 旅游学刊，2006，21 (6)：5-6.

[212] 雷琼. 低碳旅游景区的创建与管理探析 [J]. 四川经济管理学院学报，2010，21 (3)：61-63.

[213] 雷晚蓉. 中国发展低碳旅游的思考 [J]. 赤峰学院学报（科学教育版），2011，3 (11)：25-26.

[214] 黎洁等. 旅游企业——经营战略管理 [M]. 北京：中国旅游出版社，2000.

[215] 李东和，赵磊. 论旅游的非低碳性与低碳旅游发展 [J]. 中国人口·资源与环境，2011，21 (2)：208-211.

[216] 李光坚. 旅游概论 [M]. 2版. 北京：高等教育出版社，2001.

[217] 李宏. 论旅游目的地营销框架的构建 [J]. 生产力研究，2007，(4)：69-71.

[218] 李宏. 旅游目的地营销系统的构建与运作机制研究 [J]. 北京第二外国语学院学报，2004，(5)：57-63.

[219] 李建峰，沈绍岭，杨军. 乡村旅游景区市场营销模式研究 [J]. 安徽农业科学，2008，(23)：10086-10087，10089.

［220］李江敏.环城游憩体验价值与游客满意度及行为意向的关系研究
［D］.中国地质大学，2011.

［221］李蕾蕾.旅游地形象策划：理论与实务［M］.广州：广东旅游出版
社，1999.

［222］李丽娟.旅游体验价值共创研究［D］.北京林业大学，2012.

［223］李梅.旅行社高端旅游市场定位及营销策略选择［J］.经济研究导
刊，2012，（24）：151-152.

［224］李平，孔倩.旅游景区低碳旅游产品的体验化设计与开发［J］.中
国集体经济，2011，（4）：175-176.

［225］李庆，黄葵，邹盛贵.重庆低碳旅游发展对策浅析［J］.青年文学
家，2013，（1）：228.

［226］李文英.我国旅游景区营销模式探析［J］.中国商贸，2011，
（13）：66-67.

［227］李湘云.旅游目的地选择偏好及营销策略分析：以成都为例［J］.
改革与战略，2012，28（10）：48-50，72.

［228］李晓琴，银元.低碳旅游景区概念模型及评价指标体系构建［J］.
旅游学刊，2012，27（3）：84-89.

［229］李晓燕.基于模糊层次分析法的省区低碳经济评价探索［J］.华东
经济管理，2010，（2）：47-52.

［230］李颖，王天英.旅游营销模式的创新研究［J］.中国商贸，2010，
（14）：152-153.

［231］李云鹏，乔红艳，郝钰.我国旅游景区网络营销的发展现状及趋势
浅析［J］.旅游规划与设计，2011，（1）：101-104.

［232］李壮阔，丁熠杰.旅游电子商务与社会化营销［J］.现代营销（学
苑版），2012，（7）：97.

［233］厉新建.旅游目的地营销的观念与原则［N］.中国旅游报，2012-
02-03（6）.

［234］林海峰.论旅游产品文化价值的营销塑造［J］.现代商贸工业，
2012，24（5）：78-79.

［235］林红.浅析我国旅游市场营销存在的问题及对策［J］.科技致富向
导，2011，（33）：60.

［236］林静.基于游客价值满意度模型的旅游企业竞争力培育研究［J］.
中外企业家，2009，（22）：42-43.

[237] 林南枝. 旅游市场学 [M]. 天津：南开大学出版社，2000：123-130.

[238] 刘朝，赵涛. 2020 年中国低碳经济发展前景研究 [J]. 中国人口·资源与环境，2011，(7)：77-83.

[239] 刘德艳. 基于协同管理视角的中国旅游目的地整体营销 [J]. 旅游学刊，2009，24 (6)：6-7.

[240] 刘方，李进. 旅游景区营销管理浅析 [J]. 中国商界（下半月），2008，(4)：87-88.

[241] 刘好强. 面向关系营销的旅游景区营销创新研究 [J]. 沿海企业与科技，2009，(2)：122-123，121.

[242] 刘丽娟，李天元. 旅游目的地营销绩效评价指标体系构建研究 [J]. 北京第二外国语学院学报，2012，34 (11)：53-58.

[243] 刘绍华，路紫. 浅议旅游目的地营销系统的区域整合：以大连旅游网为例 [J]. 旅游学刊，2004，19 (2)：84-88.

[244] 刘文超. 顾客参与共同创造服务体验的机理研究 [D]. 长春：吉林大学，2011.

[245] 刘啸. 低碳旅游：北京郊区旅游未来发展的新模式 [J]. 北京社会科学，2010，(1)：42-46.

[246] 刘艳艳. 低碳旅游保障体系的构建与实现路径 [D]. 秦皇岛：燕山大学，2012.

[247] 刘寅刚. 顾客让渡价值视角下的商业模式创新研究 [J]. 经济视角（下），2012 (10)：8-12.

[248] 刘莹，王文军. 我国低碳旅游发展的动力机制与路径选择 [J]. 城市，2012，(5)：33-38.

[249] 刘玉芝. 基于 CRM 旅游目的地营销系统发展策略研究 [J]. 电子技术，2012，39 (8)：9-11.

[250] 刘志红. 旅游目的地营销主体研究 [J]. 现代经济信息，2010，(5)：12-13.

[251] 龙江智. 旅游目的地营销：思路和策略 [J]. 东北财经大学学报，2005，(5)：55-57.

[252] 骆金鸿. 基于顾客让渡价值的需求链集成策略研究 [D]. 长沙：中南大学，2012.

[253] 吕琨. 低碳经济背景下旅游景点的营销管理研究 [J]. 旅游纵览（行业版），2012，(4)：40.

[254] 马东艳. 低碳旅游模式的构建与提升路径研究 [J]. 广西社会科学, 2012, (10): 66-70.

[255] 马克思. 资本论（第一卷）[M]. 北京: 人民出版社, 1963.

[256] 马晓娟. 以顾客满意为核心的关系营销理论在西部旅游业中的应用 [J]. 商场现代化, 2006, (26): 55-56.

[257] 马歇尔. 经济学原理 [M]. 北京: 商务印书馆, 1964.

[258] 马艺芳. 都市旅游营销战略探析 [J]. 广西师范学院学报（自然科学版）, 2002, (6): 61-65.

[259] 马勇, 李芳, 陈小连. 低碳旅游的三维价值诉求研究 [J]. 当代经济, 2011, (6): 72-74.

[260] 马勇, 刘军. 国内外低碳旅游发展模式研究 [J]. 湖北大学学报（哲学社会科学版）, 2012, 39 (1): 106-110.

[261] 马勇. 低碳旅游目的地综合评价指标体系构建研究 [J]. 经济地理, 2011, 31 (4): 86.

[262] 马勇, 等. 区域旅游规划 [M]. 天津: 南开大学出版社, 1999.

[263] 迈克尔·波特. 竞争优势 [M]. 陈小悦, 译. 北京: 华夏出版社, 2005.

[264] 梅虎, 朱金福, 汪侠. 基于灰色关联分析的旅游景区顾客满意度测评研究 [J]. 旅游科学, 2005, (5): 31-36.

[265] 梅楠, 杨鹏鹏. 旅游目的地联合营销网络的构建 [J]. 人文地理, 2010, 25 (4): 147-151.

[266] 孟凡会, 常鹏, 黄山青. 提升客户满意度的网络营销策略研究: 基于让渡价值理论的分析 [J]. 价格理论与实践, 2012, (11): 80-81.

[267] 孟凡荣, 刘继生. CI 战略与长春城市旅游形象塑造 [J]. 人文地理, 2003, (2): 60-64.

[268] 明庆忠, 陈英, 李庆雷. 低碳旅游: 旅游产业生态化的战略选择 [J]. 人文地理, 2010, 25 (5): 23-26, 127.

[269] 南剑飞, 李蔚. 基于灰色系统理论的旅游景区游客满意度评价研究 [J]. 商业研究, 2008, (12): 46-49.

[270] 南剑飞. 旅游景区游客满意度模糊综合评判方法刍议 [J]. 社会科学家, 2008, (2): 92-94.

[271] 年四锋, 李东和, 杨洋. 我国低碳旅游发展动力机制研究 [J]. 生态经济, 2011, (4): 81-84, 108.

［272］聂有兵. 论旅游目的地品牌营销的途径［J］. 企业导报，2012，
（9）：110.

［273］彭峰. 西部景区低碳经济发展的政策支撑研究［J］. 西部发展研究，2011：230-235.

［274］彭华，钟韵等. 旅游市场分类研究及其意义［J］. 旅游学刊，2002，
（3）：49-53.

［275］钱炜. 市场营销策略中的定位与再定位问题［J］. 旅游学刊，1997，
（5）：51-54.

［276］钱学森. 论系统工程（新世纪版）［M］. 上海：上海交通大学出版社，2007.

［277］钱亚林，李东和，徐波林，刘艳桃. 基于规划视角的低碳景区创建研究［J］. 资源开发与市场，2012，28（9）：841-843，846.

［278］屈海林等. 香港都市旅游的形象及竞争优势［J］. 旅游学刊，1996，
（1）：80-83.

［279］任春. 区域旅游整合营销战略的实施阶层分析［J］. 中国商贸，
2009，（11）：141-143.

［280］任静，王学峰. 基于政府层面的旅游营销创新研究［J］. 现代商业，2010，（6）：70-71.

［281］沈鹏熠. 基于顾客价值的旅游目的营销创新研究［J］. 经济问题探索，2008，（11）：133-138.

［282］沈瑞山. 网络营销中顾客让渡价值的分析［J］. 当代经济，2009，
（10）：50-51.

［283］史春云，刘泽华. 基于单纯感知模型的游客满意度研究［J］. 旅游学刊，2009，24（4）：51-55.

［284］史云. 关于低碳旅游与绿色旅游的辨析［J］. 旅游论坛，2010，3
（6）：652-655.

［285］舒伯阳. 旅游目的地市场推广体系研究［J］. 湖北大学学报，2000，
27（1）：7-9.

［286］宋章海. 从旅游者角度对旅游目的地形象的探讨［J］. 旅游学刊，
2000，（1）：43-46.

［287］宋志方. 基于循环经济视角下的低碳旅游发展战略研究［J］. 改革与战略，2011，27（9）：138-141.

［288］苏甦. 基于旅游产业集群的区域旅游品牌建设探讨［J］. 商业时

代，2009，（32）：26-27.

[289] 苏兴国，胡玥. 低碳旅游推广过程中参与者的博弈分析 [J]. 中国集体经济，2011，（27）：133-134.

[290] 粟路军，黄福才，李荣贵. 事件营销：旅游目的地营销的利器 [J]. 旅游学刊，2009，24（5）：9-10.

[291] 粟路军，黄福才. 旅游者参与、服务质量、消费情感对旅游者忠诚影响 [J]. 商业经济与管理，2011，（7）：77-86.

[292] 孙安彬. 现代旅游营销理念 [J]. 商业研究，2001，（6）：111-113.

[293] 孙建超. 基于网络视角的旅游目的地营销组织研究 [D]. 武汉大学，2012.

[294] 孙建平，焦海琴. 现代营销理念下的旅游产业经营策略 [J]. 经济论坛，2012，（7）：104-105.

[295] 孙舒. 基于顾客让渡价值的营销创新 [J]. 企业改革与管理，2008，（7）：79-80.

[296] 孙玉洁. 基于低碳旅游的旅游业碳足迹研究路径及方法初探 [C]. 第七届全国地理学研究生学术年会论文摘要集，中国地理学会，2012.

[297] 谭凯诚. 旅游体验营销策略 [J]. 现代经济信息，2012，（1）：42.

[298] 谭谊，欧阳资生. 旅游景点游客满意度指数模型构建与实证 [J]. 求索，2011，（7）：89-90，100.

[299] 唐承财，钟林生，成升魁. 我国低碳旅游的内涵及可持续发展策略研究 [J]. 经济地理，2011，31（5）：862-867.

[300] 唐代剑，徐行健. 论杭州国际旅游形象设计与营销 [J]. 商业经济与管理，2002，（10）：57-62.

[301] 唐婧. 低碳旅游生态循环经济系统构架研究：以湖南为例 [J]. 湖南社会科学，2010，（5）：131-134.

[302] 陶犁，冯斌. 基于旅游目的地视角的品牌忠诚研究 [J]. 思想战线，2010，36（2）：124-127.

[303] 滕汉书. 桂林发展低碳旅游的研究 [J]. 中国商贸，2012，（30）：142-144.

[304] 涂志军. 顾客让渡价值理论的营销实践分析 [J]. 消费导刊，2007，（11）：16-17.

[305] 万泽滢. 价值链与供应链在价值系统中的整合 [J]. 浙江社会科学，2001，（3）：58-60.

[306] 汪侠，顾朝林，梅虎. 旅游景区顾客的满意度指数模型 [J]. 地理学报，2005，(5): 807-816.

[307] 汪侠，梅虎. 旅游地顾客忠诚模型及实证研究 [J]. 旅游学刊，2006，(10): 33-38.

[308] 汪宇明. 临港低碳休闲产业发展示范研究 [R]. 上海：上海市科委，2009 (3).

[309] 王成慧，叶生洪. 顾客价值理论的发展分析及对实践的启示 [J]. 价值工程，2002，(6): 24-28.

[310] 王大泉. 品牌制胜时代的景区营销新招 [N]. 中国旅游报，2010-12-27 (006).

[311] 王国新，齐亚萍. 旅游地形象定位与营销 [J]. 商业经济与管理，2001，(11): 47-49.

[312] 王海燕. 基于顾客让渡价值的奢侈品顾客满意度提升策略 [J]. 江苏商论，2012，(9): 45-49.

[313] 王会玲. 论旅游品牌的整合营销策略 [J]. 市场研究，2012，(8): 26.

[314] 王磊等. 旅游营销的新观念——旅游目的地营销 [J]. 旅游科学，1998，(4): 12-16.

[315] 王立群，梁媛，王媛. 基于消费心理的旅游景区规划及营销策略探析 [J]. 中国商贸，2010，(29): 147-148.

[316] 王丽波. 旅游目的地植入式营销研究 [J]. 旅游纵览（下半月），2012，(14): 105-107.

[317] 王莉. 我国低碳旅游发展现状及对策研究 [J]. 中国外资，2011，(16): 179, 181.

[318] 王淑梅，侯艳丽. 系统学在供应链管理中的应用 [M]. 上海企业出版社，2002.

[319] 王小松. 旅游景区如何进行产品网络营销组合 [N]. 中国旅游报，2010-07-12 (6).

[320] 王昕，李继刚，罗兹柏. 基于旅游体验的游客满意度评价实证研究 [J]. 重庆师范大学学报（自然科学版），2012，29 (6): 87-92.

[321] 王兴琼. 震后旅游目的地营销离不开政府 [J]. 旅游学刊，2009，(4): 7-8.

[322] 王应霞. 浅析旅游景区关系营销策略 [J]. 经济师，2007，(7):

93, 95.

［323］王咏，陆林. 芜湖市旅游市场研究. 安徽师范大学学报（自然科学版）［J］. 2002,（3）：290-294.

［324］王勇，王炯. 基于 AISAS 模型的旅游目的地营销系统构建［J］. 中国商贸，2012,（32）：148-149.

［325］王有成. 旅游目的地营销系统的功能构成与评估［J］. 旅游科学，2009, 23（1）：28-37.

［326］王玉明，耿娜娜. 旅游景区影视营销模式研究［J］. 太原师范学院学报（社会科学版），2013, 12（1）：71-74.

［327］王渊. 基于体验营销和可持续发展理论的旅游景区管理探讨［J］. 现代企业教育，2012,（3）：144.

［328］维克多·密德尔敦. 旅游营销学［M］. 北京：中国旅游出版社，2001.

［329］温碧燕. 旅游服务顾客满意度模型实证研究［J］. 旅游科学，2006,（3）：29-35.

［330］吴丹. 低碳旅游背景下旅游供应链构建研究［J］. 特区经济，2011,（11）：178-180.

［331］吴华清，何丹，马俊. 旅游目的地景区间合作营销博弈分析［J］. 合肥工业大学学报（自然科学版），2011, 34（9）：1419-1422.

［332］吴倩. 低碳旅游经济中的绿色理念应用研究［J］. 中共福建省委党校学报，2012,（7）：97-101.

［333］吴倩倩，郑向敏. 我国低碳旅游政策的认知问题及其对策研究：以常州·春秋淹城旅游区居民为例［J］. 旅游研究，2012, 4（4）：32-39.

［334］吴蜀楠. 旅游营销渠道策略的选择［J］. 企业改革与管理，2012,（5）：77-78.

［335］吴献成，向军. 渠道制胜：景区渠道营销的应用与创新［N］. 中国旅游报，2009-07-10（11）.

［336］奚红妹. 旅游产品特点对营销的营销［J］. 营销管理，1992,（1）：40-41.

［337］席莉雯. 旅游电子商务目的地网络营销发展探析［J］. 现代商贸工业，2011, 23（22）：127-128.

［338］项保华，罗清军. 顾客价值创新：战略分析的基点［J］. 大连理工学报（社会科学版），2002,（3）：51-54.

[339] 萧歌. 倡导"低碳化"旅游方式［N］. 中国旅游报, 2008,（4）: 99
-102.

[340] 肖江南. 国外旅游目的地营销研究现状及启示［J］. 地理与地理信息科学, 2006,（9）: 86-90.

[341] 谢礼珊, 杨莹. 营销具有可持续性竞争优势的旅游目的地［J］. 旅游科学, 2003,（4）: 31-34.

[342] 谢彦君. 旅游地生命周期的控制与调整［J］. 旅游学刊, 1995,（2）: 31-35.

[343] 邢继俊, 赵刚. 中国要大力发展低碳经济［J］. 中国科技论坛, 2007,（10）: 88-93.

[344] 熊关. 旅游景区整合营销传播核心理念解析［J］. 知识经济, 2008,（5）: 178-179.

[345] 熊国钺. 基于价值让渡系统的中国轿车营销模式选择的评价［D］. 上海: 同济大学, 2006.

[346] 徐波林, 李东和, 刘燕桃, 钱亚林. 我国旅游景区餐饮低碳化模式研究［J］. 河南科技大学学报（社会科学版）, 2012, 30（6）: 82-85.

[347] 徐承红. 低碳经济与中国经济发展之路［J］. 管理世界, 2010,（7）: 171-172.

[348] 徐德宽, 王平. 现代旅游市场营销学［M］. 青岛: 青岛出版社, 1998.

[349] 徐媛媛, 丁奕峰. 虚拟旅游体验与营销模式［J］. 销售与市场（管理版）, 2010,（5）: 88-90.

[350] 燕达. 浅谈我国4A级旅游景区的市场营销管理策略［J］. 时代金融, 2012,（20）: 28, 32.

[351] 杨红. 基于体验营销视角下旅游业发展问题研究［J］. 商场现代化, 2007,（35）: 156-157.

[352] 杨剑. 美国旅游市场促销特点及启示［J］. 中国旅游报, 2000,（9）: 82-84.

[353] 杨剑英. 网络营销时代的传统商业企业营销管理创新探讨: 基于顾客让渡价值视角［J］. 江苏商论, 2012,（8）: 22-24.

[354] 杨森林, 等. 中国旅游业国际竞争策略［M］. 北京: 立信会计出版社, 1999.

[355] 杨效忠, 王荣荣, 韩会然. 低碳旅游背景下的世界遗产开发和保护模式研究［J］. 云南地理环境研究, 2010,（5）: 1-5.

[356] 杨怡. 基于整合营销传播（IMC）的旅游营销理论研究［J］. 漯河职业技术学院学报, 2012, 11（4）: 97-99.

[357] 杨怡. 旅游营销中的整合营销传播理论研究 [J]. 中国商贸, 2012, (19): 188-189, 199.

[358] 杨占东. 低碳经济视阈下的旅游景区建设研究 [J]. 旅游纵览 (行业版), 2012, (6): 73-74.

[359] 杨振之. 旅游目的地营销视角下的旅游规划与景区管理 [N]. 中国旅游报, 2009-07-08 (14).

[360] 姚红. 整合营销传播在旅游目的地市场营销中的应用 [J]. 中国商贸, 2010, (6): 140-141.

[361] 叶敏. 我国低碳旅游的发展现状与价值提升策略研究 [J]. 科技信息, 2012, (21): 270, 326.

[362] 仪星照, 张红. 我国发展旅游网络营销现状、问题及策略探讨 [J]. 商业文化 (下半月), 2012, (5): 233.

[363] 尹奇凤. 我国低碳旅游经济发展模式研究 [J]. 生产力研究, 2011, (9): 73-74.

[364] 尹希果, 霍婷. 国外低碳经济研究综述 [J]. 中国人口·资源与环境, 2010, 20 (9): 18-23.

[365] 雍天荣. 旅游市场营销 [M]. 北京: 对外经济贸易大学出版社, 2008.

[366] 余书炜. "旅游地生命周期论" 综论[J]. 旅游学刊, 1997, 12(1): 75-78.

[367] 袁男优. 低碳经济的概念内涵[J]. 城市环境与城市生态, 2010, 23(1): 43-46.

[368] 袁玉辉, 甘瑁琴. 基于顾客价值理论的旅游景区营销思路分析 [J]. 中南林业科技大学学报 (社会科学版), 2011, 5 (3): 58-60.

[369] 岳发号. 旅游景区的 "影视营销" [N]. 中国旅游报, 2012-11-23 (12).

[370] 张东祥, 张娥. 旅游景区市场营销探析[J]. 经济论坛, 2007, (7): 87-88.

[371] 张光生, 张智慧. 低碳旅游与旅游区生态内涵的提升 [J]. 生态经济 (学术版), 2011, (1): 227-230.

[372] 张广霞. 顾客让渡价值理论在营销策略中的应用 [J]. 中国物流与采购, 2010, (9): 76-77.

[373] 张化丽. 旅游目的地营销效果评价指标体系的建立 [J]. 西安文理学院学报: 自然科学版, 2007, (10): 103-106.

[374] 张卉. 社会化关系营销在旅游行业中的应用 [J]. 旅游学刊, 2012, 27 (8): 5-7.

[375] 张杰, 徐波, 黄茂祝. 中国自然保护区开展生态旅游存在的问题与

对策 [J]. 中国林业企业, 2005, (70): 19-22.

[376] 张利, 蔡小虎, 陈素芬, 何建设, 杨华, 刘千里. 九寨沟国家森林公园低碳运营模式 [J]. 中国城市林业, 2012, 10 (4): 5-6.

[377] 张敏, 苗红, 冯会会. 基于可持续发展的低碳旅游发展模式研究 [J]. 旅游研究, 2012, 4 (1): 26-30.

[378] 张群, 师晓华. 旅游景区淡季营销策略研究 [J]. 中国证券期货, 2012, (3): 234.

[379] 张素杰, 伍进, 程相叶. 基于旅游产品层次的体验旅游设计 [J]. 资源与产业, 2010, 12 (3): 123-127.

[380] 张伟. 构建我国旅游目的地营销系统的市场化运营模式 [J]. 中国商贸, 2009, (5): 106-107.

[381] 张雪松. 低碳旅游: 旅游业发展方式的新思路 [J]. 中国商贸, 2011, (17): 157-158.

[382] 张言丽, 杨秀丽. 论低碳经济模式下我国旅游业的发展 [J]. 金融理论与教学, 2012, (2): 36-37.

[383] 张玉香. 新形势下旅游文化营销运作模式探究 [J]. 前沿, 2012, (6): 124-125.

[384] 赵立辉. 当前旅游网络营销中存在的突出问题及解决对策研究 [J]. 旅游纵览 (行业版), 2011, (22): 34-35.

[385] 赵丽萍. 旅游目的地国际旅游需求预测方法综述 [J]. 旅游学刊, 1996, 11 (6): 123-126.

[386] 赵文静. 旅游目的地市场营销研究探析: 以成都市为例 [J]. 时代金融, 2011, (30): 178.

[387] 赵晓燕. 旅游对外促销面临的问题及对策[J]. 旅游学刊, 1996, (5): 42-45.

[388] 赵晓瑜. 关于中国旅游电子商务营销模式的研究 [J]. 现代经济信息, 2012, (23): 266.

[389] 赵燕丽, 杨学军, 司惠萍. 生态旅游中主要环境问题及解决途径探讨 [J]. 环境保护与循环经济, 2009, (7): 50-54.

[390] 郑四渭. 旅游服务供应链优化及模型构建研究: 基于顾客价值创新的视角 [J]. 商业经济与管理, 2010, (11): 84-90.

[391] 郑翔. 旅游促销中的旅游中间商激励政策研究 [J]. 中国市场, 2008, (26): 23-25.

[392] 郑岩, 黄素华. 国内游客低碳旅游感知与消费调查研究: 以大连市

为例 [J]. 经济研究导刊, 2011, (3): 163-164.

[393] 中国 21 世纪议程编委会. 中国 21 世纪议程 [M]. 北京: 中国环境科学出版社, 1994.

[394] 中国科学院可持续发展战略研究组. 2009 中国可持续发展战略报告: 探索中国特色的低碳道路 [M]. 北京: 科学出版社, 2009.

[395] 周娟, 范星宏, 王朝辉. 区域旅游低碳发展的战略路径与策略研究: 以安徽省为例 [J]. 华东经济管理, 2011, 25 (12): 57-60.

[396] 周兰兰. 旅游景区差异化营销策略分析 [J]. 中国集体经济, 2012, (21): 156-157.

[397] 周连斌. 低碳旅游发展动力机制系统研究 [J]. 西南民族大学学报 (人文社会科学版), 2011, 32 (2): 149-154.

[398] 周柳. 试论散客旅游时代我国旅游景区的营销管理策略 [J]. 商场现代化, 2008, (24): 245-247.

[399] 周梅. 我国低碳旅游及其发展对策研究 [J]. 现代商贸工业, 2010, 22 (7): 124-125.

[400] 周荣华, 郭凌. 低碳旅游: 实现生态旅游的一种有效路径 [J]. 改革与战略, 2012, 28 (6): 140-142.

[401] 周晓梅. 旅游市场营销存在的问题与处理策略 [J]. 中国商贸, 2011, (28): 205-206.

[402] 周元春, 邹骥. 中国发展低碳经济的影响因素与对策思考 [J]. 统计与决策, 2009, (23): 99-101.

[403] 朱芳琳, 宁凯, 闫晨, 张岳. 旅游目的地营销策略探讨 [J]. 中国集体经济, 2012, (19): 133-134.

[404] 邹蓉. 论顾客满意的旅游服务质量控制 [J]. 中南财经政法大学学报, 2005, (5): 129-134+144.

[405] 邹统钎. 绿色旅游产业发展模式与运行机制 [J]. 中国人口·资源与环境, 2005, (4): 43-47.

[406] 左冰. 旅游竞争优势战略: 旅游的新战略观 [J]. 经济问题探索, 2001, (7): 35-39.

附　录

附录1　××景区游客低碳认知与让渡价值调查问卷

尊敬的女士、先生：

您好！首先感谢您参与四川大学工商管理学院的问卷调查。本调查旨在了解旅游景区发展低碳旅游及旅游营销方面的情况。在旅游完该景区后，请告知您对问卷中各问项的真实感受。问卷采取不记名形式，不涉及您的个人隐私，您的答案也无对错之分，请放心填写。认真填好问卷后您将获得精美旅游纪念品一份。您的支持将给予我们莫大的帮助，衷心感谢您！祝您旅途愉快！

四川大学商学院

为了更方便您帮助我们完成问卷，确保问卷的有效性，现将低碳旅游概念及其特点简要解释如下：

低碳旅游是指在旅游发展过程中，通过运用低碳技术、推行碳汇机制和倡导低碳旅游消费方式，以获得更高的旅游体验质量和更大的旅游经济、社会、环境效益的一种可持续旅游发展方式。其中包含了相关环保低碳政策与低碳旅游线路、个人出行中携带环保行李、住环保旅馆、选择二氧化碳排放较低的交通工具甚至是自行车与徒步等方面。

低碳旅游的特点：

一是转变现有旅游模式，倡导公共交通和混合动力汽车、电动车、自行车等低碳或无碳方式，同时也丰富了旅游生活，增加了旅游项目。

二是扭转奢华浪费之风，强化清洁、方便、舒适的功能性，提升文化的品牌性。

三是加强旅游智能化发展，提高运行效率，同时及时全面引进节能减排技术，降低碳消耗，最终形成全产业链的循环经济模式。

第一部分　游客低碳旅游认知（请在相应的选项上打√）

1. 如果选择低碳旅游，您通常选择哪种信息渠道进行了解？（可多选）

    A. 旅行社宣传单页　　　　　B. 网络

    C. 旅游杂志　　　　　　　　D. 户外广告牌

    E. 朋友口碑

2. 您认为推动低碳旅游发展的最重要主体是：

    A. 政府　　　　　　　　　　B. 旅游者

    C. 旅游企业　　　　　　　　D. 社会公众

3. 您认为现阶段低碳旅游的发展存在哪些困难？（可多选）

    A. 旅游者低碳意识不强　　　B. 旅游企业缺乏动力

    C. 政府缺乏相应政策　　　　D. 低碳技术水平低

4. 您觉得您可以通过何种方式实现低碳旅游？（可多选）

    A. 少参加高碳排放的活动项目B. 减少交通工具的使用

    C. 选择近距离地区游玩　　　D. 旅游消费中注意节约

5. 您认为发展低碳旅游，政府应该采取哪些措施？（可多选）

    A. 加强低碳旅游的宣传和教育

    B. 制定发展低碳旅游优惠政策

    C. 制订低碳旅游相关标准

    D. 发展节能减排技术

6. 您若不愿意参加低碳旅游，其原因是_____。（可多选）如果您愿意参加可放弃此题。

    A. 低碳旅游会降低舒适性

    B. 低碳旅游费用高

    C. 低碳旅游只是一种口号

    D. 我根本不了解低碳旅游，也谈不上参加

7. 您觉得该景区还应加强哪些方面的低碳建设与管理？（可多选）

    A. 环境　　　　　　　　　　B. 基础设施

    C. 管理与服务　　　　　　　D. 餐饮、住宿、娱乐、购物等

    E. 其他_____

8. 您愿意放弃景区内的豪华酒店而选择绿色酒店来支持低碳旅游

    A. 非常不愿意   B. 不愿意

    C. 无所谓   D. 愿意

    E. 非常愿意

9. 入住酒店时，您愿意减少更换毛巾和被单的次数

    A. 非常不愿意   B. 不愿意

    C. 无所谓   D. 愿意

    E. 非常愿意

10. 旅游住宿时，您愿意自带洗漱用品

    A. 非常不愿意   B. 不愿意

    C. 无所谓   D. 愿意

    E. 非常愿意

11. 暂不使用电器时，您愿意主动关闭

    A. 非常不愿意   B. 不愿意

    C. 无所谓   D. 愿意

    E. 非常愿意

12. 您愿意将酒店一次性房费改成基本住宿费加期间所用水电费

    A. 非常不愿意   B. 不愿意

    C. 无所谓   D. 愿意

    E. 非常愿意

13. 您愿意在低碳景区内用环保自行车或步行代替机动车观光

    A. 非常不愿意   B. 不愿意

    C. 无所谓   D. 愿意

    E. 非常愿意

14. 您愿意购物时使用环保购物袋，不购买包装精致的旅游纪念品

    A. 非常不愿意   B. 不愿意

    C. 无所谓   D. 愿意

    E. 非常愿意

15. 告知您"碳排放"的计算方式，您愿意在旅程结束后计算自己的"碳排放"

    A. 非常不愿意   B. 不愿意

    C. 无所谓   D. 愿意

    E. 非常愿意

16. 您愿意为旅游过程中产生的碳排放买单
   A. 非常不愿意   B. 不愿意
   C. 无所谓   D. 愿意
   E. 非常愿意

第二部分　游客让渡价值调查

尊敬的游客，请根据您在整个旅游过程中的感受，对旅游过程中涉及的景区、旅游社、酒店及交通等相关工作进行以下评价。数字①~⑤代表了不同的感受程度：①表示完全不同意，②表示不太同意，③表示不确定，④表示比较同意，⑤表示完全同意。请在您认为最合适的数字上打√。

序号	项目	完全不同意	不太同意	不确定	比较同意	完全同意
1	旅游设施没有对环境造成太大的破坏	①	②	③	④	⑤
2	景区的自然风光很美	①	②	③	④	⑤
3	景区森林植被和动物种类丰富	①	②	③	④	⑤
4	景区空气清新、水质污染较小	①	②	③	④	⑤
5	景区边坡滚石现象较少	①	②	③	④	⑤
6	景区环境卫生整洁	①	②	③	④	⑤
7	各类引导标志、标牌醒目，指示明确	①	②	③	④	⑤
8	垃圾桶、厕所、休憩设施等布局合理	①	②	③	④	⑤
9	游客服务中心能提供充分的旅游信息	①	②	③	④	⑤
10	景区安全设施能满足游客的需求	①	②	③	④	⑤
11	景区交通设施安排合理	①	②	③	④	⑤
12	服务人员能提供及时有效的服务	①	②	③	④	⑤
13	服务人员对游客友善、热情、尊重	①	②	③	④	⑤
14	游客咨询、投诉能及时受理、合理解决	①	②	③	④	⑤
15	景区导游能提供专业的解说	①	②	③	④	⑤
16	这次旅游使我获得了新的低碳知识	①	②	③	④	⑤
17	今后我会积极参加低碳旅游实践	①	②	③	④	⑤

序号	项目	完全不同意	不太同意	不确定	比较同意	完全同意
18	这次旅游使我的低碳消费意识得到了提升	①	②	③	④	⑤
19	我周围的很多人都知道该景区	①	②	③	④	⑤
20	来之前我早就听说过该景区	①	②	③	④	⑤
21	我经常能从报纸、杂志、电视、网络等渠道看到该景区的相关信息	①	②	③	④	⑤
22	我周围的很多人都认为该景区是个低碳旅游的好地方	①	②	③	④	⑤
23	此次旅游让我得到了身心的放松、自由	①	②	③	④	⑤
24	此次旅游让我的心情非常愉快	①	②	③	④	⑤
25	此次旅游活动让我感觉很新鲜	①	②	③	④	⑤
26	当地的土特产品或纪念品具有吸引力	①	②	③	④	⑤
27	服务人员着装与当地环境特色相协调并易于识别	①	②	③	④	⑤
28	餐饮服务展现地方特色	①	②	③	④	⑤
29	景区具有适宜不同人群的娱乐活动项目	①	②	③	④	⑤
30	住宿设施体现当地特色并与环境相协调	①	②	③	④	⑤
31	总体而言，此次旅游花费很大	①	②	③	④	⑤
32	总体而言，此次旅游耗时很长	①	②	③	④	⑤
33	总体而言，此次旅游精力耗费很大	①	②	③	④	⑤
34	此次旅游我获得了很大的价值	①	②	③	④	⑤
35	此次旅游付出的金钱、时间与精力是值得的	①	②	③	④	⑤
36	相比于付出，我的收获很大	①	②	③	④	⑤
37	总体而言，我对此次旅游经历感到非常满意	①	②	③	④	⑤
38	此次旅游大大超出了我的预期	①	②	③	④	⑤
39	此次旅游优于我以前的旅游经历	①	②	③	④	⑤
40	在将来我愿意再次来此旅游	①	②	③	④	⑤
41	我会向亲戚或朋友推荐该景区	①	②	③	④	⑤
42	我会对外积极地宣传该景区	①	②	③	④	⑤

第三部分　游客基本信息

问题	* 请在问题对应的选项上打"√"，除特别标注外均为单项选择。				
1 您来自	省内	大陆其他地区		港澳台	国外
2 您的性别	男				女
3 您的年龄	18 岁及以下	19~25 岁	26~35 岁	36~55 岁	56 岁及以上
4 您的文化程度	初中及以下	高中/职高	大专	本科	研究生及以上
5 您的职业	公职人员（公务员或事业单位人员）	企业人员	个体及私营业主	退休人员	学生 / 其他
6 您的月收入	1 000 元及以下	1 001~3 000 元	3 001~5 000 元	5 001~1 万元	1 万元以上
7 您一年通常出游次数	0~1 次	2~3 次	4~5 次	6~7 次	8 次及以上
8 您历年到该景区次数	0~1 次	2~3 次	4~5 次	6~7 次	8 次及以上
9 您本次前往该景区的交通工具（可多选）	火车	飞机	轮船	长途汽车	私家车 / 其他
10 您最初获取景区信息的渠道	电视、广播	报纸、杂志、书籍	互联网	亲朋好友	宣传册 / 其他
11 您的旅游方式	自助旅游	参团旅游	单位组织	其他（请注明）_____	
12 您的身份	本地居民	游客			
* 以下问题为"本地居民"填写					
13 旅游业对您家庭收入的影响	无影响	较小	一般	大	很大

基于价值让渡系统的低碳旅游景区营销模式研究

14 您认为发展旅游对居住环境的破坏程度	非常严重	比较严重	一般	不太严重	无影响
15 您认为发展旅游使您的生活质量	下降很多	有所下降	无变化	有所提高	更加便捷舒适

附录2 ××景区管理局/管委会/管理处调研访谈提纲

时间		被访谈人		所属部门	
职务		电话		手机	
E-mail		提问人		记录人	

1. 我们部门在景区保护、低碳方面目前的成绩有哪些? 采取了哪些具体措施? 你觉得存在哪些方面的问题?

2. 我们部门在景区保护、低碳的未来发展有哪些规划? 针对低碳旅游产品设计和营销有没有相应的措施?

3. 景区基础设施,如道路、景点建设与维护等方面,有无国家、省等方面的专项资金投入? 采取了哪些环保和低碳方面的技术或者措施?

4. 景区主要有哪些特有物种? 低碳旅游发展对景区动植物的影响怎么样? 实施了哪些保护工作和措施? 希望在会后提供相关的研究报告,谢谢。

5. 游客旅游活动和办公产生的垃圾、污水是怎么样处理的? 下一步应对低碳和减排要求、提高垃圾污水处理水平的措施有哪些?

6. 游客在景区游玩过程中对景区的生态环境主要会造成哪些方面的破坏? 采取有哪些事前引导、事中控制和事后补救措施?

7. 景区在游客人多时,有无用技术手段或管理方式进行游客引导,降低对景区某些景点生态的不利影响? 采用了哪些手段,如信息技术等。

8. 请问在景区森林固碳、森林保护、植被保护方面,采用了哪些措施? 如退耕还林,种植树木等。

9. 各级旅游局、环保局等相关部门对景区在环保、节能减排等方面，有哪些鼓励或者引导政策？规定了哪些节能减排目标？

10. 面向十二五发展规划，景区在应对低碳环保、节能减排等方面，有哪些大的措施？

11. 近些年，从财务数据来看，景区的经营与发展状况怎么样？关于景区的低碳发展和环境保护方面的投入，国家对像我们这样的保护区有没有具体的资金投入比例要求？就你所知，有没有国家对景区低碳、环保的专项的支持资金？请提供2005—2010年合并财务数据表（资产负债表、现金流量表、利润表）等资料，谢谢。

12. 请问景区管理费用产生于哪些方面？每年大约产生多少费用？哪些方面可以进行改进，从而减少相应管理费用支出？是否有困难？

13. 请问景区的游客规模如何，是否每年都有递增，增长速度大概多少？比如：每年游客人数、淡旺季游客规模比例等。请提供相关数据资料，谢谢。

14. 景区的居民管理体制如何？请提供关于景区居民管理的历史进程、居民经济补偿、住房管理等相关资料，在引导景区居民的低碳生活方式方面，有什么措施或者计划？

15. 在景区开发中，采取了哪些措施对原住民文化、宗教等方面进行保护和传承？年轻人对传统原住民文化的看法如何，对文化传承的意愿及行为表现如何？有无抵触情绪、行为？外来文化对年轻人传承本土文化有哪些有利和不利影响？

16. 游客在景区的消费习惯是怎么样的？比如，人均购物金额？在景区诺日朗中心进餐的人数比例？人均餐费消费？景区有没有相关低碳消费的引导？

17. 游客对景区满意情况如何？比如对服务态度、餐饮质量、环境卫生、景区设施（如娱乐设施、洗手间、垃圾桶等）反映情况如何？对哪些方面特别满意，哪些方面特别不满意？有无满意度或投诉率的统计？

18. 当前景区采取的游客车辆调度方案是怎么样的？请介绍相关经验，特别是在不同的游客规模下，采用什么样的调度方案？应对黄金周时采用了哪些特别措施？

备注：

附录3 面向政府及相关部门的访谈提纲

时间		被访谈人		所属部门	
职务		电话		手机	
E-mail		提问人		记录人	

1. 请问，根据本地旅游发展规划，本地政府有何配套政策？例如鼓励退耕还林，推动新能源使用等？

2. 请问，本地政府在打造旅游特色品牌方面的相应措施是什么？具体的营销策略有哪些？

3. 请问，根据"坚持统筹和协调的原则，以科学发展观为指导，按照"五个统筹"的要求"，在推进旅游与其他产业协调发展方面，本地政府采取的具体措施是？

4. 请问，本地政府在推进××景区与周边旅游协调发展中起到的作用是？采取的具体方式方法是？

5. 请问，在"十二五"规划的新时期，本地政府在低碳旅游发展方面有什么新举措吗？例如加大投入资金等？

6. 请问，本地旅游总收入占 GDP 总量的比例大概是？在面向"十二五"规划的新时期，是否有提出新目标，有何新举措进行保障？

7. 请问，在推进旅游低碳发展方面，本地政府已经做了哪些措施，取得了哪些成绩？在旅游与原住民协调发展方面，本地政府有何经验可供分享？

8. 请问，本地政府在推动低碳旅游发展，为低碳旅游发展搭建平台、为公众树立低碳旅游消费理念营造环境方面有没有相应措施？

9. 请问，在坚持可持续发展的原则下，本地政府在旅游资源的开发利用和保护中，都采取哪些手段？请举例说明。（例如是否有封山育林期，并且对自然区划分"核心区"、"缓冲区"和"实验区"，实施分区管理等？）

10. 请问，在建立环境灾害预警系统，大力开展文明旅游和保护生态环境的宣传教育方面，本地政府有什么相关举措吗？具体的方式方法是？

备注：_____

致　谢

　　回顾求学历程，博士阶段是我二十余载苦读岁月中最难忘的时光，从复习报考到入校苦读再到论文撰写，一路走来热烈快乐而艰辛。三年寒窗，收获颇丰，我得到的不仅仅是愈加丰富的知识，更重要的是在阅读、实践中所培养的思维方式、表达能力和广阔视野，这使我受益匪浅，所以这一切的努力和付出都是非常值得的。

　　正如站在巨人的肩膀上可以看得更远一样，我这三年来的成绩离不开无私帮助过我的老师们和同学们。师恩似海，永生难忘！首先要感谢的是我的博士生导师任佩瑜教授，恩师学识渊博、治学态度严谨、洞察力敏锐、学术作风实事求是，从我博士毕业论文的选题、研究理论、框架结构，直至撰写、修改和定稿等各个环节无不倾注了他的悉心关怀、指导和教诲。在跟随恩师学习的过程中，我不仅掌握了实用的学术思想和全新的研究方法，也领会了许多待人接物与为人处世的道理，同时恩师严以律己、宽以待人的崇高风范以及朴实无华、平易近人的人格魅力，令人如沐春风，终生难忘。感恩之情难以用语言量度，值此博士论文完成之际，谨以最朴实的话语向任老师致以最崇高的敬意和衷心的感谢，并诚挚地祝愿恩师和师母身体安康，阖家幸福！

　　我要特别感谢我的硕士生导师，我人生路上的重要精神导师，西南财经大学工商管理学院市场营销研究所所长、市场营销博导张剑渝教授。在我攻读硕士到博士学位的六年时间里，无论是学习、工作还是生活中，张老师和师母都给了我无微不至的关怀和照顾。感谢张老师为把我培养成一名合格的管理学硕士和博士所付出的心血、关心和爱护，在做人、做事和做学问等方方面面，张老师都是我学习的榜样。张老师不仅是学者，更是哲人，他的生活感悟总是给我很多启迪。每当我在学业、职业规划等方面感到困惑时，张老师的教导总是让我醍醐灌顶，迅速找准方向，并在我最需要帮助的时候不遗余力地向我施以援手。张老师一丝不苟的治学态度和科学严谨的研究方法，使我在学术的殿堂中迈上了一个新的台阶；他精益求精的工作作风，诲人不倦的高尚师德，虚怀若谷、热情善良的人格魅力对我影响深远。这将是我未来人生道路上不断奋斗的动力。

我还要感谢的是四川大学商学院的各位老师——我的博士生导师任佩瑜教授、徐玖平教授、汪贤裕教授、贺昌政教授、陈维政教授、李光金教授、顾新教授等，西南财经大学工商管理学院的各位老师——我的硕士生导师张剑渝教授、罗珉教授、周晓明教授、李永强教授等，他们都是在管理学研究领域颇有建树的知名学者，他们的课程和讲座都让我受益良多。老师们的精彩讲述给了我许多启发，在他们的指引下，我逐步完善了管理学的知识架构，这为我解决博士论文的核心问题提供了基本工具和有效的理论范式，在此向他们致以衷心的感谢。同时感谢任竞斐，任老师的千金也是和我情同姐妹的同班同学，她的乐观、开朗和正能量在我读博期间一直带给我积极的影响。

同样真挚的感谢送给研究团队、实验室的同门、同学们和朋友们。三年来我和导师的团队成员建立了深厚的友谊，同时也分享了许多研究成果，与他们的讨论让我丰富了对学术的见解，欢歌笑语让我在川大留下了的精彩。特别要感谢我的硕士同学王建聪博士，她在我论文创作的关键时期给予我诸多的关心和帮助。谢谢一路上有兄弟姐妹们的支持和陪伴！

最后要感谢我的家人，父母给予我生命并竭尽全力为我创造最好的教育条件，多年来总是默默地支持我的学业，养育之恩没齿难忘；感谢我的丈夫，无论在精神还是在物质上都给予我莫大的支持和帮助，在我最困难的时候他总是安慰和鼓励我，让我重拾信心。亲人们的深深爱意使得我总能心情愉快地投入论文写作中，对他们的感谢难以言表，未来我只有用加倍的亲情回报。

又一个凌晨两点，对陪我苦读的繁星说声再见，再次向所有关心和帮助过我的老师、朋友和亲人们表示深深的谢意！三年的读博生涯，正是你们给了我无私的支持、指导、帮助和理解，使我能够在烦闷、困苦和颓唐的时候坚持不懈地奋斗下去。祈福我的恩师、同学和家人，祝愿他们永远幸福和健康！

李晶

2021 年 7 月